BIBLIOTHÈQUE

SCIENTIFIQUE INTERNATIONALE

II

BIBLIOTHÈQUE SCIENTIFIQUE INTERNATIONALE

Volumes in-8° reliés en toile anglaise. — Prix : 6 fr.

VOLUMES PARUS.

J. Tyndall. LES GLACIERS et les transformations de l'eau, suivis d'une étude de M. *Helmholtz* sur le même sujet, et de la réponse de M. Tyndall. Avec 8 planches tirées à part sur papier teinté et nombreuses figures dans le texte.......................... 6 fr.

W. Bagehot. LOIS SCIENTIFIQUES DU DÉVELOPPEMENT DES NATIONS dans leurs rapports avec les principes de l'hérédité et de la sélection naturelle... 6 fr.

J. Marey. LA MACHINE ANIMALE, locomotion terrestre et aérienne. Avec 117 figures dans le texte.... .... 6 fr.

A. Bain. L'ESPRIT ET LE CORPS considérés au point de vue de leurs relations, suivis d'études sur les *Erreurs généralement répandues au sujet de l'esprit.* Avec figures.......................... 6 fr.

J. A. Pettigrew. LA LOCOMOTION CHEZ LES ANIMAUX. Avec 130 figures dans le texte.. 6 fr.

Herbert Spencer. INTRODUCTION A LA SCIENCE SOCIALE....... 6 fr.

Oscard Schmidt. DESCENDANCE ET DARWINISME. Avec figures. 6 fr.

H. Maudsley. LE CRIME ET LA FOLIE........................ 6 fr.

P. J. Van Beneden. LES COMMENSAUX ET LES PARASITES dans le règne animal. Avec 83 figures dans le texte............... 6 fr.

Balfour Stewart. LA CONSERVATION DE L'ÉNERGIE, suivie d'une étude sur LA NATURE DE LA FORCE, par *M. P. de Saint-Robert.* Avec figures.. 6 fr.

Draper. LES CONFLITS DE LA SCIENCE ET DE LA RELIGION...... 6 fr.

Schutzenberger. LES FERMENTATIONS. Avec nombreuses figures dans le texte. .... 6 fr.

Léon Dumont. THÉORIE SCIENTIFIQUE DE LA SENSIBILITÉ. Plaisir et douleur.. 6 fr.

Cooke et Berkeley. LES CHAMPIGNONS. Avec 110 figures dans le texte.. 6 fr.

VOLUMES SUR LE POINT DE PARAITRE.

Vogel. LA PHOTOGRAPHIE ET LA CHIMIE DE LA LUMIÈRE, avec 100 figures.

Luys. LE CERVEAU ET SES FONCTIONS, avec figures.

Claude Bernard. HISTOIRE DES THÉORIES DE LA VIE.

Émile Alglave. LES PRINCIPES DES CONSTITUTIONS POLITIQUES.

Friedel. LES FONCTIONS EN CHIMIE ORGANIQUE.

De Quatrefages. L'ESPÈCE HUMAINE.

Bernstein. LES ORGANES DES SENS.

Berthelot. LA SYNTHÈSE CHIMIQUE.

OUVRAGES DE M. W. BAGEHOT.

TRADUITS EN FRANÇAIS.

LA CONSTITUTION ANGLAISE. 1 vol. in-12 de la Bibliothèque d'histoire contemporaine.. 3 fr. 50

LOMBARD-STREET, ou le Marché financier de l'Angleterre, 1 vol. in-12 de la Bibliothèque d'histoire contemporaine........ 3 fr. 50

LOIS SCIENTIFIQUES

DU

DÉVELOPPEMENT

DES NATIONS

DANS LEURS RAPPORTS AVEC LES PRINCIPES DE LA SÉLECTION
NATURELLE ET DE L'HÉRÉDITÉ

PAR

W. BAGEHOT

DEUXIÈME ÉDITION

PARIS

LIBRAIRIE GERMER BAILLIÈRE

17, RUE DE L'ÉCOLE-DE-MÉDECINE, 17

1875

LOIS SCIENTIFIQUES

DU

DÉVELOPPEMENT DES NATIONS

LIVRE PREMIER

L'ORIGINE DES NATIONS

Un trait distinctif de notre époque, c'est l'acquisition soudaine d'une grande somme de connaissances physiques. A peine y a-t-il un département de la science ou de l'art qui soit resté exactement ce qu'il était il y a cinquante ans. Un monde nouveau d'inventions, de chemins de fer, de télégraphes, s'est développé autour de nous, et nous ne pouvons nous empêcher de le voir ; un monde nouveau d'idées est dans l'air et nous fait subir son influence, bien que nous ne le voyions pas. Il faudrait, pour apprécier pleinement ces effets, un livre considérable, et je me déclare incapable de l'écrire ; mais je crois pouvoir utilement, en quelques chapitres, montrer comment, sur un ou deux points, les idées nouvelles travaillent à modifier deux vieilles sciences, la politique et l'économie politique. Même sur ces points mes idées seront nécessairement incomplètes, car le sujet est nouveau ; mais du moins, je puis mettre sur la voie de quelques conclusions, et montrer ainsi, si je ne puis le faire moi-même, ce qui devrait être fait.

I

S'il fallait désigner un des résultats les plus marqués, le plus marqué peut-être, de l'activité de la pensée contemporaine, nous dirions qu'il n'est aucune chose qui ne soit devenue, grâce à elle, « une antiquité ». Autrefois, quand nos ancêtres parlaient d'un antiquaire, ils le représentaient comme occupé de monnaies, de médailles, de pierres druidiques ; tels étaient les monuments les plus ordinaires dans lesquels on essayait de déchiffrer le passé, et sur lesquels se portait toute l'étude des investigateurs. Mais maintenant il y a d'autres monuments, ou plutôt tout est monument. La science essaye de retrouver, dans chaque parcelle de terre, la trace des causes qui l'ont faite précisément telle qu'elle est. Elle sait que ces forces ont laissé leur empreinte, de même que le goût et la main de l'artiste ont imprimé leur marque sur un camée antique. Ce serait un travail trop long, et qui ne rentre point dans mon sujet, que d'énumérer les procédés ingénieux que la géologie emploie pour interroger la terre, et par lesquels elle l'a forcée de nous révéler du moins une partie de ce qu'elle avait à nous dire : et ces réponses n'auraient pas eu de sens pour nous si la phy-

siologie, la conchyliologie et une centaine de sciences du
même genre n'avaient prêté leur aide. Les sciences sub-
sidiaires sont pour l'investigateur contemporain ce que
les langues anciennes étaient pour l'antiquaire d'autrefois ; elles forment pour lui les mots qu'il découvre, et
lors même que les détails particuliers qu'elles lui apprennent ont peu d'importance, elles donnent aux tableaux
qu'il retrace la complexité et la richesse qui les rapprochent de la nature. Mais ce qui m'importe ici, c'est que
l'homme lui-même est devenu, aux yeux de la science,
« une antiquité. » La science essaye de lire, commence à
lire, sait qu'elle doit lire, dans l'ensemble de tous les éléments qui composent chaque homme, un résumé complet de l'histoire de sa vie entière ; elle y doit voir ce
qu'il est et ce qui le rend tel, l'histoire de tous ses ancêtres, de ce qu'ils ont été et de ce qui les a faits tels qu'ils
étaient. Chaque nerf garde, pour ainsi dire, le souvenir
de sa vie passée, a reçu une éducation ou en a été privé,
a vu son activité décroître ou grandir, suivant les circonstances ; chaque trait a pris un dessein plus précis,
plus caractéristique, ou peut-être est resté vague ou sans
expression ; chaque main porte les marques de sa profession, les signes que la vie y a gravés, est façonnée à
son tour par les travaux qu'elle exécute ; tout cela se
trouve dans l'homme, si nous savions l'y voir.

On répondra peut-être qu'il n'y a là rien de nouveau ;
que de tout temps on a su combien l'avenir d'un homme
dépend de son passé ; que nous savions tous combien un
homme est sujet à ressembler à ses ancêtres ; que l'existence d'un caractère national est le lieu commun le plus

banal du monde ; que lorsqu'un philosophe ne peut autrement rendre compte d'un fait, il l'attribue hardiment à quelque qualité occulte de quelque race. Mais l'œuvre de la science physique n'est pas de découvrir l'élément héréditaire ; c'est de le rendre distinct, de nous donner une idée précise des résultats que nous devons attendre, de nous rendre compte des raisons qui nous amènent à prévoir ces résultats. Voyons donc ce que cette science nous enseigne à ce sujet. Autant que je le pourrai, j'emploierai les expressions mêmes de ceux qui ont fait de cette science leur étude, leur profession ; ainsi, d'un côté, je serai plus sûr de m'exprimer en termes justes et frappants, et de l'autre, comme je vais appliquer ces principes aux objets de mes propres travaux, je voudrais convaincre tout à fait le lecteur que je n'ai pas imaginé mes prémisses après coup, pour les mettre d'accord avec mes conclusions.

Pour ce qui concerne l'individu, nous apprenons ce qui suit :

« Même lorsque les hémisphères cérébraux sont entiers et en pleine possession de leurs propriétés, le cerveau donne naissance à des actions aussi complétement réflexes que celles de la moelle épinière.

« Lorsqu'un éclat soudain de lumière ou la menace d'un coup fait cligner les paupières, il se produit une action réflexe dans laquelle les nerfs optiques sont afférents, et les nerfs de la face efférents. Quand une odeur désagréable provoque une grimace, ces mêmes nerfs moteurs produisent une action réflexe, tandis que l'impression est transmise au cerveau par les nerfs olfactifs.

Dans ces deux cas, l'action réflexe se produit donc nécessairement à travers le cerveau, puisque tous les nerfs intéressés sont des nerfs cérébraux.

« Lorsqu'un bruit inattendu fait tressaillir tout le corps, le nerf auditif, qui transmet l'impression, donne naissance à un ébranlement qui passe à la moelle allongée, et de là se communique à la plupart des nerfs moteurs répandus dans le corps.

« On peut dire que ce sont là des actions purement mécaniques, et qu'elles n'ont rien de commun avec les actes que nous attribuons à l'intelligence. Mais considérons ce qui a lieu lorsque, par exemple, on lit à haute voix. Dans ce cas, toute l'attention de l'esprit est ou doit être fixée sur le sujet traité par le livre ; et cependant il se produit en même temps une multitude d'actions musculaires des plus délicates, dont le lecteur n'a nullement conscience. Ainsi la main tient le livre devant les yeux, à la distance voulue ; les yeux se meuvent latéralement pour suivre les lignes, et verticalement sur les pages. En outre, les mouvements les plus délicats, les plus précis et les plus rapides des muscles des lèvres, de la langue et de la gorge, des muscles du larynx et des muscles respiratoires, sont employés à la production de la parole. Peut-être encore le lecteur est debout et accompagne sa lecture de gestes appropriés. Et cependant tous ces actes musculaires peuvent s'accomplir sans qu'il en ait aucunement conscience et sans qu'il pense à autre chose qu'au sens de son texte. En d'autres termes, ce sont des actions réflexes.

« Les actions réflexes propres à la moelle épinière sont

naturelles ; elles dépendent de la structure de la moelle et des substances qui la constituent. A l'aide du cerveau, nous pouvons acquérir une infinité d'actions réflexes *artificielles.* C'est-à-dire qu'une action peut exiger toute notre attention et toute notre force de volonté quand nous l'exécutons pour la première, la seconde ou la troisième fois ; mais si elle est souvent répétée, elle finit par faire, pour ainsi dire, partie de notre organisation, et s'accomplit sans intervention de la volonté, sans même que nous en ayons conscience.

« Ainsi que chacun le sait, il faut beaucoup de temps à un soldat pour apprendre la manœuvre, pour se mettre, par exemple, dans l'attitude du « garde à vous », à l'instant même où il entend le commandement. Mais, au bout d'un certain temps, le son seul du mot donne naissance à l'acte, que le soldat y pense ou non. On raconte l'histoire, peu authentique peut-être, mais assez vraisemblable, d'un plaisant de profession qui, voyant un vétéran sorti du service porter son dîner au logis, cria tout à coup : « Garde à vous ! » Sur quoi notre homme laissa immédiatement tomber ses mains le long des cuisses, et mouton et pommes de terre s'en allèrent rouler dans le ruisseau. On voit que l'instruction avait été complète, et les mouvements enseignés étaient devenus une partie intégrante de l'appareil nerveux du soldat.

« La possibilité de l'éducation (dont l'instruction militaire n'est qu'une forme particulière) est fondée sur ce pouvoir que possède le système nerveux de faire passer dans l'organisation des actions volontaires, en les transformant en opérations plus ou moins inconscientes, c'est-à-dire réflexes. On peut poser en règle, que si deux états mentaux quelconques sont provoqués simultanément ou successivement un certain nombre de fois et avec une certaine vivacité, il suffira plus tard que l'un d'eux se produise pour provoquer l'autre, et cela indépendamment de notre volonté (1). »

Le corps de l'homme, après l'éducation, est donc devenu différent de ce qu'il était d'abord, et différent de celui de l'homme à qui cette éducation a manqué; il est rempli de propriétés qui y sont comme emmagasinées, et de facultés acquises qui s'exercent sans que la conscience y ait part.

Pour ce qui concerne la race, une autre autorité nous apprend que : « La vie de l'homme représente, à vrai dire, un développement progressif du système nerveux qui n'en est pas moins réel pour se produire non plus dans le sein de la mère, mais en dehors. La transformation régulière de mouvements qui d'abord étaient volontaires en mouvements automatiques secondaires, ainsi que les appelle Hartley, est due à un travail graduel d'organisation; et nous pouvons être convaincus qu'une activité coordonnée atteste toujours une accumulation de pouvoir, soit innée, soit acquise.

« La manière dont une faculté acquise chez les animaux par le père ou la mère est quelquefois transmise aux enfants, comme héritage, instinct ou faculté innée, fournit une confirmation frappante des précédentes observations. Le pouvoir qui a été acquis laborieusement et emmagasiné à l'état statique dans une génération, de-

1. Huxley, *Physiologie élémentaire*, pages 284-286.

vient manifestement, en pareil cas, la faculté innée de la
génération suivante ; et le développement se produit conformément à cette loi de spécialisation et de complexité
croissantes dans l'adaptation à la nature extérieure, que
l'on trouve appliquée dans le règne animal. Je parle, pour
employer d'autres termes, de cette loi de progrès et de
développement du général au spécial, dont l'apparition
de la force nerveuse parmi les forces naturelles et la com-
plexite du système nerveux de l'homme nous fournissent
des exemples. De même que la force vitale réunit, pour
ainsi dire, en elle-même, des forces inférieures dont on
pourrait dire qu'elle est le développement, ou de même
que dans la production de la force nerveuse des forces
plus simples et plus générales se réunissent et se con-
centrent en un mode d'énergie plus spécial et plus complexe, ainsi une spécialisation plus complète a lieu dans
le développement du système nerveux, soit que nous ob-
servions ce développement dans la suite des générations
ou dans l'existence d'un même individu. Toutefois, ce
n'est pas en bornant nos observations à la vie de l'individu, qui n'est dans la chaîne des êtres organisés qu'un
anneau rattachant le passé à l'avenir, que nous parvien-
drons à la connaissance complète de la vérité. L'individu
actuel n'est que le produit nécessaire de ceux qui l'ont
précédé dans le passé, et ce n'est que par l'étude de
ceux-ci que nous arrivons à l'expliquer lui-même suffisamment. Il faut donc, lorsque nous avons reconnu qu'une
faculté est innée, ne pas nous en tenir là, mais suivre pa-
tiemment, en remontant dans le passé, la ligne des causes, pour rendre manifeste, si cela est possible, la cause

d'où cette faculté tire son origine. Et cette marche est nécessaire dans l'étude des animaux inférieurs surtout, chez lesquels l'innéité tient tant de place (1). »

Il est vrai que les lois spéciales de l'hérédité sont encore inconnues. Ce qui est clair, et cela suffit à mon sujet, c'est qu'il existe une tendance, plus ou moins grande suivant les circonstances, mais toujours considérable, en vertu de laquelle les descendants de parents cultivés auront probablement, grâce à leur organisation nerveuse, une plus grande aptitude à la culture que les descendants de parents non cultivés ; et cette tendance augmente, dans des proportions croissantes, pendant bien des générations.

Si l'on ne parvient à acquérir cette notion (qui ne s'acquiert pas sans un effort pénible) d'un élément nerveux transmis par l'hérédité, je doute qu'on puisse jamais comprendre « le tissu connectif » de la civilisation. Nous avons ici la force toujours agissante qui relie les générations aux générations, qui assure à chacune d'elles, dès sa naissance, quelque progrès relativement à celle qui l'a précédée, si la précédente a elle-même progressé ; qui fait de chaque civilisation non pas une série de points détachés, mais une ligne colorée dont la nuance, par une sûre progression, devient de plus en plus vigoureuse. D'après cette doctrine, il y a d'une génération à l'autre une cause physique de perfectionnement, qui, dès que notre imagination l'a saisie, ne peut plus lui échapper : mais si vous n'appréciez cette cause dans son matérialisme subtil, si vous ne la voyez, pour ainsi dire, jouer sur les nerfs des hommes et produire d'âge en âge des

1. Maudsley, *Physiologie et Pathologie de l'esprit*, page 73.

accords plus délicats sur des cordes plus délicates, vous ne pouvez comprendre le principe de l'hérédité ni dans son mystère ni dans sa puissance.

Ces principes sont complétement indépendants de toute théorie sur la nature de la matière ou sur la nature de l'esprit. Admettons la théorie qui veut que l'esprit agisse sur la matière, quoiqu'il soit séparé d'elle et d'une nature absolument différente; adoptons celle de l'évêque Berkeley selon qui la matière n'existe point, mais seulement l'esprit; ou la théorie contraire qui ne reconnaît point l'esprit mais seulement la matière ; ou enfin la théorie plus subtile, souvent soutenue de nos jours, et suivant laquelle la matière et l'esprit ne sont que des modes différents · d'un troisième terme, de quelque substance ou force cachée; ces principes restent toujours vrais.

Ces théories admettent toutes, ou plutôt ne font qu'expliquer par des hypothèses diverses , ce fait incontestable, savoir que ce que nous appelons matière exerce une action sur ce que nous appelons esprit, que ce que nous nommons esprit agit sur ce que nous nommons matière : or les doctrines dont j'ai parlé ne prétendent rien de plus. Notre esprit, par quelque moyen mystérieux, agit sur nos nerfs; nos nerfs , par une opération non moins mystérieuse, emmagasinent les conséquences de ces actions; et la plupart du temps, et même en règle générale, le résultat de ces opérations se transmet à nos descendants. Ce sont là des faits primitifs que toutes les théories admettent et qu'elles s'efforcent toutes d'expliquer.

Ces principes si clairs n'ont aucun rapport non plus avec les vieilles discussions sur la nécessité et le libre arbitre. Tout partisan du libre arbitre reconnaît que la force spéciale de la libre volonté s'applique aux forces préexistantes de notre être matériel ; il ne la considère point comme un agent qui s'exerce *in vacuo*, mais comme un agent agissant sur d'autres agents. Tout partisan du libre arbitre reconnaît, en somme, que si vous fortifiez le moteur dans une direction donnée, le genre humain tend davantage à agir dans cette direction. Des mobiles meilleurs, ou plutôt de meilleures impulsions, partent d'un corps bien constitué : des mobiles pires ou de pires impulsions partent d'un corps mauvais. Un défenseur du libre arbitre peut, aussi bien qu'un fataliste, admettre que ces perfectionnements physiques tendent à améliorer la façon d'agir de l'homme, et qu'au contraire la dégénérescence physique tend à la pervertir. Aucun des partisans du libre arbitre ne s'attend à trouver à Saint-Giles ce qu'il trouve à Belgravia : il admet un système nerveux héréditaire comme une donnée fournie à la volonté, quoique la volonté soit à ses yeux quelque chose qui agit sur ce système tout en étant en dehors de lui. Sans doute la doctrine moderne de la « conservation de la force », si on l'applique à nos décisions, est incompatible avec le libre arbitre ; si vous affirmez que « la force ne subit jamais de perte, ne fait jamais de gain, » vous ne pouvez prétendre qu'il y ait dans l'acte de volition un gain réel et comme une création de force nouvelle. Mais je n'ai rien à démêler ici avec la conservation universelle de la force. La conception des organes nerveux considérés comme des magasins où s'accumule un pouvoir qui doit son origine à la volonté ne soulève ni n'exige une discussion si vaste.

Nos principes doivent encore bien moins être confondus avec cette idée de M. Buckle, que les forces matérielles ont été les grands ressorts du progrès, et les causes morales des ressorts secondaires qui, en comparaison des autres, méritent à peine l'attention. Ici au contraire, les causes morales tiennent la première place. C'est l'action de la volonté qui produit les habitudes inconscientes ; c'est l'effort continuel du commencement qui produit l'accumulation d'énergie de la fin ; c'est le travail silencieux de la première génération qui devient l'aptitude transmise de la seconde. Ce ne sont point ici les causes physiques qui engendrent les causes morales, mais bien les causes morales qui créent les causes physiques : ici l'énergie de l'ordre le plus élevé se trouve au commencement, celle de l'ordre inférieur ne préside qu'à la conservation et à la propagation. Mais nous voyons par là comment une science de l'histoire est possible, ainsi que le disait M. Buckle, une science capable de nous enseigner les lois des tendances créées par l'esprit et transmises par le corps, tendances qui exercent d'âge en âge sur la volonté humaine et ses déterminations une action plus puissante.

II

Mais comment ces principes changent-ils notre philosophie politique ? De bien des manières, à mon avis ; et tout d'abord sur ce point en particulier. L'économie politique est la partie la mieux systématisée et la plus exacte de la philosophie politique ; et cependant, à l'aide des propositions que nous avons établies, nous pouvons remonter, si je ne me trompe, à un âge en quelque sorte « pré-économique », où les données mêmes de l'économie politique n'existaient pas, où ses préceptes auraient été funestes, où les préceptes exactement opposés étaient sages et nécessaires.

Je n'ai pas besoin pour cela de me reporter à ces époques ténébreuses que l'ethnologie est en train de nous révéler : je ne parle pas de l'âge de pierre, des instruments de silex, des amas de débris de cuisine. L'époque à laquelle je voudrais remonter est celle qui précède immédiatement la naissance de l'histoire, qui peut-être l'a vue naître, car les premiers historiens ont vu cet état de la société, bien qu'ils aient vu aussi des états plus avancés. C'est une période dont nous avons des descriptions exactes faites par des témoins oculaires, et dont les traces et les conséquences se retrouvent à chaque pas dans les législations les plus anciennes. Écoutons sir Henry Maine, le plus grand de nos jurisconsultes vivants, le seul, peut-être, dont les écrits soient en accord avec notre plus saine philosophie. « Les renseignements, dit-il, qui nous sont fournis par la jurisprudence comparée, concourent à confirmer cette idée de la condition primitive de la race humaine qui est connue sous le nom de Théorie Patriarcale. Il n'est pas douteux, assurément, que cette théorie ait été fondée dans le principe sur l'histoire des patriarches hébreux de la basse Asie telle que nous la raconte l'Écriture; mais, ainsi que nous l'avons expliqué plus haut, ce témoignage même de l'Écriture ne servait guère qu'à l'empêcher d'être admise comme une véritable théorie : car la plupart des investigateurs qui jusqu'à ces

derniers temps ont travaillé le plus sérieusement à re-
cueillir et à coordonner les phénomènes sociaux, étaient
inspirés, soit par les préjugés les plus hostiles aux antiquités hébraïques, soit par le plus vif désir d'édifier leur
système sans l'aide des monuments religieux. Maintenant
même on est peut-être disposé à trop diminuer la valeur
de ces témoignages, ou plutôt à refuser d'en tirer des
conclusions générales, en les considérant comme une
partie des traditions d'un peuple sémitique. Il faut remarquer cependant que les témoignages fournis par
l'étude des lois sont dus presque exclusivement aux institutions de sociétés qui appartiennent à la race indo-euro-
péenne, et pour la plus grande part à celle des Romains,
des Indous et des Slaves. La difficulté, dans l'état actuel
des recherches, est de savoir où l'on doit s'arrêter; c'est
de déterminer les races d'hommes auxquelles la théorie
patriarcale ne peut s'appliquer, les sociétés au sujet
desquelles il n'est pas permis d'affirmer qu'elles aient
été primitivement organisées sur le type patriarcal. Je
n'ai pas besoin de retracer avec une exactitude minutieuse
les principaux traits de ce genre de société, tels que nous
les trouvons dans les premiers chapitres de la Genèse :
car d'un côté ils sont familiers à la plupart d'entre nous
dès l'âge le plus tendre, et de l'autre, en raison de l'intérêt qui s'est autrefois attaché à la controverse à laquelle
Locke et Filmer ont donné leurs noms, ils remplissent
tout un chapitre, non pas, il est vrai, des plus instructifs,
de la littérature anglaise. Voici les points qui se dégagent
de l'histoire et demeurent établis : le parent mâle le plus
âgé, l'ascendant le plus âgé exerce sur la maison entière

un pouvoir suprême, absolu. Il a droit de vie et de mort, et son autorité sur ses enfants et leurs familles est sans bornes, comme sur ses esclaves : bien plus, il y aurait peu de différence entre la situation des fils et celle de l'esclave, si la naissance ne donnait au fils des chances plus fortes de devenir lui-même quelque jour chef de famille. Les troupeaux des enfants sont les troupeaux du père, et les biens du chef de famille, qu'il détient plutôt en qualité de représentant qu'en qualité de propriétaire, sont divisés également à sa mort entre ses descendants du premier degré, le fils aîné recevant quelquefois, en vertu du droit de naissance, une double part, mais le plus souvent n'ayant pas d'autre avantage héréditaire qu'une préséance purement honorifique.

Un autre enseignement qu'il est moins facile de dégager des récits de l'Écriture, c'est qu'ils semblent nous mettre sur la trace de la première atteinte portée à l'autorité paternelle. Les familles de Jacob et d'Esaü se séparent et forment deux nations; mais les familles des enfants de Jacob restent unies et deviennent un peuple. Il semble qu'on trouve là le germe bien faible encore d'un état de communauté, et d'un ordre de droit supérieur à l'autorité fondée sur les relations de famille.

Si je cherchais à résumer les traits caractéristiques de l'état où le genre humain se présente à nous à l'aube de son histoire, je me contenterais de citer ces vers de l'*Odyssée* d'Homère :

« Τοῖσιν δ'οὔτ'ἀγοραὶ βουληφόροι οὔτε θέμιστες.
θεμιστεύει δὲ ἕκαστος
Παίδων ἠδ'ἀλόχων, οὔτ 'ἀλλήλων ἀλέγουσιν. »

« Ils n'ont point d'assemblées pour délibérer, point
de lois; mais chacun d'eux donne la loi à ses femmes
et à ses enfants, et ils ne s'inquiètent pas les uns des
autres. »·

Cette description des commencements de l'histoire est
confirmée par les leçons les plus récentes de l'ethnologie
pré-historique. Le résultat le plus important peut-être,
et le plus certain à coup sûr, qu'ait obtenu cette science,
c'est d'avoir dissipé les rêves d'autrefois relativement à
une civilisation primitive fort avancée. Il n'est personne
qui ne reconnaisse la force des arguments qui renversent
cette chimère d'une civilisation originelle. Rien n'est plus
facile. à comprendre qu'une décadence morale du genre.
humain, qu'une décadence esthétique, qu'une décadence
politique. Mais on ne peut imaginer que les hommes
aient renoncé aux instruments les plus simples du bien-
être personnel, après les avoir une fois connus; on comprend encore moins qu'après avoir une fois possédé de
bonnes armes, par exemple des arcs et des flèches, il les
eussent abandonnées. Et cependant, s'il y a eu une civilisation primitive, il faut que les hommes aient oublié
tout cela; car on trouve des tribus à tous les degrés d'i-
gnorance comme aussi à tous les degrés d'industrie, relativement à la poterie, aux métaux, aux ressources du
bien-être, aux instruments de guerre. Et qui plus est,
on n'en peut rejeter la faute sur le défaut d'intelligence
de ces sauvages; ils montrent au contraire pour ces
choses, à des degrés divers, un esprit original et inventif. Vous ne pouvez retrouver chez eux les restes d'un
ancien système qui, après avoir connu la perfection, au-

rait ensuite été mutilé de diverses façons et s'effacerait de
diverses manières : vous ne pouvez le retrouver comme
vous retrouvez, dans les dialectes du moyen âge, les traces
de la langue latine : au contraire, vous le voyez commencer, comme nous voyons commencer à présent de
nouvelles inventions et de nouvelles découvertes scientifiques : on a fait quelques pas ici, quelques pas ailleurs :
·nous voyons la même chose imparfaitement exécutée par
des moyens imparfaits que l'on n'emploierait certainement pas si l'on avait déjà connu les meilleurs. Autrefois
c'était une idée fort répandue que les arcs et les flèches
étaient « les armes primitives », les armes universelles
des sauvages; mais la science moderne a dressé une liste,
et nous y voyons que certains sauvages les possèdent,
que certains autres n'en ont pas; les uns les remplacent
d'une façon, les autres d'une autre; quelques-unes de
ces armes, — par exemple « le boomerang », — étaient
beaucoup plus difficiles à trouver et à employer que
l'arc, de même qu'elles sont bien moins efficaces. Non-
seulement on peut décrire les races variées qui peuplent
le monde, comme ayant atteint dans la civilisation in-
dustrielle des hauteurs différentes, comme s'en appro-
chant de différents côtés et s'en écartant sur des points
différents; mais dès qu'elles voient l'objet qui répond à
leurs besoins, elles savent s'en servir aussi bien ou
mieux que l'homme civilisé. L'Américain du Sud tire un
meilleur parti que les Européens du cheval que les Européens lui ont apporté. Un grand nombre de races se
servent du fusil, cette arme spéciale et très-compliquée
de l'homme civilisé, avec une adresse supérieure en

moyenne à la sienne. Le sauvage pourvu d'outils simples, d'outils qu'il apprécie, est comme un enfant prompt
à s'instruire, et non comme un vieillard qui ne saurait
apprendre de nouveau ce qu'il a une fois oublié. D'ailleurs, s'il y a eu en Australie et en Amérique une civilisation primitive très-avancée, où donc, demandent les
botanistes et les zoologistes, en trouvez-vous les traces?
Si ces sauvages ont jadis cultivé le froment, où est le froment sauvage qui doit avoir survécu à leurs cultures
abandonnées? S'ils ont renoncé à employer de bons animaux domestiques, que sont devenus les animaux sauvages qui ont dû en naître selon toutes les lois naturelles? Ce qui est certain, c'est que dans ces derniers
siècles, depuis ce qu'on pourrait appeler la découverte
du monde, les animaux domestiques de l'Europe se sont
répandus partout. Le rat anglais, qui n'est pas la plus
agréable de nos bêtes domestiques, a passé en Australie,
dans la Nouvelle-Zélande, en Amérique; rien ne pourrait le détruire, si ce n'est un « miracle des rats » ac-
compli dans d'immenses proportions. Il faudrait aussi
une force bien puissante pour chasser de l'Amérique du
Sud le cheval que les Espagnols y ont importé. Nous
supposerions qu'il est un des principaux animaux origi-
naires du pays, si nous ne savions le contraire. Où donc
se retrouvent, si je puis parler ainsi, les rats et les che-
vaux de la race primitive? Non-seulement nous ne les
trouvons pas, mais la science zoologique nous dit qu'ils
n'ont jamais existé; car ces créatures imparfaites qui ne
sont qu'ébauchées, les marsupiaux de l'Australie et de
la Nouvelle-Zélande, n'auraient jamais survécu à une

lutte contre des créatures mieux organisées, comme celles devant lesquelles elles disparaissent aujourd'hui.

Nous entrevoyons donc tout d'abord l'homme patriarcal, non plus comme pourvu de quelques restes de l'industrie d'une civilisation primitive, mais comme possédant uniquement une connaissance un peu développée et graduellement acquise des arts les plus simples, avec quelques animaux domestiques et quelques faibles notions des phénomènes naturels qui sont relatifs aux saisons et qui jouent un rôle dans l'existence de peuplades peu avancées. Voilà les premiers hommes de l'histoire tels que nous devons nous attendre à les trouver en effet. Mais leur esprit, quel était-il? Comment pouvons-nous le décrire ?

Je crois que la définition générale, dans laquelle sir John Lubbock résume son jugement sur l'esprit du sauvage, convient à l'esprit de l'homme patriarcal. « Les sauvages, dit-il, ont le caractère de l'enfant avec les passions et la force de l'homme. » Et si nous consultons le monument le plus antique du monde païen , les poëmes d'Homère, que de choses nous y trouvons qui sont d'accord avec cette définition mieux qu'avec toute autre ! Sans doute, à l'époque que ces poèmes nous décrivent, la civilisation comptait des siècles de développement. M. Gladstone semble nous dire que chez Homère l'homme excelle déjà dans l'éloquence autant qu'à aucune autre époque; et quelque important que soit cet avantage, on en pourrait citer d'autres qu'il possédait aussi et qui ont plus de valeur encore. Mais après tout, combien il reste encore dans Achille du « sauvage splendide », et combien aussi de « l'enfant gâté qui boude sous sa tente » ! La facilité des impressions et la vivacité des émotions sont les traits principaux et caractéristiques de l'histoire grecque la plus antique ; et si nous portons nos regards vers l'Orient, le « monde simple et violent », comme l'appelle M. Kinglake, des premiers âges, s'offre à nous à chaque instant.

C'est justement là ce que nous devions attendre. Selon la science, « une instruction transmise par l'hérédité a fait des nations modernes ce qu'elles sont ; l'homme, en naissant, y porte dans sa constitution la trace des lois de ses ancêtres » ; mais les nations anciennes n'apportaient pas cet héritage ; elles descendaient d'hommes qui ne faisaient que ce qui leur semblait bon ; elles n'avaient point d'habitudes apprises, d'entraves salutaires ; elles étaient par conséquent à la merci de toutes leurs impulsions, et cédaient au souffle de toutes les passions.

La condition de l'homme primitif, si nous nous faisons de lui une idée exacte, est, à plusieurs égards, différente de tout ce que nous connaissons. Aujourd'hui, sans en avoir conscience, nous supposons autour de nous l'existence d'une grande machine sociale fort compliquée qui travaille pour nous, et qui non-seulement fournit à nos besoins, mais encore décide et nous avertit du moment où ces besoins doivent revenir. Personne maintenant ne peut se représenter sans difficulté la vie qu'on menait avant qu'il y eût des horloges et des pendules : ainsi que l'a dit sir G. Lewis, « il faut un vigoureux effort de l'imagination pour se figurer une époque où c'était une difficulté sérieuse de connaître l'heure, de savoir où en était la journée. » La difficulté est bien plus grande encore, si l'on veut se représenter les esprits mobiles et inquiets d'hommes qui ne connaissaient pas la nature, ce grand régulateur de la civilisation matérielle, et qui ne possédaient point ce régulateur, cette horloge de la civilisation morale, qu'on appelle un gouvernement. Jamais ils ne savaient à quoi ils devaient s'attendre : cette prévision sûre et constante d'une foule de faits variés, cette habitude puissante qui fait de nos esprits ce qu'ils sont, était tout à fait étrangère aux leurs. De plus, je ne puis, quant à moi, me figurer la conception de la morale qui existait alors, et qui devait être bien vague. Si nous mettons de côté tous les éléments provenant de la loi et du gouvernement, dont les notions morales répandues parmi nous sont pénétrées, je ne vois guère ce qui restera. Ce reste était sans doute vaguement, d'une manière ou de l'autre, intelligible pour l'homme antéhistorique ; mais il était assurément bien incertain, flottant, et peu propre à fournir un appui solide. Dans les cas les plus favorables, il ressemblait beaucoup à ce vague sentiment de la beauté qui existe maintenant dans les esprits sensibles et délicats mais non cultivés ; c'était une voix encore faible et bégayante ; c'était je ne sais quoi d'inconnu, qui modifiait tout le reste, était supérieur à tout le reste, et d'une forme si indistincte pourtant, que lorsque vous la regardiez, elle s'évanouissait : ou bien, si vous ne voyez là qu'une fiction trop délicate de l'imagination d'un âge plus cultivé, la moralité devait du moins se trouver alors dans les accès désordonnés d'une « justice sauvage », moitié châtiments, moitié violences. Mais quelle qu'en fût la nature; comme elle n'était fixée par aucune loi permanente, c'était quelque chose d'intermittent, d'indécis, que nous avons peine à nous imaginer. Tout homme qui a étudié les mathématiques se rappelle com‑ bien il lui semblait voir de difficultés imaginaires dans un problème avant de l'avoir compris, et sait combien il lui est impossible, une fois que la démonstration a fait jaillir la lumière, de comprendre de nouveau ces hésita‑ tions et ces obscurités, ou de se replacer dans cet état de confusion intellectuelle qui les avait produites. Ainsi, de nos jours, impuissants que nous sommes, malgré tous nos essais, à chasser de nos esprits la notion de la loi, nous ne pouvons nous représenter l'esprit d'un homme qui n'aurait jamais eu cette notion, et qui serait, malgré tous ses efforts, impuissant à la conce‑ voir.

En outre, l'homme primitif n'aurait jamais pu compren‑ dre ce que nous entendons par une nation. Nous, de notre côté, nous ne pouvons nous imaginer ceux pour qui ce serait là une difficulté. « Nous savons ce que c'est quand on ne nous le demande pas, » et cependant nous ne pou‑ vons l'expliquer ou le définir sur-le-champ. Mais ce qui est clair du moins, c'est qu'une nation signifie une réunion d'hommes semblables, capables, à cause même de cette ressemblance, d'agir de concert, et qui sont disposés, en vertu de cette même ressemblance, à obéir aux mêmes régles. Or, c'est une chose que les Cyclopes d'Homère, qui ne connaissaient que des êtres humains sans lien entre eux, étaient incapables de concevoir.

Résumons-nous : une loi, loi rigide, précise, concise,
est le premier besoin du genre humain ; c'est ce qui lui
est nécessaire par-dessus tout, ce qu'il lui faut posséder
avant tout. Mais de même qu'elle est le premier besoin
des hommes, elle est aussi le plus difficile à satisfaire.
S'ils y peuvent atteindre, elle est pour eux le plus grand
des bienfaits, mais c'est ce qu'ils atteignent le plus mal-
aisément. A des époques plus récentes certaines races
ont été soumises à cette discipline par des moyens rapides, quoique pénibles : on a vu maintes et maintes·fois
un assemblage sans cohésion de clans disséminés contraint par un vainqueur impitoyable à adopter une organisation plus solide et plus compacte ; les Romains ont
fait la moitié de la besogne pour l'Europe occidentale.
Mais où les époques primitives auraient-elles trouvé des
Romains ou un conquérant ? C'est la force du gouvernement qui donne les victoires, et c'est le gouvernement
même qui alors n'existait pas. La civilisation, à ses premiers pas, a dû gravir des pentes escarpées, bien que ces
hauteurs, pour nous qui les regardons aujourd'hui
de si haut, se réduisent presque à rien.

III

Quel fut le premier pas bien marqué d'une société sans
gouvernement vers l'état d'une société gouvernée ? c'est
ce que l'histoire ne nous apprend pas. Sur ce point Sir
Henry Maine a tiré de ses études particulières une conclusion du plus grand intérêt.

« L'origine de la société s'expliquerait, dit-il, d'une manière fort simple, si nous pouvions tirer une conclusion générale des indications qui nous sont fournies par l'exemple de l'Écriture déjà cité, et si nous pouvions supposer que des communautés ont commencé à exister partout où une famille est restée unie, au lieu de se séparer à la mort de son chef patriarcal. Rome et la plupart des États de la Grèce ont gardé longtemps les traces d'une série ascendante de groupes qui furent les premiers fondements de l'État. La famille, la *gens*, la tribu, peuvent être considérées, à Rome, comme types de ces groupes : elles nous sont décrites de telle sorte que nous avons peine à nous empêcher de les considérer comme un système de cercles concentriques qui se sont graduellement développés en partant d'un même point. Le groupe élémentaire est la famille, dont les différents membres sont unis par une obéissance commune à l'ascendant mâle le plus élevé. L'agrégation des familles forme la *gens*, ou maison. La réunion des maisons forme la tribu. L'assemblage des tribus constitue l'État.

« Pouvons-nous suivre ces indications ? Pouvons-nous affirmer que l'État est un assemblage de personnes unies par les liens d'une commune origine et se rattachant ainsi à un ancêtre commun qui aurait été la première tige d'une famille ? Nous pouvons du moins être certains que toutes les sociétés anciennes se regardaient comme issues d'une tige primitive unique ; et même il leur eût été difficile de donner une autre raison du lien politique qui les maintenait unies. En fait l'histoire des idées politiques commence par l'opinion bien établie que les droits du sang, la parenté, sont les seuls fondements possibles de toute participation commune aux fonctions politiques : de tous ces bouleversements dans les sentiments des hommes, que nous appelons du nom expressif de révolutions, aucun n'est aussi frappant, aussi radical que celui qui s'opère lorsque quelque autre principe, par exemple celui de la « *contiguïté géographique* », s'établit pour la première fois comme base d'une action politique commune. »

Si cette théorie était exacte, la naissance d'une organisation politique n'aurait pas été en réalité un changement considérable. La primauté du frère aîné, dans des tribus qui auraient par hasard gardé leur cohésion, serait peu marquée. Elle aurait des suites fort importantes; mais en elle-même elle ne serait rien : elle serait analogue (pour prendre un terme de comparaison à l'autre extrémité de l'évolution politique) à l'autorité qu'un chef de parti parlementaire peu influent exerce sur des adhérents qui peuvent se séparer de lui en un instant; c'était le germe de la souveraineté; mais on ne pourrait guère dire que ce fût déjà la souveraineté même.

Je ne crois pas pour ma part que l'explication proposée par sir Henry Maine — ainsi qu'on le verra, il ne la donne pas comme une théorie solide — suffise à nous rendre compte de la véritable origine des gouvernements. Plus tard, je montrerai que des faits nombreux nous révèlent, à ce qu'il me semble, une époque plus ancienne encore que celle dont il parle. Mais la théorie de Sir Henry Maine me suffit pour le moment : elle décrit avec exactitude un genre de vie antérieur à notre politique actuelle; la conclusion que j'en ai tirée sera fortifiée, loin d'être affaiblie, quand nous en viendrons à étudier une époque encore plus reculée, et à parler d'un lien social beaucoup plus rudimentaire.

Mais une fois que les gouvernements eurent commencé, il est fort aisé d'expliquer pourquoi ils se sont perpétués. Quoi qu'on puisse dire, en d'autres matières, contre le principe de la sélection naturelle, nous ne pouvons douter qu'il n'ait dominé toute l'histoire des premières races humaines. Les plus forts tuaient les plus faibles quand ils le pouvaient. Or, je n'ai pas besoin de m'arrêter à prouver qu'on est plus fort avec un gouvernement quelconque que lorsqu'on est dépourvu de gouvernement. Une réunion de familles qui reconnaissaient, même d'une manière fort imparfaite, l'autorité d'une seule personne, devait nécessairement avoir l'avantage sur des familles qui ne reconnaissaient le pouvoir d'aucun chef, qui erraient çà et là par le monde, et qui combattaient là où elles se trouvaient. Les cyclopes d'Homère seraient impuissants contre la troupe la plus faible. Si nous ne trouvons pas d'autre récit relatif à cet état de l'humanité, il n'y a rien là d'étrange : nous devrions bien plutôt, en considérant combien cet état avait peu de stabilité et combien il condamnait les hommes à la destruction, nous étonner qu'il ait laissé quelques faibles traces jusqu'au siècle où les poëtes, qui y trouvaient une source de pittoresque, en firent leur profit.

Mais quoique l'origine du gouvernement soit douteuse, nous marchons, quand nous parlons de la conservation des gouvernements, sur un terrain plus solide, et nous nous appuyons sur des documents encore existants. Le jeune Anglais qui aborde aujourd'hui Aristote et Platon est frappé de leur esprit conservateur : pénétré des doctrines libérales de l'époque actuelle, il s'étonne de trouver tant d'enseignements contraires à ces doctrines. Quelque différence qu'il y ait entre eux, ces philosophes pensent, comme Xénophon dont ils diffèrent à tant d'égards, que l'homme est *de tous les animaux le plus difficile à gouverner*. Pour Platon, on peut dire avec quelque raison que les partisans d'une philosophie intuitive, étant les *tories de la spéculation*, ont été d'ordinaire enclins au conservatisme en matière de gouvernement ; mais Aristote, le fondateur de la philosophie expérimentale, aurait dû, conformément à cette doctrine, être un libéral, s'il y en avait eu alors. La vérité est que tous deux vécurent à une époque où les hommes n'avaient pas *eu le temps d'oublier* les difficultés du gouvernement. Nous les avons maintenant complétement oubliées. Nous comptons sur une certaine somme d'ordre, d'obéissance tacite, de discipline hériditaire, qui est la base de notre culture, tandis que ces philosophes espéraient l'obtenir comme un des principaux résultats de la culture qu'ils donnaient eux-mêmes aux esprits. Sans y penser nous prenons pour point de départ ce qu'ils s'efforçaient d'atteindre comme un but.

Dans les époques primitives la quantité, en fait d'autorité et de gouvernement, est beaucoup plus importante que la qualité. Ce qu'il vous faut c'est une règle générale qui attache les hommes les uns aux autres, qui les oblige de faire, à peu d'exceptions près, les mêmes choses, qui

leur dit ce qu'ils doivent attendre les uns des autres, qui les
façonne sur un même modèle et entretient cette ressemblance. Quelle est cette règle? cela n'a pas autant d'importance. Une bonne règle vaut mieux qu'une mauvaise;
mais il vaut mieux en avoir une, quelle qu'elle soit, que
d'en manquer; d'ailleurs, des raisons qu'un juriste appré-
ciera ne permettent à aucune d'être excellente. Mais pour
l'acquisition de cette règle, ce qu'on peut appeler l'énergie d'un gouvernement est plus important sans comparaison que le plus ou moins d'utilité des objets auxquels
elle s'applique. Obtenir que les hommes obéissent, voilà
le problème difficile; à quoi employerez-vous cette obéissance? C'est une question secondaire.

Pour obtenir cette obéissance, la première condition
est l'identité de ce que nous appelons maintenant l'É-
glise et l'État. Il ne suffit pas qu'ils soient unis, il faut
qu'ils ne fassent qu'une seule et même chose. Le docteur
Arnold, tout plein de l'étude de la pensée grecque et de
l'histoire romaine, avait coutume de prêcher cette identité comme le grand remède aux égarements du monde
moderne. Mais il s'adressait à des oreilles remplies d'autres paroles et à des esprits pleins d'autres pensées, qui
comprenaient à peine ses discours et les écoutaient
moins encore. Quoique ce conseil fût mauvais pour le
monde moderne auquel le docteur l'adressait, il était excellent pour l'ancien monde à qui il l'avait emprunté. Ce
qu'il faut dans de pareilles époques, c'est un gouvernement unique (appelez-le Église ou État, comme il vous
plaira) qui règle tout l'ensemble de la vie humaine. Aucune division de pouvoir ne peut alors être supportée sans

danger et même sans de grandes chances de destruction ;
le prêtre ne doit pas enseigner une chose et le roi une
autre : le roi doit être prêtre, et le prophète roi : tous
deux doivent dire la même chose, parce que tous deux
sont une même chose. L'idée d'une différence entre les
peines spirituelles et les peines légales ne doit jamais
être éveillée. Et en effet la pensée des premiers Grecs ou
des premiers Romains ne l'aurait jamais comprise. Il y
avait une sorte d'opinion publique grossière, et des
mains rudes, très-rudes même, qui se laissaient diriger
par elle. Nous parlons aujourd'hui de pénalités politiques, de prohibitions ecclésiastiques, de censure sociale;
alors tout cela était confondu.

Il n'y a plus rien aujourd'hui qui ressemble à ces antiques communautés ; mais si quelque chose peut encore
en donner une idée, c'est une société ouvrière (*trade's
union*) : là celui qui travaille à bas prix est un « maudit, »
et il se trouve quelque Broadhead pour le supprimer.

L'objet de semblables organisations est de créer ce
qu'on pourrait appeler un *noyau* de coutumes. Toutes les
actions de la vie doivent être soumises à une règle unique, en vue d'un objet unique. C'est là ce qui a donné
naissance à l'*instruction héréditaire* dont la science nous
enseigne l'immense importance, et dont l'instinct des
hommes primitifs avait bien aussi reconnu la nécessité.
Si ce régime interdit la libre pensée, ce n'est pas un mal,
ou plutôt, quoique ce soit un mal, c'est la base nécessaire
d'un plus grand bien : cette interdiction est indispensable
pour former le moule de la civilisation, pour durcir
la fibre encore molle de l'homme des premiers temps.

L'histoire la plus ancienne qui nous soit parvenue de
la race aryenne nous montre partout un roi, un conseil;
comme l'exigeait la nécessité des luttes antiques, le
roi possédait beaucoup de priviléges et un pouvoir considérable. Il était impossible qu'il y eût alors rien de
semblable au despotisme oriental ou à un despotisme cé-
sarien; les armées placées en dehors du corps politique,
qui maintiennent de tels gouvernements, ne pouvaient
exister, alors que la tribu était la nation, et que tous les
hommes de la tribu étaient des guerriers. De là vient
qu'au temps d'Homère, dans les premiers âges de Rome,
dans les premiers âges de la Germanie ancienne, le roi
est la partie la plus visible du gouvernement, parce qu'il
en était aussi, pour le bien du moment, la partie la plus
nécessaire. L'oligarchie exclusive et compacte, le patri-
ciat, qui seul pouvait connaître la loi établie, qui seul
pouvait appliquer la loi établie, qui seul était reconnu
comme le gardien autorisé de la loi établie, exerçait alors
un empire sans partage sur les besoins de ces sociétés
primitives. Seul il savait comment on dresse les hommes;
il était seul obéi, parce que seul il les pouvait dresser.
M. Grote a raconté d'une manière admirable comment
les premières oligarchies grandirent en face de la monarchie primitive; mais sa prédilection même pour l'A-
thènes de l'histoire ne lui a peut-être pas laissé de sympa-
thies pour l'Athènes pré-historique. Il ne nous a pas fait
comprendre le besoin d'une vie bien assise et fixe à une
époque où tout manquait de fixité.

Il serait puéril d'expliquer en détail comment les deux
grandes républiques, les deux républiques victorieuses

de l'ancien monde, nous fournissent, une confirmation éclatante de ces conclusions. Rome et Sparte étaient des aristocraties qui excellaient à dresser les hommes, et ce fut la raison de leurs succès. Athènes était assurément d'un autre ordre, ordre plus élevé, du moins pour nous modernes, mieux instruits, qui la connaissons et qui avons reçu ses leçons. Mais pour les *Philistins* d'alors, Athènes était d'un ordre inférieur. Elle fut battue; elle perdit la partie dans ce grand jeu des intérêts visibles au delà duquel ne peut porter la courte vue des contemporains. Ce fut le grand naufrage de la liberté dans le monde ancien. Elle annonça, elle commença les bonnes choses de l'avenir; mais elle était trop faible pour les développer et pour en jouir : elle fut foulée aux pieds par des peuples d'une organisation plus grossière et d'une constitution mieux aguerrie.

On voit sans peine combien ces principes sont confirmés par l'histoire des juifs. Il y a sans doute bien autre chose dans cette histoire, et des éléments tout à fait étrangers au sujet que je traite ici. Mais voici ce qui est incontestable : les Juifs avaient été d'abord la plus instable des nations; ils se soumirent à une loi, et devinrent dès lors la plus stable des nations. Sans doute leur gouvernement a manqué d'unité. Quand ils eurent demandé un roi, le pouvoir spirituel et le pouvoir temporel, ainsi que nous nous exprimerions aujourd'hui, ne furent jamais en paix, jamais d'accord. Les dix tribus qui sortirent de la loi se fondirent parmi les nations voisines. Jéroboam a été appelé le *premier libéral*, et, la religion mise à part, cette expression ne manque pas de sens : il commença à rompre ce gouvernement aux liens inflexibles qui répondait aux besoins des hommes de cette époque, bien qu'il déplaise toujours aux esprits ardents et inventifs. Mais les Juifs restés fidèles à leur loi devinrent les Juifs d'aujourd'hui, nation résistante et consistante s'il en fut jamais.

Les juristes nous disent que le terme de *contrat* ne se rencontre presque jamais dans les lois les plus anciennes : cela tient à cette fixité des coutumes. Dans nos époques modernes et civilisées, les actions de l'homme sont presque toujours déterminées par son propre choix : dans les temps primitifs ce choix ne déterminait presque rien. La règle de toutes choses était la loi de l'État (de l'immobilité, *status*). Chacun avait en naissant sa place marquée dans la communauté : il devait se tenir à cette place; il y trouvait certains devoirs à remplir, et il n'avait pas à penser à autre chose. Le réseau de la coutume saisissait les hommes dans des endroits distincts et déterminés, et les y tenait fixés.

Ces principes qu'on appelle dans la politique européenne les principes de 1789 sont donc incompatibles avec le monde primitif; ils ne conviennent qu'au monde nouveau dans lequel la société a terminé la première partie de sa tâche : alors l'organisation héréditaire est déjà fortifiée et fixée; alors les esprits malléables et les passions violentes des nations dans l'enfance sont façonnés, contenus, guidés par de puissants instincts acquis. Jusque-là ce n'est pas l'égalité devant la loi qui est nécessaire, mais l'inégalité; car on a besoin par-dessus tout d'une élite supérieure qui connaisse la loi. Ce qu'il faut, ce n'est pas un bon gouvernement qui cherche le bonheur de ses sujets; mais un gouvernement révéré et redouté qui sache obtenir de ses sujets l'obéissance : ce n'est pas une loi sans défauts, mais une loi à laquelle rien n'échappe, et qui enchaîne la vie entière à une même routine. Les siècles de liberté sont les derniers; avant eux viennent les siècles de servitude. En 1789, lorsque les grands hommes de la Constituante portaient au loin leurs yeux sur le passé, ils n'y voyaient presque rien qui méritât d'être loué, ou admiré, ou imité : tout leur semblait une immense méprise, une erreur monstrueuse dont il fallait s'affranchir au plus vite. Mais cette erreur les avait faits eux-mêmes. La marque héréditaire des temps anciens était imprimée jusque dans leur organisation physique : leurs cerveaux avaient pris de la consistance, leurs nerfs avaient été fortifiés par les résultats accumulés et transmis d'usages fastidieux. Les siècles de monotonie ont eu leur utilité; car ils ont formé l'homme pour les siècles où il ne doit pas être monotone.

IV

Nous n'avons pas encore réalisé tout le profit de ces gouvernements primitifs et de leurs lois primitives. Non-seulement ils ont réuni les hommes en groupes, et leur ont imposé un ensemble d'usages communs, mais ils ont souvent, du moins d'une manière indirecte, inspiré, si je puis m'exprimer ainsi, les caractères nationaux.

Nous ne pouvons pas encore expliquer, pour moi du

moins je n'essayerai certainement pas de le faire, tous
les phénomènes singuliers du caractère national. Comment semble-t-il d'abord si complétement et si parfaitement constitué? Avec quelle lenteur, par quelles transitions insensibles il s'altère, si toutefois il peut s'altérer!
Mais il y a un fait analogue qui peut nous faire entrevoir,
du moins obscurément, la cause de ces phénomènes. Les
époques ont leur caractère, aussi bien que les nations;
or, comme nous avons l'histoire détaillée d'un grand
nombre de ces périodes, nous pouvons examiner avec
exactitude quand et comment la physionomie particulière
de chacune d'elles a commencé, quand et comment cette
physionomie s'est effacée. Ainsi nous avons une idée du
temps de la reine Anne, de celui de la reine Élisabeth,
de celui de Georges II, ou bien encore de l'époque de
Louis XIV, de celle de Louis XV, de la Révolution française. Cette idée est plus ou moins précise, en raison de
nos études; mais il est probable que dans les esprits
même à qui ces époques sont le mieux connues et le
plus familières, cette idée a un caractère plus tranché,
plus simple, plus un que ne l'était la réalité. Quand nous
nous les représentons en imagination, nous mettons de
côté un trop grand nombre de traits communs à tous les
siècles. Du temps de Chaucer, le caractère anglais était
à peu près, à beaucoup d'égards, ce qu'il fut du temps
de la reine Élisabeth ou de la reine Anne, et ce qu'il est
aujourd'hui. Mais à ce fond commun et persistant certaines qualités se sont ajoutées à certaines époques, et
d'autres en d'autres temps; ou bien des qualités différentes ont semblé le voiler et l'obscurcir dans des siècles

différents. Nous négligeons et nous oublions à moitié l'élément constant, tandis que nous voyons et que nous étudions l'élément variable. Mais pourquoi (car c'est là ce que nous cherchons en ce moment), pourquoi cet élément variable? Il n'est personne, je pense, dont ce fait n'ait excité la curiosité. Tout à coup, dans une époque paisible, au temps de la reine Anne, par exemple, naît une littérature spéciale, une variété bien tranchée dans l'expression de la pensée humaine; ce caractère se retrouve dans tout ce qu'on écrit alors et ne se trouve que là : assurément le phénomène est singulier.

Je pense que la véritable explication est à peu près celle-ci : Un écrivain considérable prend pour ainsi dire l'élan; ses écrits sont un peu plus que les autres (et je crois que la différence est souvent peu marquée) en harmonie avec le tour d'esprit de ceux qui l'entourent. Très-souvent cet écrivain n'est pas celui dont la postérité garde le souvenir; ce n'est pas lui qui porte le style de l'époque le plus près de son type idéal, qui lui donne tout son charme et sa perfection. Le premier qui se mit à écrire des essais du temps de la reine Anne ne fut pas Addison, mais Steele. Ce fut l'homme entreprenant, à l'initiative hardie, qui lança en avant l'idée à l'état d'ébauche; mais l'homme prudent et méditatif la poussa plus loin, la perfectionna, et c'est lui que la postérité lit encore. Quelque écrivain puissant ou un groupe d'écrivains s'emparent ainsi de l'esprit public, et une transformation curieuse à étudier leur assimile bientôt d'autres écrivains. Sans doute, jusqu'à un certain degré, cette assimilation est produite par une cause facile à comprendre et qui n'a

rien du tout de curieux; elle est le résultat d'une imitation voulue. A s'aperçoit que le style de B réussit, et
l'imite. Mais ce parti pris de contrefaçon est toujours
rare; les hommes qui ont des pensées originales et qui
y tiennent n'aiment pas à les revêtir d'expressions qu'ils
sentent bien ne pas leur appartenir. Un homme ne peut
penser d'une manière bien sérieuse et bien utile quand
il s'étudie à écrire dans un style emprunté. Il en est bien
peu, après tout, qui puissent s'astreindre avec constance
au travail pénible, mais surtout ingrat et stupide, de se
faire un style. La plupart des hommes prennent les mots
qui sont dans l'air et le rhythme qui leur arrive, sans
même savoir d'où il vient : une imitation inconsciente
détermine le choix de leurs expressions et leur fait dire
ce qu'ils n'auraient jamais pensé à dire d'eux-mêmes.
Tout homme qui a écrit dans plusieurs journaux sait
comme son style prend infailliblement le ton de chaque
journal tandis qu'il y écrit, et se transforme en passant
à une feuille différente. Sans doute on ne demande pas
mieux que d'employer le style traditionnel auquel les lecteurs sont habitués; mais on ne travaille pas à le copier :
on aurait plutôt à se faire violence pour échapper à ce
style, si c'était là ce qu'on se proposait. Eh bien, de
même qu'un journaliste, sans intention bien arrêtée,
donne aux lecteurs du journal le genre d'expressions et
de pensées auquel ils sont habitués, de même sur une
plus grande échelle, les écrivains d'une époque, sans y
penser, donnent aux lecteurs de l'époque le genre d'expressions et de pensées, c'est-à-dire la littérature spéciale que ces lecteurs aiment et apprécient. Et non-seule-

ment l'écrivain choisit, sans y penser, le genre de style
et d'idées qui est le plus en vogue; mais l'écrivain lui-
même est choisi. Un auteur, en effet, ne se met pas à
écrire dans le ton adopté par une époque, s'il ne se sent
ou ne s'imagine sentir une sorte d'aptitude à écrire de
cette façon ; de même qu'un homme de lettres n'écrit pas
dans un journal dont le style dominant est contraire ou
peu conforme à son tour d'esprit. Si l'écrivain se trompe,
il est bientôt victime de son erreur. Bien plus, le directeur rejette ses articles, son époque ne lit point ses écrits.
Ce style de tradition est une gêne, une torture pour les
grands écrivains à qui par hasard il ne convient pas :
nous en voyons un exemple curieux dans Wordsworth
qui fut assez hardi pour rompre avec le style de ses contemporains et pour s'en faire un à lui, au risque d'être
dédaigné par eux. Mais il le fit en connaissance de cause
et ce ne fut pas sans effort.

« On suppose », dit-il, « qu'un auteur, par cela même
qu'il écrit en vers, s'engage formellement à satisfaire
certain goût connu, certaines habitudes prises : il semble
par là déclarer au lecteur non-seulement que certains
genres d'idées et d'expressions se trouveront dans son
livre, mais encore que d'autres seront évités soigneusement. L'exposant ou signe symbolique que nous présente le langage des vers a certainement, dans les différentes époques de la littérature, éveillé des idées bien
diverses et une attente bien différente; par exemple aux
époques de Catulle, de Térence, de Lucrèce, et à celles de
Stace et de Claudien; et dans notre propre pays, du temps
de Shakspeare, de Beaumont, de Fletcher, et du temps

de Donne, de Cowley ou de Pope. » Alors, d'un air mé-
content, Wordsworth se met à nous expliquer comment,
pour son propre compte, il ne peut ni ne veut faire ce
qu'on attend de lui ; mais il écrira dans sa propre langue,
et dans celle-là seulement. C'est ainsi que se conduira un
génie austère, j'allais dire puritain ; mais les hommes de
génie sont dociles et souples pour la plupart, et se conforment au style de leur époque. Un d'eux, fort réfractaire à l'assimilation, mais qui n'en est que plus curieux
à étudier, a dit :

> Dieu ! combien nous perdons d'instants, de jours sans nombre,
> A singer notre image et copier notre ombre !
> Vous me supposez tel : eh bien, je le serai.
> Vous me prêtez ces traits ; eh bien, je les aurai.

Les auteurs écrivent ce qu'on attend d'eux, ou bien ils
n'écrivent rien ; mais alors, comme l'auteur de ces vers,
ils s'arrêtent découragés, vivent dans le désespoir, et
meurent en laissant des fragments que leurs amis re-
cueillent pieusement, mais devant lesquels le monde,
dans sa course folle, passe sans les voir. Les écrivains
non conformistes sont dédaignés ; les écrivains conformistes sont encouragés, jusqu'au jour où peut-être la
mode change tout à coup. Et ce qui arrive pour les écrivains se produit aussi, quoique à un degré moindre,
pour les lecteurs. Beaucoup d'hommes, la plupart même
des hommes, en arrivent à aimer ou à croire qu'ils aiment ce qui est toujours sous leurs yeux, ce qu'on aime
autour d'eux, ce que l'opinion reçue dit qu'ils doivent
aimer ; ou bien, si leurs esprits ont un tour si particulier, sont d'une complexion si originale, qu'ils ne peu-

vent être coulés dans ce moule, ils renoncent complètement à la lecture, ou lisent de vieux livres et des livres
étrangers, faits sur un autre modèle et s'adressant à un
goût différent. Le principe « *d'élimination* », celui *de*
« *l'activité et de l'inactivité* » des organes, dont nous
parlent les naturalistes, trouvent ici leur application. Ce
qui travaille se fortifie; ce qui cesse de travailler s'affaiblit:
« il est donné davantage à ceux qui possèdent déjà ; » et
ainsi un style d'un certain caractère règne sur une époque ; il se grave à l'exclusion de tout le reste dans la mémoire des hommes, et finit par être le seul auquel on
pense.

Si je ne me trompe, ce que nous appelons un caractère national naît d'une façon fort analogue. Tout d'a-
bord une sorte de « prédominance fortuite » a formé un
modèle ; et alors une attraction invincible, cette nécessité qui contraint tous les hommes, à l'exception des plus
forts, à imiter ce qu'ils ont devant les yeux et à devenir
tels qu'on s'attend à les voir, a façonné les hommes sur
ce modèle. C'est, il me semble, en suivant cette marche,
que de nouveaux caractères nationaux se forment de notre temps. En Amérique et en Australie, nous voyons se
développer une modification nouvelle de ce que nous appelons le caractère anglo-saxon. Une sorte de type de
caractère est né des difficultés de la vie coloniale, de la
lutte contre la nature sauvage ; et ce type a donné sa
forme à la masse des caractères parce que la masse des
caractères l'a imité sans en avoir conscience. La plupart
des traits distinctifs du caractère américain sont visible-
ment utiles dans une telle existence, et même en sont

des conséquences. Cette activité inquiète, cette organisation nerveuse toujours tendue, sont des qualités utiles dans une lutte continuelle, et que cette lutte contribue à développer. Ces traits semblent se dessiner aussi en Australie et dans toutes les autres contrées où la race Anglaise est placée dans des circonstances semblables. Mais pour l'adoption même de ces particularités utiles, la tendance innée de l'esprit humain à se conformer aux objets qui l'entourent a joué un grand rôle. On verra souvent un Anglais flegmatique attraper en quelques années la physionomie inquiète de l'Américain; un Irlandais et même un Allemand la prendra aussi, et jusque dans ses particularités anglaises. Il y a une centaine de points secondaires dans la naissance ou la propagation desquels l'utilité n'a joué aucun rôle. Ils se sont rencontrés par hasard chez quelque personnage important qui les a mis à la mode et que l'on continue encore à imiter. Tout observateur trouvera en Angleterre même, et jusque dans notre époque d'uniformité, des particularités propres à certaines localités, qui doivent leur origine, sans aucun doute, à quelque circonstance fortuite déjà ancienne, et qu'une imitation traditionelle a soigneusement conservées. Un caractère national n'est qu'un caractère local qui a fait fortune; exactement comme la langue nationale n'est qu'un dialecte local qui a fait fortune, c'est-à-dire le dialecte d'un district qui est devenu plus influent (et souvent cette supériorité est peu marquée) que les autres districts, et qui a ainsi imposé son joug aux livres et à la société.

Je pourrais m'étendre longuement sur ce sujet, car

je crois que cette imitation inconsciente est la force dominante dans la formation des caractères nationaux ;
mais j'en ai déjà dit plus qu'il n'était nécessaire. Quiconque pèsera ne fût-ce que la moitié de ces arguments,
admettra qu'il y a là une force considérable, une influence de premier ordre qu'il faut reconnaître et étudier,
et, pour le moment, je n'en demande pas davantage. Je
veux seulement montrer combien ces gouvernements primitifs si étroits, combien ces lois primitives si rigoureu-
ses, contribuent avec efficacité à la création des caractères
collectifs. Ce sont eux qui ont constitué le type prédominant, proposé une sorte de modèle, dressé une sorte
d'*idole :* celle-ci a été adorée, copiée, étudiée, par suite
d'un mélange de sentiments divers, mais avant tout parce
qu'elle était *la chose à faire « the thing to do, »* la forme
alors acceptée de la vie humaine. Lorsque le type prédominant fut une fois déterminé, le penchant de l'homme
à l'imitation fit le reste. La tradition qui attribue à Ly-
curgue la législation des Spartiates est fausse si on la
prend au pied de la lettre : si l'on n'en prend que l'esprit, elle est vraie. A l'origine des États certains individus
doués d'une énergie ardente prirent possession de petits
groupes d'hommes et leur donnèrent une forme à laquelle
ces groupes se sont attachés et qu'ils ont gardée.

C'est seulement après nous être bien rendu compte
de cette formation insensible et muette des caractères
nationaux que nous pourrons nous expliquer d'une manière satisfaisante l'aversion des anciens gouvernements
pour le commerce. Il faut qu'elle ait eu quelque chose
de bien particulier ; car les plus grands des philosophes,

Platon et Aristote, l'ont partagée. Ils regardaient le commerce comme la source de la corruption, aussi naturellement qu'un économiste moderne y voit la source de l'industrie ; et tous les gouvernements anciens agissaient à ce sujet d'après les maximes de la philosophie : « C'est avec raison, » a dit le docteur Arnold avec une ironie conforme à l'esprit des temps modernes, « c'est avec raison que la politique de l'ancienne aristocratie sacerdotale de l'Égypte et de l'Inde s'efforçait d'empêcher les peuples de se familiariser avec la mer, et qu'elle déclarait la profession de marin incompatible avec la pureté des castes les plus élevées. La mer méritait la haine des anciennes aristocraties ; car elle a été l'instrument le plus puissant de la civilisation du genre humain. » Mais les oligarchies d'autrefois avaient leur œuvre à accomplir, nous le savons à présent. Elles imposaient aux hommes un joug destiné à les façonner ; elles travaillaient à former la nature humaine telle que l'ont trouvée les époques postérieures. Elles faisaient leur besogne ; nous l'avons trouvée faite. Or, cette imitation inconsciente, qui était leur principal instrument, ne trouvait point d'obstacle plus formidable que la fréquentation de l'étranger. Les hommes imitent l'objet qu'ils ont devant les yeux, s'il est seul devant leurs yeux ; ils ne l'imitent pas s'ils le voient au milieu d'une foule d'autres objets qui lui disputent leur attention, qui tous le valent, dont quelques-uns paraissent avoir sur lui l'avantage. « Quiconque parle deux langues est un coquin » : ce vieux dicton exprime avec fidélité les sentiments des sociétés primitives lorsque le choc soudain d'idées nouvelles et d'exemples nouveaux entame le despotisme compacte du code unique jusque-là tenu pour sacré, lorsque par conséquent l'homme, dont la nature est encore flexible et molle, se trouve libre d'obéir à l'impulsion dangereuse de sa volonté, sans être suffisamment guidé par une morale et une religion héréditaires. Les anciennes oligarchies avaient besoin de conserver la pureté de leur type, et dans cette pensée elles avaient raison de ne point permettre aux étrangers d'y porter la main.

« Les distinctions de race, » dit ailleurs Arnold lui-même dans un essai remarquable ; — ce fut le dernier qu'il composa sur l'histoire grecque ; ce furent ses adieux à un sujet longtemps préféré ; — « n'avaient point ce caractère odieux et imaginaire qu'elles ont eu dans les caractères modernes ; elles impliquaient des différences religieuses et morales de la nature la plus grave. » Et après avoir appuyé cette affirmation par de nombreux exemples, il poursuit ainsi : « Il ne faut donc point s'étonner que Thucydide, en parlant d'une cité fondée par des Ioniens et des Doriens réunis, ait cru devoir ajouter « que les institutions dominantes étaient ioniennes » : car selon qu'elles appartenaient à l'une ou à l'autre race le type dominant devrait être différent. Par conséquent, le mélange dans une même communauté de personnes de races différentes, à moins que l'une de ces races n'eût une supériorité complète, tendait à confondre toutes les relations de la vie, toutes les notions des hommes sur le juste et l'injuste ; ou bien ce mélange, en obligeant les hommes à tolérer chez ceux avec qui ils avaient des rapports si intimes, chez leurs concitoyens, des différences

qui portaient sur les actes les plus importants de la vie,
les amenaient à une indifférence, à un scepticisme général, et développaient chez eux cette idée que le bien et le
mal n'existent pas réellement, mais sont de simples opinions, des façons de voir de l'esprit humain. » Mais s'il
en est ainsi, les oligarchies avaient raison. Le commerce
produit ce mélange d'idées, cette destruction des croyances antiques, et la produit fatalement. Aujourd'hui ce
résultat même est son plus grand avantage : nous disons
qu'il ouvre, qu'il élargit les esprits. Mais dans les époques primitives la Providence avait isolé les nations ; et
c'est seulement lorsque leur constitution morale a été
fortifiée par de longs siècles de discipline héréditaire
qu'elles peuvent supporter cet élargissement. Les siècles
d'isolement ont eu leur utilité ; car ils formaient les
hommes pour des siècles où ils ne devaient plus rester
isolés.

LIVRE DEUXIÈME

LA LUTTE ET LE PROGRÈS

« La différence entre le progrès et l'inerte immobilité, » dit un de nos plus grands écrivains contemporains, « est un des grands secrets que la science a encore à pénétrer. » Assurément, je n'ai pas la prétention de le pénétrer complétement; mais il me semble indubitable que le problème approche de sa solution : les succès obtenus par la science dans des études de la même nature nous suggèrent par analogie quelques principes qui écartent complétement un grand nombre des difficultés de la question, et qui nous indiquent par quelle méthode celles qui subsistent encore pourront être écartées à leur tour.

Mais quel est le problème ? La plupart des esprits en Angleterre, peut-être devrais-je dire dans les pays civilisés, ne le soupçonnent pas. Nos maîtres ordinaires, nos conversations habituelles, nos préjugés inévitables et incurables tendent à nous faire croire que le progrès

est dans la société humaine le fait normal, le fait que
nous devons nous attendre à rencontrer, que nous serions surpris de ne pas rencontrer. Mais l'histoire réfute
cette croyance. Les anciens n'avaient nulle idée du progrès ; ils n'avaient même pas besoin d'en repousser
l'idée ; car jamais ils ne l'avaient conçue. Les nations
orientales, maintenant encore, sont exactement dans le
même cas. Depuis que l'histoire a commencé elles ont
toujours été ce qu'elles sont. D'un autre côté, les sauvages ne se perfectionnent pas; à peine semblent-ils
avoir la base sur laquelle ils pourraient bâtir, bien loin
de posséder les matériaux pour élever un édifice de
quelque valeur. Quelques nations seulement, et elles
sont d'origine européenne, marchent en avant ; et pourtant ces nations pensent, elles semblent contraintes par
une force irrésistible à penser que cette marche progressive est inévitable, naturelle, éternelle. D'où vient
donc un contraste si frappant?

Nous ne pouvons répondre à cette question sans l'avoir
examinée plus attentivement. Sans doute, l'histoire montre que la plupart des nations sont stationnaires à présent ; mais elle nous donne des raisons de croire que
toutes les nations ont fait autrefois des progrès. Ces progrès se sont arrêtés à des points différents ; mais nulle
part, et pas même, je pense, chez les tribus des montagnes de l'Inde, pas même chez les naturels des îles Andaman, pas même chez les sauvages de la Terre de Feu,
nous ne trouvons d'hommes qui soient restés absolument stationnaires. Ils ont fait quelques faibles progrès
de cent manières différentes ; ils se sont fait, avec une

patience incroyable, cent coutumes curieuses; ils se
sont, pour ainsi dire, vissés dans tous les angles incom-
modes d'une vie compliquée, d'une vie étrange, lugubre,
mais cependant possible. Et ces angles ne sont jamais les
mêmes dans deux parties de la terre. Nous voyons mille
édifices qui ne changent plus; mais nous trouvons des
traces qui nous reportent à l'époque où ils furent cons-
truits. Dans les temps historiques il y a eu peu de progrès; dans les temps préhistoriques, il faut qu'il y en
ait eu beaucoup.

En résolvant la question ou en essayant de la résoudre,
nous devons tenir compte de cette différence remarquable et l'expliquer; autrement nous pouvons être sûrs que
nos principes seront tout à fait incomplets et peut-être
absolument faux. Mais quelle est donc cette solution, ou
quels sont les principes qui nous y conduiront? On peut
établir, à ce qu'il me semble, trois lois, du moins ap-
proximatives, dont je ne pourrai examiner ici qu'une
seule, mais qu'il est bon d'énoncer toutes trois, afin qu'on
puisse voir où je veux arriver.

1° Dans chaque état particulier du monde, les nations
qui sont les plus fortes tendent à prévaloir sur les autres; et dans certaines particularités déterminées les plus
fortes tendent à être les meilleures.

2° Dans chaque nation prise en particulier le type ou
les types de caractère, qui dans ce lieu et à cette époque
sont les plus attractifs, tendent à prédominer; et le caractère le plus attractif, bien qu'il y ait des exceptions,
est ce que nous appelons le meilleur caractère.

3° L'intensité de cette concurrence entre les nations

et de cette concurrence entre les caractères n'est pas accrue, dans la plupart des conditions historiques, par des
forces extrinsèques ; mais dans certaines conditions,
telles que celles qui prédominent aujourd'hui dans la
partie du monde la plus influente, l'intensité de toutes
deux est ainsi accrue.

Ce sont là des doctrines qui, sous le nom de « sélection naturelle », nous sont devenues familières dans l'é-
tude de la nature ; et comme toute grande conception
scientifique tend à reculer ses bornes et à s'appliquer à
la solution des problèmes qu'on ne soupçonnait pas au
moment où elle s'est produite, cette théorie, qui ne fut
d'abord mise en avant que dans l'histoire des animaux,
peut, en changeant de forme, mais en restant identique
au fond, s'appliquer à l'histoire de l'humanité.

D'abord on fit quelque opposition au principe de la
sélection naturelle dans les sciences physiques au nom de
la religion. On devait prévoir qu'une idée si active, qu'une
modification si profonde de la pensée scientifique, sem-
blerait mettre en péril bien des croyances précieuses aux
yeux des hommes. Mais ici comme dans d'autres cas, l'opposition, à ce qu'il me semble, s'affaiblit : on reconnaît
de plus en plus que le nouveau principe n'est fatal qu'aux
ouvrages extérieurs de la religion, et non à la religion
même. En tout cas, on ne peut évidemment faire aucune
objection de ce genre à l'application que nous faisons
ici de ce principe, et qui ne consiste qu'à rechercher
et à suivre une analogie qu'il nous fournit. Tout le monde
admet à présent que l'histoire de l'humanité est dominée
par certaines lois, et nous prétendons seulement ici indi-

quer, d'une manière plus ou moins distincte, une partie
infiniment petite de ces lois.

Ces principes ne pourraient être discutés d'une façon
tout à fait indépendante les uns des autres sans pédante-
rie ; mais en ce moment le premier de ces principes,
c'est-à-dire la loi de concurrence entre les diverses nations ou tribus — je dois employer ces mots dans leur
sens le plus étendu, de manière à désigner toute agrégation permanente d'êtres humains — est presque le seul
dont je puisse m'occuper ; et même relativement à celui-là je ne puis exposer que quelques considérations
principales.

Les progrès de l'art militaire constituent le fait le plus
remarquable, j'allais dire le plus éclatant, de l'histoire
humaine. La civilisation des anciens peut à beaucoup
d'égards soutenir la comparaison avec celle des modernes ; on peut même apporter des arguments plausibles
en faveur de sa supériorité ; mais on ne saurait comparer
les deux époques pour la puissance militaire. Napoléon
aurait incontestablement vaincu Alexandre ; et notre armée
des Indes n'aurait pas une haute opinion de la Retraite
des Dix mille. Je m'imagine que le progrès a été continu.
Je n'ai pas la moindre prétention à des connaissances
spéciales en ce genre ; mais, à ne jeter sur les faits que
le coup d'œil le plus superficiel, il me semble que la
somme des forces que l'humanité peut ranger en bataille,
que la force militaire de la race humaine s'est constamment et invariablement accrue. Il est vrai que la civilisation ancienne, après avoir longtemps résisté aux Barbares, a fini par être détruite par eux. Mais c'est que les

Barbares avaient fait des progrès : « Les mercenaires
Barbares, » nous dit un écrivain des plus distingués [1],
« arrivèrent par degrés à former la partie la plus considérable, ou du moins la plus solide des armées romaines.
Ils avaient composé la garde personnelle d'Auguste : les
prétoriens étaient choisis généralement dans les meilleures troupes des frontières, et la plupart étaient Germains. »
« Ainsi, » poursuit-il, « sur bien des points, l'ancien
antagonisme avait disparu : les Romains admettaient les
Barbares aux emplois et aux dignités ; les Barbares adop-
taient en partie les usages et la civilisation de leurs voisins. Aussi, quand le mouvement final se produisit, les
tribus teutoniques s'établirent lentement au sein des provinces, connaissant déjà quelque chose du système dans
lequel elles entraient, et n'ayant pas de répugnance à en
faire partie. »

A prendre ensemble amis et ennemis, on peut se demander si la force totale des deux armées n'était pas au
moins aussi grande, lorsque l'empire succomba, qu'elle
ne l'avait jamais été durant la longue domination de l'empire. Pendant le moyen âge, la force de cohésion manqua
souvent aux hommes : à une époque de division vous
ne pouvez réunir autant de soldats qu'à une époque
de concentration. Mais c'est là une difficulté politique et
non militaire. Ajoutez les unes aux autres toutes les petites armées de l'un de ces siècles d'isolement, et peut-
être les trouverez-vous égales ou supérieures à l'armée
unique ou au petit nombre d'armées des siècles antérieurs où les forces étaient moins divisées. Prise dans son

1. M. Bryce.

ensemble, et en admettant des exceptions possibles, la force de combat du genre humain s'est accrue immensément, et n'a pas cessé de s'accroître depuis les temps les plus reculés où l'histoire nous la fait connaître.

En outre, cette force a tendu à se concentrer de plus en plus dans certains groupes que nous nommons « nations civilisées. » Les lettrés du dernier siècle tremblaient toujours à la pensée d'une nouvelle conquête des Barbares ; c'était uniquement parce que leur imagination était troublée et effrayée par les anciennes conquêtes. Avec un peu de réflexion ils auraient reconnu que, depuis que les inventions militaires sont devenues le monopole des états policés, la puissance militaire réelle et effective tend à se concentrer dans ces états. Les Barbares ne sont même plus des compétiteurs vaincus ; ils ont entièrement renoncé à la lutte.

D'un autre côté, les vices militaires de la civilisation semblent diminuer à mesure que sa force militaire augmente. Quelle qu'en soit la raison, la civilisation ne rend pas, comme autrefois, les hommes efféminés et impropres à la guerre. Notre fibre, sinon physique, du moins morale, s'est fortifiée. Dans les temps anciens, on ne pouvait amener les habitants des villes à combattre : ils perdaient leur courage moral, peut-être même leur énergie physique. Mais à présent, dans tous les pays, les grandes villes peuvent fournir un nombre considérable d'hommes à qui il ne manque, pour faire de bons soldats, que la pratique des armes, et qui possèdent à un haut degré bravoure et vigueur. On l'a vu en Amérique, on l'a vu en Prusse ; on le verrait en Angleterre. Le com-

merce et le luxe enlevaient aux races d'autrefois leurs
facultés guerrières ; ils ne les enlèvent pas de même aux
races modernes.

Un fait curieux donne à cette idée la probabilité, sinon
la certitude. Les sauvages disparaissent devant la civilisation moderne ; ils semblent avoir tenu bon devant la
civilisation ancienne. Nous ne voyons aucun écrivain
classique s'apitoyer sur le sort des Barbares. Les Nou-
veaux-Zélandais disent que la terre sortira des mains de
leurs enfants ; les Australiens disparaissent ; les Tasmaniens ont disparu. Si quelque fait semblable s'était produit dans l'antiquité, les moralistes classiques n'auraient
pas manqué d'en faire le sujet de leurs méditations ; car
c'est justement un de ces faits considérables et imposants
comme ils les aimaient. Au contraire, en Gaule, en Es-
pagne, en Sicile, dans tous les pays dont nous savons
quelque chose, le Barbare supportait le contact du Romain, et le Romain s'alliait au Barbare. La science moderne explique la disparition des sauvages ; elle dit que
nous avons des maladies auxquelles nous pouvons résister,
tandis qu'ils n'y résistent pas, et qu'ils meurent sous
leurs atteintes, comme notre bétail engraissé succombe
à des épizooties relativement inoffensives, pour le bétail plus robuste des steppes. Les sauvages, dans la
première année de l'ère chrétienne, étaient, à peu de chose
près, ce qu'ils sont dans le xviiie siècle ; or, s'ils ont résisté au contact des hommes civilisés d'autrefois, tandis
qu'ils succombent au nôtre, il s'ensuit que notre race
est probablement plus vigoureuse que celle des anciens ;
car nous avons à supporter nous-mêmes, et nous sup-

portons les germes de maladies plus redoutables que celles que portaient avec eux les anciens. Peut-être pouvons-nous faire du sauvage, qui n'a pas changé, une commune mesure pour évaluer la vigueur des constitutions au contact desquelles il est exposé.

Les conséquences particulières peuvent être douteuses; mais sur le fait principal, il n'y a pas de doute possible. La force militaire de l'homme s'est accrue sans s'arrêter, depuis les temps les plus anciens que nous fasse connaître l'histoire, jusqu'à nos jours. Mais nous ne devons pas considérer seulement les temps que nous font connaître les monuments écrits; nous devons remonter à des époques plus anciennes, connues seulement par ce genre de témoignage que les légistes nomment *réel*, le témoignage des choses. Avant que l'histoire eût commencé, il y avait eu au moins autant de progrès dans l'art militaire qu'il s'en est produit depuis. Les légionnaires romains, les Grecs même d'Homère avaient autant de supériorité sur les hommes des cités lacustres et de l'âge de pierre que nous en avons sur eux-mêmes. L'homme a constamment gagné en puissance militaire depuis les époques où nous pouvons savoir de lui quelque chose, soit par les documents qu'il nous a transmis, soit par les indices qu'il a laissés.

La cause de ce progrès continuel est très-simple. La nation la plus forte a toujours vaincu la plus faible, quelquefois la subjuguant, toujours la dominant. Tout gain intellectuel, si je puis parler ainsi, que faisait une nation, était, dans les temps les plus anciens, employé, dépensé à la guerre. La guerre en était l'unique placement; tout le reste périssait. Chaque nation essayait d'être la plus forte, et par conséquent imaginait ou copiait les meilleures armes; par une imitation consciente, chaque nation formait un type de caractère approprié à la guerre et à la conquête. La conquête améliorait le genre humain par le mélange, le croisement des forces. La trêve armée, qui portait alors le nom de paix, l'améliorait par la concurrence des procédés d'éducation et la création d'une puissance nouvelle qui en résultait. Depuis l'époque où les populations dolichocéphales chassèrent pour la première fois les populations brachycéphales des meilleures terres de l'Europe, toute l'histoire européenne n'a été que l'histoire de la superposition des races les plus militaires aux moins militaires, l'histoire des efforts tantôt plus, tantôt moins heureux de chaque race pour devenir plus militaire. De cette façon, l'art de la guerre a toujours été en se perfectionnant.

Mais pourquoi une nation est-elle plus forte qu'une autre? La réponse à cette question nous donnera, je crois, la clef des principaux progrès de la civilisation primitive, et celle de quelques-uns des progrès de toute civilisation. La réponse est qu'il y a une foule d'avantages, grands ou petits, dont chacun tend à rendre la nation qui le possède supérieure à celle qui ne le possède pas; qu'un grand nombre de ces avantages peuvent être communiqués à des races subjuguées, ou empruntés par des races rivales; bien que quelques-uns de ces avantages soient périssables ou impossibles à emprunter, cependant, en somme, l'énergie de la civilisation s'accroît par l'union des forces et par la lutte des forces.

II

Le plus grand de tous les avantages est assurément celui sur lequel j'ai autant que possible attiré l'attention dans la première partie de ces études. La première chose à acquérir, c'est, si je puis m'exprimer ainsi, la *fibre légale;* un gouvernement d'abord : quelle sorte de gouvernement? peu importe; une loi d'abord : quelle loi? c'est une question secondaire. Il faut une personne ou un groupe de personnes à qui l'on obéisse; quant à savoir qui elle est, ou qui elles sont, cela est relativement insignifiant.

« Il est presque impossible », a-t-on dit, « d'exagérer la différence entre l'homme civilisé et celui qui ne l'est pas : elle est plus grande que celle qui sépare l'animal domestique de l'animal sauvage »; car l'homme est plus perfectible. Mais cette différence fut obtenue, dans les premiers temps, d'une manière très-analogue. La domestication des animaux, telle qu'elle se pratique aujourd'hui chez les nations sauvages, et telle que nous la décrivent les voyageurs qui l'ont vu pratiquer, est le résultat d'une sorte de sélection. Ce sont les animaux les plus farouches que l'on tue lorsqu'on a besoin d'aliments ; les plus dociles et les plus aisés à conduire sont conservés, parce qu'ils conviennent mieux à l'indolence de l'homme et qu'ils sont, pour cette raison, préférés de celui qui les garde. Mais laissons la parole au capitaine

Galton qui a souvent assisté à des scènes étranges de la
vie sauvage et de la vie animale.

« Dans chaque troupeau, dit-il, les animaux tout à fait
indomptables et sauvages devaient s'échapper et se perdre
sans retour. Les plus farouches de ceux qui restaient ne
pouvaient manquer d'être choisis chaque fois qu'il fallait
tuer une bête du troupeau. Les bêtes les plus dociles,
celles qui ne s'échappaient que rarement, qui mainte-
naient le troupeau réuni, et celles qui le ramenaient au
logis, devaient être conservées vivantes plus longtemps
que toutes les autres. C'étaient donc celles-là surtout qui
propageaient la race et qui transmettaient au troupeau
à venir leurs aptitudes domestiques. J'ai partout cons-
taté ce procédé de sélection chez les peuplades pastorales
de l'Afrique méridionale. Je crois qu'il a une grande
importance, en raison de sa rigueur et de sa régularité.
Il doit avoir existé dès les temps les plus anciens, constamment mis en pratique, de génération en génération,
jusqu'à nos jours [1]. »

L'homme, étant le plus fort de tous les animaux, ne se
trouve pas dans les mêmes conditions que les autres. Il
était obligé de se dompter, de se domestiquer lui-même.
Et s'il y est parvenu, c'est que les tribus les plus obéis-
santes, les plus dociles, sont aussi, dans la première
phase de ces luttes, où la vie est vraiment l'enjeu, les
plus fortes, celles qui remportent la victoire. Tout alors
est sauvage : la vigueur animale, la farouche énergie de
la race n'a encore disparu nulle part; tous la possèdent à
un degré suffisant. Mais ce qui fait qu'une tribu, une tribu

1. *Ethnological Society's Transactions*, vol. III, p. 137.

naissante, un germe de tribu, l'emporte sur une autre,
c'est sa force relative de cohésion. Le plus léger symptôme
de développement légal, le signe le plus léger d'un lien
militaire suffisent alors pour faire pencher la balance.
Les tribus compactes l'emportent, et les tribus compactes
sont aussi les plus dociles. La civilisation commence,
parce que la supériorité militaire la fait commencer.

Si nous avions quelques renseignements historiques
sur les âges qui ont précédé l'histoire, si quelque pouvoir surhumain avait enregistré les pensées et les actions
des hommes avant qu'ils fussent en état de les enregis-
trer eux-mêmes, nous reconnaîtrions que ce premier pas
dans la civilisation a coûté plus que tous les autres. Mais
quand nous arrivons à l'histoire telle qu'elle existe, c'est
le second pas dont la difficulté nous frappe davantage.
Tous les hommes qui étaient absolument dépourvus de
cohésion, tous les « Cyclopes », ont été anéantis longtemps avant l'époque où ils auraient pu laisser d'eux un
souvenir authentique. Les races les moins cohérentes ne
subsistent que dans les parties du monde où la nature
même se charge de les protéger. La civilisation la plus
connue commence dans le voisinage de la Méditerranée ;
ce qu'il y avait de meilleur dans la civilisation anté-histo-
rique a commencé très-probablement à peu de distance
de ses rivages. C'est en partant de ce centre que l'essaim
conquérant, car nous devons l'appeler ainsi, s'est répandu en se multipliant : il a, par un progrès continuel
mais non uniforme, agrandi ses domaines de siècle en
siècle. Mais la géographie a longtemps défié ses efforts.
L'océan Atlantique, l'océan Pacifique, l'océan Austral,

l'Afrique dont l'intérieur était inabordable, les parties montagneuses de l'Inde, aussi inaccessibles que peu séduisantes, étaient en dehors de ses atteintes.

Dans ces lieux reculés il n'y avait pas de concurrence véritable, et c'est là que des races inférieures, imparfaitement unies, ont continué d'exister. Mais dans les régions de la lutte, là où les races supérieures se trouvaient en contact avec les races inférieures, ces sociétés à demi organisées ne pouvaient subsister. Elles périrent, et l'histoire ne commença qu'après leur extinction. Le grand obstacle dont l'histoire nous a transmis le souvenir n'est pas celui qui arrêta la civilisation à son premier pas, mais celui qui retarda le second. Ce qui nous frappe le plus à présent, ce n'est pas la difficulté de conquérir une loi durable, mais celle d'en sortir ; ce n'est pas d'obtenir ce que j'appelais plus haut un noyau de coutumes, c'est de le briser ; ce n'est pas d'établir les premiers usages conservateurs, c'est de s'en affranchir pour atteindre à quelque chose de meilleur.

C'est précisément devant cette difficulté que se sont arrêtées la plupart des civilisations stationnaires. Une grande partie, une partie très-considérable de l'humanité semble tout près de faire un pas pour arriver à quelque chose de bon ; il semble qu'elle ait tout préparé pour y parvenir, puis qu'elle se soit arrêtée pour ne plus avancer. L'Inde, le Japon, la Chine, presque toutes les civilisations orientales, bien qu'elles diffèrent entre elles sur presque tous les autres points, sur celui-ci se ressemblent. On dirait qu'elles se sont arrêtées quand il n'y avait aucune raison de le faire, lorsqu'un observa-

teur étranger aurait cru probable qu'elles ne s'arrête-
raient pas.

La raison en est, que, pour rester capables de progresser, les nations doivent conserver et mettre en usage la
propriété fondamentale que la nature a donnée à l'organisme de l'homme comme à tous les autres organismes.
Par une loi dont nous ne voyons nullement la raison, mais
qui joue un rôle capital parmi celles dont la Providence se
sert pour régir et gouverner le monde, il y a chez les
descendants une tendance à ressembler à leurs ancêtres,
et en même temps une tendance à différer de leurs ancêtres. L'œuvre de la nature, quand elle forme les générations, n'est pas tout d'une pièce; elle se compose de
ressemblances et de contrastes. A certains égards chaque
génération nouvelle diffère de celle qui l'a précédée; à
certains autres, elle lui ressemble. Mais le propre d'une
civilisation arrêtée, c'est de tuer toutes les variétés presque dès la naissance, c'est-à-dire dans la première enfance et avant qu'elles aient pu se développer. La coutume fixe qui est seule tolérée par l'opinion s'impose à
tous les esprits, qu'elle leur convienne ou non. Dans ce
cas la communauté sent que cette coutume est sa seule
défense, son unique garantie contre la tyrannie, qu'elle
lui assure seule la jouissance des biens qui ont quelque
prix à ses yeux. La plupart des sociétés orientales vivent
sur une terre qui est en théorie la propriété d'un souverain despotique; et ni ces communautés, ni les familles qui les composent, ne posséderaient les éléments
d'une existence supportable, si elles n'occupaient la terre
avec certaines garanties déterminées. Dans cet état de

société, la terre est pour tous, si l'on excepte une très-
faible minorité de personnages particulièrement intelligents, indispensable à l'existence ; et comme le sol
n'est point susceptible d'accroissement, qu'il est occupé
tout entier, un homme que l'on chasse de son domaine
est par cela même chassé du monde, et meurt nécessairement. Quant à nos conventions écrites, à nos baux, l'idée
en est aussi complétement étrangère à un monde où personne ne lit ni n'écrit, que celle d'une chambre de Communes le serait chez les naturels des îles Andaman. Alors
il n'y a qu'un rempart, qu'un bouclier pour la vie et la
fortune : c'est l'usage. Il n'est que trop évident que dans
de tels pays et à de telles époques, les hommes s'attachent obstinément aux coutumes, parce que les coutumes
seules les empêchent de mourir de faim.

Une cause plus puissante encore, si l'on en peut imaginer une, a opéré dans le même sens. Dryden a rêvé
d'une époque primitive, « où, libre de tout frein, courait
dans les bois le noble sauvage. » Il aurait dû dire :
« Où, privé de toute société, rampait dans les bois le
sauvage tremblant : » ces mots conviendraient mieux à
tout ce que nous savons de cette époque primitive, sté-
rile, douloureuse. Non-seulement les hommes n'avaient
alors aucun bien-être, aucune commodité, ni les premiers
éléments d'une vie de plaisirs, mais ils ne trouvaient pas
moins de tourments en eux-mêmes, dans leur âme,
qu'au dehors d'eux, dans le monde. Leur âme était
pleine de crainte. Autant que nous en pouvons juger,
tout les épouvantait : ils craignaient les bêtes féroces, les
attaques trop certaines des tribus voisines, les incursions

possibles des tribus éloignées. Mais, par-dessus tout, ce qui les effrayait, c'était « le monde » : le spectacle de la nature les remplissait d'une crainte respectueuse, de terreur. Ils s'imaginaient que derrière elle se cachaient des puissances qu'il fallait satisfaire, apaiser, flatter, et cela bien souvent par une foule de moyens horribles. Nous n'avons que trop de religions semblables chez des races d'une haute culture. La religion change chez les hommes plus rarement que tout le reste ; c'est pourquoi nous voyons encore des religions datant de « *ces époques* (c'est M. Jowett qui les désigne ainsi), *de ces époques antérieures à la morale,* » de ces époques dont la vie civile, dont les maximes dominantes, dont toutes les pensées, sauf les pensées religieuses, ont péri depuis longtemps. « Quiconque lit les classiques, » a dit le docteur Johnson, « trouve leur mythologie fastidieuse. » Dans ce monde antique qui ressemble à tant d'égards à notre monde moderne, qui lui ressemble même beaucoup plus que des époques bien plus récentes, ou que des sociétés qui vivent à côté de la nôtre, il y a toute une partie à laquelle nous ne trouvons chez nous rien d'analogue, qui nous frappe d'étonnement, que nous ne pouvons nous empêcher de trouver invraisemblable, tant nous avons peine à nous expliquer comment on l'a pu imaginer. C'est la partie archaïque de ce même monde que nous regardons déjà comme si ancien ; c'est une antiquité antérieure à celle que nous connaissons ; qui s'était perpétuée jusque dans son sein, sans avoir été altérée, peut-être, depuis des temps prodigieusement reculés ; qui était pour les anciens aussi inintelligible que pour nous et peut-être

davantage. Cette religion était terrible dans tous ses détails, dans tous ses rites, bien que nous fassions, comme
les anciens avant nous, un usage artistique de ses parties les plus attrayantes. De quel poids elle pesait sur
l'homme, c'est ce que le poëme de Lucrèce, celui de
tous les poëmes antiques qui se rapproche le plus de
la pensée xixe siècle, nous met sous les yeux avec
une vivacité, une énergie de sentiment qui semble de
notre temps. Et pourtant la religion classique n'est qu'un
échantillon adouci et affaibli des religions primitives.
Pour trouver les pires, il faut regarder les contrées où
la lutte des nations, et par suite la destruction, ont été
moindres : considérez l'Amérique, où les civilisations
partielles étaient rares, où une civilisation générale n'a-
vait pas établi sa domination impérieuse ; voyez la religion des Aztèques.

A première vue il paraît impossible d'expliquer, d'i-
maginer quelles fonctions ces religions terrifiantes peuvent remplir dans l'économie du monde : personne ne les
peut expliquer complétement. Mais elles ont eu une
utilité incontestable. Elles ont complétement soumis le
genre humain au joug de l'usage. Elles furent les premiers facteurs d'une époque. Elles donnèrent à des lois
fixes une sanction si terrible que personne ne pouvait
songer à les enfreindre.

On ne comprendra jamais les civilisations stationnaires si l'on ne se rend compte du dilemme rigoureux
où se trouvait enfermée la société primitive. Ou bien les
hommes n'avaient pas de loi du tout, et vivaient en tribus sans cohésion, presque sans union ; ou bien il leur

fallait arriver à une loi fixe par des procédés d'une incroyable difficulté. Ceux qui surmontaient cette difficulté détruisaient bientôt tous ceux qui ne l'avaient pas surmontée et qui se trouvaient sur leur chemin. Et alors eux-mêmes étaient courbés sous leur propre joug. La discipline de l'usage, qui ne pouvait être imposée aux hommes que par des sanctions terribles, conservait ces sanctions et détruisait dans la société tout entière cette tendance au changement, qui est le principe du progrès.

L'expérience montre avec quelle incroyable difficulté on obtient des hommes qu'ils encouragent réellement le principe d'originalité. Ils l'admettront en théorie ; mais dans la pratique la vieille erreur, celle qui a arrêté cent civilisations dans leur marche, revient toujours. Les hommes tiennent trop à leur propre genre de vie, sont trop persuadés qu'il n'y a rien à ajouter à leurs propres idées, sont trop irrités quand il faut se donner la peine de concevoir des pensées nouvelles, pour pouvoir supporter sans répugnance une existence instable et changeante. Ou bien, s'il n'en est pas ainsi, s'ils ont des idées nouvelles, ils éprouvent le besoin de les imposer au genre humain, de les voir entendues, admises, obéies, avant l'heure où elles l'auraient été naturellement, si elles s'étaient simplement trouvées en compétition avec d'autres idées. Au moment où je parle, les Comtistes les plus rigides nous enseignent que nous devons être gouvernés par une hiérarchie, un corps de savants représentant la science orthodoxe. Et pourtant qui doute que Comte eût été vendu par les membres de sa propre hiérarchie ; que

son *essor matériel*, qui fut en réalité troublé par les
« théologiens et métaphysiciens » de l'École polytechni-
que, aurait été bien plus entravé encore par le gouvernement qu'il voulait établir? Quant aux Comtistes sécu-
liers, MM. Harrison et Beesly, qui demandent à « fran-
ciser les institutions anglaises », c'est-à-dire à introduire
chez nous une imitation du système napoléonien, une
dictature appuyée sur le prolétariat, qui doute que ces
écrivains ingénieux, s'ils étaient nés Français, eussent
été des antibonapartistes furieux, et qu'on les eût depuis
longtemps envoyés à Cayenne? Le désir de ces écrivains
est très-naturel. Ils veulent « organiser la société », établir un despote qui fera ce qui leur plaît, qui appliquera
leurs idées ; mais tout despote fait uniquement ce qui
lui plaît à lui-même : et s'il lui arrive une fois d'introduire des idées nouvelles, il lui arrivera cent fois de les
étouffer.

A côté de ces Comtistes, et en guerre avec eux, du
moins avec un d'eux, nous voyons encore M. Arnold, dont
nous savons les poëmes par cœur, et qui possède, autant
qu'aucun Anglais vivant, la véritable inspiration littéraire ;
et pourtant il veut nous imposer un joug, et — ce qui est
pire qu'un joug politique, — un joug académique, un joug
sous lequel se courberaient nos esprits et nos styles. Il demande, lui aussi, que nous imitions la France ; et pouvons-
nous lui faire une meilleure réponse qu'en empruntant les
paroles des deux Français les plus Français de la dernière
génération ? « Dans les corps à talents, nulle distinction
ne fait ombrage, si ce n'est celle du talent. Un duc et
pair honore l'Académie française, qui ne veut point de

Boileau, refuse La Bruyère, fait attendre Voltaire, mais
reçoit tout d'abord Chapelain et Conrart. De même nous
voyons à l'Académie grecque le vicomte invité, Coraï repoussé, lorsque Jomard y entre comme dans un moulin. »
Ainsi parle Louis Courier dans sa prose concise et ini-
mitable. Et un écrivain plus grand encore, un véritable
Français s'il en fut, et même — ce que bien des critiques
auraient déclaré impossible — un grand poëte en raison
même des traits les plus français de son caractère,
Béranger, nous dit en vers :

> Je croyais voir le président
> Faire bâiller, en répondant
> Que l'on vient de perdre un grand homme;
> Que moi je le vaux, Dieu sait comme.
> Mais ce président sans façon [1]
> Ne pérore ici qu'en chanson :
> Toujours trop tôt sa harangue est finie.
> Non, non, ce n'est point comme à l'Académie;
> Ce n'est point comme à l'Académie.
>
> Admis enfin, aurais-je alors,
> Pour tout esprit, l'esprit de corps ?
> Il rend le bon sens, quoi qu'on dise,
> Solidaire de la sottise;
> Mais, dans notre société,
> L'esprit de corps c'est la gaîté.
> Cet esprit-là règne sans tyrannie.
> Non, non, ce n'est point comme à l'Académie;
> Ce n'est point comme à l'Académie.

Il nous laisse entendre que les Académies seront toujours et nécessairement les asiles du lieu commun. Mais
ces mots sont trop sévères; il faut dire que les Académies
sont le refuge des idées et des goûts de l'époque précé-

1. Désaugiers.

dente. J'ai entendu un des hommes les plus éminents dans la science faire cette observation : « En même temps qu'un homme de science arrive à la supériorité dans une branche quelconque, il y devient un obstacle, parce qu'il gardera certainement des erreurs qui étaient en vogue pendant sa jeunesse, mais que la nouvelle génération a réfutées. » Ce sont les idées de ce genre qui trônent dans les Académies et qui en bannissent avec un dédain majestueux toutes les nouveautés.

On trouvera peut-être que je suis bien loin de la société primitive ; j'en suis tout près. La véritable méthode scientifique explique le passé par le présent, ce que nous ne voyons pas par ce que nous voyons. Nous ne pouvons comprendre pourquoi tant de nations n'ont pas changé, qu'en voyant combien le changement est odieux, combien tout le monde le combat, combien non-seulement les conservateurs dans le domaine de la pensée s'efforcent de l'extirper, mais combien les innovateurs mêmes inventent les machines les plus formidables pour écraser « les monstruosités et les anomalies, » les formes nouvelles parmi lesquelles une sélection fondée sur la lutte et l'expérience choisit les meilleures pour l'avenir. L'idée que je mets en lumière est bien simple, et la voici : Une des conditions préalables les plus importantes pour qu'une nation l'emporte sur les autres, c'est qu'elle ait passé de la première période de civilisation à la seconde, de la période qui a surtout besoin de permanence à la période qui a besoin surtout de variabilité ; et vous ne pouvez comprendre pourquoi le progrès est si lent, tant que vous n'avez pas reconnu combien les tendances les plus obsti-

nées de la nature humaine rendent le premier pas difficile au genre humain.

Il va sans dire que la nation dont nous parlons doit
garder, en passant à la seconde période, les vertus de la
première, autrement elle sera écrasée. Elle aura perdu
les vertus sauvages en commençant à acquérir les vertus
civilisées ; et les vertus sauvages, qui ont la guerre pour
objet, sont la condition vitale, le pain quotidien de la nature humaine. Carlyle a dit, dans son style pittoresque :
« En définitive, la question entre deux êtres humains est
celle-ci : Puis-je te tuer, ou peux-tu me tuer ? » L'histoire
est jonchée des débris des nations qui avaient acquis un
peu de ces tendances à progresser au prix d'une quantité considérable de rude énergie, et qui s'étaient ainsi
préparées à se faire détruire dès que les mouvements du
monde leur en fourniraient l'occasion. Mais ces nations
étaient sorties trop tôt de l'âge « pré-économique ; » elles
s'étaient mises à apprendre, tandis qu'elles n'étaient
encore que trop promptes à désapprendre. Ces exemples
ne contredisent pas, au contraire, ils confirment ce principe qu'une nation qui vient de gagner la variabilité,
sans perdre la légalité, a des chances toutes particulières
de devenir une nation dominante.

Aucune nation ne peut être définie d'une façon som-
maire et abstraite ; toutes les nations sont des êtres qui
ont une foule de qualités, de faces* différentes ; il n'y a
aucun événement historique qui soit uniquement la démonstration d'un seul principe ; toute cause est mêlée,
entrelacée avec cent autres. L'histoire la meilleure n'est
que l'art d'un Rembrandt ; elle jette une vive lumière sur

certaines causes choisies, sur les meilleures et les plus grandes; tout le reste elle l'enveloppe d'ombre. Pour trouver dans une nation en particulier la démonstration d'un principe, vous devez exagérer beaucoup de choses, en omettre beaucoup. Mais, en tenant compte de ces réserves, est-ce que Rome, la nation dominante de l'ancien monde, n'a pas dû sa supériorité au principe sur lequel je me suis étendu? Dans une couche épaisse de légalité elle cachait un petit germe de variabilité. Dans sa législation même on ne peut s'empêcher de reconnaître que, malgré la rigueur des habitudes d'obéissance, malgré la sévérité de l'usage et de la coutume, une force cachée de développement travaillait, de je ne sais quelle façon étrange, à changer le fond en se conformant à la forme, à faire ce que les temps nouveaux exigeaient, tout en semblant obéir toujours à la tradition des anciens temps. Et la morale de toute son histoire est la même : chaque génération romaine, autant du moins que nous pouvons le savoir, diffère un peu, et souvent, aux meilleures époques, diffère très-peu de la précédente. Voilà pourquoi cette histoire a dans toute sa durée tant de suite, quoique les deux extrémités en soient si différentes. L'histoire d'une foule de nations ressemble à la représentation d'un drame anglais : chaque scène est remplacée par une scène tout à fait différente : un palais succède à une chaumière, une forteresse à un moulin à vent. L'histoire de Rome, au contraire, change comme un bon diorama; pendant que vous le regardez, à peine le voyez-vous se transformer; chaque moment diffère à peine du moment précédent; cependant, à la fin, la métamorphose est complète, et il ne reste presque rien de ce qu'on voyait au commencement. Il en est tout à fait de même de l'histoire de la grande cité conquérante : vous commencez par une bourgade et vous finissez par un empire, et cela par des transitions insensibles. Le fil fragile, conducteur du progrès, était si bien enveloppé, si bien abrité par les fibres plus grossières des autres qualités, qu'il se rétrouvait partout, et que jamais il ne fut rompu.

Un exemple, il est vrai, et bien frappant, montre que l'union de l'esprit de progrès et de l'esprit de légalité n'assure pas la suprématie militaire. La nation juive a son type de progrès dans les prophètes, côte à côte avec son type de permanence dans la loi et les lévites ; et ces deux types sont plus distincts que chez aucun autre peuple de l'antiquité. Nulle part dans l'histoire ces deux forces, toutes deux si essentielles et toutes deux si dangereuses, ne se présentent à nous si isolées et si intenses : la Judée s'est transformée dans le domaine de la pensée, exactement comme Rome dans sa puissance matérielle. Des deux parts le changement fut continu, graduel, heureux. Dans les temps primitifs tout avantage, de quelque nature qu'il soit, tend à devenir un avantage militaire ; c'est alors le meilleur moyen de rendre ces avantages durables. Mais il n'en fut jamais ainsi de la supériorité des Juifs ; elle commença dans la religion, et, contrairement à mille analogies, demeura religieuse. C'est pour cette raison que nous nous occupons d'eux ; c'est cette cause qui a produit des conséquences sans bornes. Mais je ne puis traiter ce sujet ici, et il ne rentre

pas dans mon cadre. Je dois seulement faire remarquer
ici que la Judée nous offre un exemple de variabilité
et de légalité combinées qui ne se manifestent pas sous
forme de puissance militaire : aussi le peuple a-t-il fini
par périr. Mais cette combinaison n'en a pas moins laissé
pour héritage aux âmes humaines une influence et des effets impérissables. On peut objecter qu'affirmer ce principe
revient à peu près à dire que les hommes marchent quand
ils sont en marche, s'arrêtent quand ils sont arrêtés. Le
problème est celui-ci : pourquoi les hommes progres-
sent-ils ? Or la réponse que nous proposons semble être,
qu'ils progressent quand il y a dans leur nature une
certaine somme suffisante de variabilité. Nous semblons
revenir à cette ancienne méthode d'expliquer les faits par
des qualités occultes. C'est, au premier abord, comme si
nous disions que l'opium fait dormir parce qu'il a une
vertu soporifique, et que le pain nourrit parce qu'il a
des propriétés nutritives. Mais notre explication n'est pas
aussi absurde. Elle dit : « Le commencement de la civilisation est marqué par un esprit intense de légalité ;
cette légalité est la condition même de son existence, le
lien qui attache les hommes ensemble ; mais cette légalité, cette tendance à imposer à tous les hommes et à
toutes les actions le joug d'une coutume fixe, étouffe, si
elle persiste, la variabilité mise en nous par la nature,
et fait que des hommes et des siècles différents sont des
fac-simile d'autres hommes et d'autres siècles, ainsi que
nous le voyons si souvent. Le progrès n'est possible que
dans ces cas heureux où la force de légalité est allée
assez loin pour faire de la nation un faisceau bien lié,

mais non assez loin pour tuer les variétés et détruire la
tendance perpétuelle de la nature au changement. »
Ainsi notre solution consiste non pas à inventer un agent
imaginaire, mais à déterminer la valeur relative de deux
agents connus.

III

Cet avantage est l'un des plus importants dans la civilisation primitive, un de ces faits qui jouent un rôle décisif dans la bataille des nations ; mais il y en a beaucoup
d'autres. Un degré de perfection de plus dans les institutions politiques, quelque faible qu'il soit, peut donner la
supériorité. Des voyageurs ont remarqué que, parmi les
tribus sauvages, celles-là semblent réussir le mieux dans
lesquelles le pouvoir monarchique a le plus de vigueur,
tandis que celles où domine le gouvernement de plusieurs
restent faibles. Tant que la guerre est la grande affaire
de la nation, un despotisme temporaire, qui dure autant
que la campagne, est indispensable. Macaulay a dit avec
raison que souvent une armée a été heureuse sous un
chef incapable, mais que jamais armée n'a réussi sous la
conduite d'une assemblée délibérante ; ce monstre à plusieurs têtes produit des effets désastreux. Le despotisme
grandit dans les premières sociétés par la même raison
qui fait grandir la démocratie dans les sociétés modernes ;
c'est le gouvernement qui répond au besoin le plus pres-
sant, qui est le plus conforme à l'esprit de l'époque. Mais
le despotisme, ainsi que le montre l'histoire tout entière,

n'est pas favorable au principe de variabilité. Il tend à
maintenir les hommes dans cet état de civilisation où ils
sont soumis à l'usage ; mieux il convient à cet âge et
moins il est approprié à l'âge suivant. Il empêche les
hommes de passer au premier âge de progrès, à cet
âge d'améliorations si lentes et si insensibles. Un système permanent de discussion à moitié libre est aussi
nécessaire pour briser la croûte épaisse de l'usage et
donner au progrès la première impulsion, qu'il l'est dans
les âges postérieurs pour pousser en avant le progrès
commencé. Et même il est probablement plus nécessaire
au début. Or, dans les races les plus progressives, ce
système se trouve. J'ai déjà parlé des prophètes hébreux
qui étaient l'âme de la nation, le principe de tout son
développement. Mais une race encore plus progressive,
celle par qui la civilisation séculière fut jadis créée, par
qui elle est maintenant principalement dirigée, avait un
instrument de progrès plus efficace. « Dès les premières
lueurs », nous dit M. Freeman, « de la vie politique chez
les Teutons, nous trouvons les éléments monarchiques,
aristocratiques et démocratiques déjà clairement marqués. Il y a des chefs avec ou sans le titre de rois ; il y a
des hommes de naissance noble, à qui cette naissance
(quelle que soit d'ailleurs la nature de la noblesse originelle) assure la prééminence en toutes choses ; mais en
outre il y a un peuple libre et armé, dans lequel il est
clair que réside en dernier ressort la souveraineté. Les
affaires de peu d'importance sont décidées par les chefs
seuls ; les grandes affaires sont soumises par les chefs à
la nation assemblée. Un tel système est bien loin d'appar-

tenir aux seuls Teutons; c'est un bien commun à tous les
Aryens ; c'est la constitution des Achéens homériques sur
la terre et des Dieux homériques dans l'Olympe ». Peut-
être, et même la chose est probable, cette constitution
était celle de la tribu primitive, constitution qui se mo-
difia en suivant des directions différentes chez les Romains, les Grecs et les Teutons. La tribu l'emporta avec
elle, comme les Anglais emportent avec eux leur législation ordinaire, parce que c'était le seul genre de gouvernement qu'elle pût concevoir et pratiquer ; ou peut-
être les émigrants de la race aryenne primitive emportèrent avec eux d'heureuses dispositions, des aptitudes
politiques excellentes qui, plus tard, dans des contrées
différentes, mais dans des circonstances semblables, prirent en se développant des formes analogues. Quoi qu'il
en soit, il est impossible de ne pas attribuer, du moins
en partie, la suprématie des Teutons, des Grecs et des
Romains, à leur forme commune de gouvernement. Les
discussions de l'assemblée entretenaient le principe de
changement ; l'influence des vieillards maintenait le
calme et conservait le moule ancien de la pensée ; et dans
les cas les plus heureux la discipline militaire ne trouvait
pas un obstacle dans la liberté, quoique l'intelligence
militaire fût secondée par l'intelligence générale. Une
armée romaine était un corps libre, gouverné par un
despotisme sévère de son propre choix.

Le mélange des races fut souvent aussi un avantage.
Quelle que fût la prétention du monde antique à la pureté
du sang, cette pureté existait bien rarement. La plupart
des nations historiques ont vaincu des nations préhistori-

ques ; mais quoiqu'elles aient massacré une multitude de
vaincus, elles ne les ont pas massacrés tous. On réduisait
en esclavage les hommes de la race soumise, et l'on épou-
sait les femmes. Sans doute le lien unique de la société
primitive était la communauté d'origine ; sans doute
une nouvelle nation ne pouvait se former que si ses membres se considéraient comme issus d'ancêtres communs :
cette idée moderne, que le fait d'habiter des lieux voisins
est la base naturelle de l'union politique, aurait été re-
poussée comme une impiété, si l'intelligence avait pu la
concevoir. Mais, par une de ces fictions légales que sir
Henry Maine décrit si bien, les nations primitives s'arran-
geaient pour faire ce qu'elles trouvaient opportun, aussi
bien que pour observer ce qu'elles croyaient être juste.
Les enfants qu'elles n'engendraient pas, elles les adop-
taient; elles établissaient solennellement l'opinion que de
nouveaux descendants étaient issus de la race antique,
bien que tout le monde sût qu'ils lui étaient étrangers
par la chair et le sang. On créait une unité artificielle faute
d'unité réelle; et, — ce qui n'est pas aisé à comprendre
maintenant, — le sentiment sacré qui exigeait l'unité de
race se trouvait ainsi satisfait : l'adoption avait la même
force que la naissance. Des nations qui professent de telles
maximes ne devaient pas avoir l'unité de race dans le
sens moderne qu'un physiologiste donne à cette expression. Quelles sont les unions qui améliorent la race et
quelles sont celles où les produits ne valent ni le père ni
la mère? c'est ce qu'il est difficile de dire. Le sujet a été
examiné par M. de Quatrefages dans un rapport très-étudié
fait à l'occasion de l'Exposition française. M. de Quatre-

fages cite cette phrase d'un autre écrivain, que l'Amérique
du Sud est un grand laboratoire d'expériences sur le croisement des races ; et il passe en revue les différents résultats obtenus dans des cas différents. Dans la Caroline du
Sud, la race mulâtre n'est pas très-prolifique, tandis que
dans la Louisiane et la Floride elle l'est d'une façon marquée. A la Jamaïque et à Java, les mulâtres ne peuvent
se reproduire après la troisième génération ; mais sur le
continent américain, comme tout le monde le sait, la race
croisée est maintenant, très-nombreuse, et ses générations se succèdent sans obstacle. De même la race produite par le croisement des blancs et des naturels de l'A-
mérique a eu, dans des cas divers, des destinées diverses ;
quelquefois elle prospère, quelquefois elle s'éteint. M. de
Quatrefages termine ainsi cette revue : « En acceptant
comme vraies toutes les observations qui tendent à faire
admettre qu'il en sera autrement dans les localités dont
j'ai parlé plus haut, quelle est la conclusion à tirer de
faits aussi peu semblables? Évidemment on est obligé de
reconnaître que le développement de la race mulâtre est
favorisé, retardé ou empêché par des circonstances lo-
cales ; en d'autres termes, qu'il dépend des influences
exercées par l'ensemble de conditions d'existence, par le
milieu. » Il veut dire par là, je pense, que le croisement
des races donne quelquefois un produit mieux adapté que
les parents aux lieux et aux circonstances ; que, dans de
tels cas, par une sorte de sélection naturelle, la race
nouvelle domine les deux races mères, et peut-être les
supplante toutes deux ; tandis que dans d'autres cas elle
n'est pas aussi bien appropriée que les autres au temps

et au lieu, et alors elle s'éteint bientôt d'elle-même.

De bonne heure dans l'histoire, les croisements continuels produits par la conquête furent une foule d'expériences sur le mélange des races semblables à celles qui
se font actuellement dans l'Amérique du Sud. De nouvelles races parcouraient des régions nouvelles, massa-
craient à moitié les races anciennes et absorbaient le reste.
Les résultats étaient certainement et aussi variés aussi
difficiles à expliquer que ceux d'à présent ; le croisement
tantôt réussissait, tantôt échouait. Mais quand le croisement était très-heureux, les descendants devaient sur-
passer les deux races mères par cette qualité dont j'ai déjà
tant parlé, c'est-à-dire en variabilité, et par conséquent
en faculté, en puissance de progrès. Il y a plus de vie
dans les nations croisées. Par exemple, on dit avec raison
que la France tient le milieu entre les races latines et les
races germaines. Un Normand, ainsi que vous le recon-
naissez en jetant les yeux sur lui, est du Nord ; un Pro-
vençal est du Midi, et tout ce qu'il y a de plus méridional.
Vous avez en France les éléments latins, celtiques, germains, combinés dans des proportions infiniment variées :
si la nation est une par les sentiments, elle est diverse,
non-seulement dans le passé, dans l'histoire de ses diverses provinces, mais dans leur tempérament actuel.
Comme l'élément irlandais et l'élément écossais dans la
chambre des Communes, la variété des races françaises
contribue au jeu de la politique : elle fournit une chance,
qui autrement n'existerait pas, de créer des choses nouvelles. Or les races primitives devaient avoir, plus que les
races modernes, besoin de changement. On a dit, pour

répondre aux Juifs qui se vantent que leur race prospère encore, bien qu'elle soit dispersée et ne s'unisse à aucune autre : « Vous prospérez parce que vous êtes ainsi dispersés ; en s'acclimatant dans des régions diverses, votre nation a gagné des éléments particuliers de vitalité ; elle contient en elle-même le principe de variabilité que d'autres nations doivent chercher dans les mariages croisés. » Au commencement, il n'y avait certainement aucune race cosmopolite comme la race juive ; chaque race était une sorte de race « de clocher », à la pensée étroite, qui ne s'étendait que sur un territoire fort limité, et qui par conséquent avait besoin de croisement.

Mais le croisement des races a dans le monde primitif un grand danger aussi bien qu'un grand avantage. Nous connaissons le mépris et la défiance qu'inspirent aujourd'hui aux Anglo-Indiens les demi-castes (*half-castes*). L'union de l'Anglais et de l'Hindou donne un produit qui n'est pas seulement entre deux races, mais aussi entre deux morales. Ceux qui ont cette origine n'ont pas de croyance héréditaire, pas de place marquée d'avance pour eux dans le monde ; ils n'ont aucun de ces sentiments traditionnels et bien arrêtés qui sont les soutiens de la nature humaine. Dans le monde primitif bien des croisements doivent avoir amené bien des ruines ; souvent sans doute ils ont détruit ce qu'ils ne pouvaient remplacer, un principe héréditaire d'ordre et de discipline. Mais lorsque ces unions entre deux races produisaient un effet différent, lorsque, par exemple, les deux races étaient si voisines qu'il y avait une fusion égale entre leur morale et entre leur sang, lorsqu'une des races, par sa supério-

rité numérique et par son organisation plus solide, l'emportait sur l'autre au point de l'absorber et de se l'assimiler, sans en laisser de restes isolés, alors le croisement
avait des effets inestimables : il ajoutait aux chances pro-
bables de variabilité, et par suite de perfectionnement;
et si ce perfectionnement revêtait, ne fût-ce qu'en partie,
la forme militaire, il pouvait donner à la nation mélangée
et améliorée un avantage durable dans la lutte des nations,
et des chances plus grandes de se perpétuer dans le
monde.

Un autre moyen pour un état d'acquérir une supériorité sur les états rivaux consiste dans des institutions provisoires, si je puis m'exprimer ainsi. La plus importante
de toutes, l'esclavage, provient, comme le croisement des
races, des premières conquêtes. Un esclave est un atome
non assimilé, non digéré, quelque chose qui se trouve
dans le corps politique, mais qui en fait à peine partie.
L'esclavage est odieux au monde moderne, et c'est justice. Il réveille dans notre esprit l'idée de bandes enchaînées, de règles qui tiennent les hommes dans l'ignorance,
de lois qui suppriment la famille. Mais les maux que l'esclavage a causés dans les temps modernes ne doivent ni
nous aveugler, ni nous faire oublier les grands services,
qu'il a rendus dans les époques primitives. Il y a en sa
faveur une présomption terriblement forte : c'est une des
institutions que toutes les nations, dans tous les pays,
adoptent quand elles atteignent un certain degré de
croissance, et auxquelles elles s'attachent. « L'esclavage », dit Aristote, « existe par une loi de la nature » ;
il veut dire par là qu'on le trouvait partout, qu'il était

un élément universel de tous les gouvernements primitifs. « Il y a une foule de colonies anglaises », disait encore en 1848 Edward Gibbon Wakefield, « qui conser-
veraient sans hésiter leurs esclaves si nous le leur per-
mettions ». Et il ne parlait pas seulement des anciennes
colonies familiarisées avec l'esclavage, enrichies de ses
produits, mais aussi des colonies nouvelles fondées par
des hommes libres, et qui auraient dû souhaiter, selon
toute apparence, ne contenir que des hommes libres.
Mais Wakefield savait ce qu'il disait; il avait observé attentivement les sociétés à l'état d'ébauche, et il avait
étudié l'esprit des hommes qu'elles renferment. Il avait
vu que le *loisir* est le grand besoin des sociétés nais-
santes, et que les esclaves seuls peuvent donner aux
hommes le loisir. Tous les hommes libres, dans les pays
nouveaux, sont nécessairement égaux à peu de chose
près : chacun a son travail; chacun a sa terre; le capital, au moins dans les contrées agricoles (car dans les
pays de pâturages, c'est tout différent), n'a que peu d'u-
sage; il ne peut payer le travail, car les travailleurs gardent leurs bras pour eux-mêmes. On raconte souvent
l'histoire d'un grand capitaliste anglais qui partit pour
l'Australie avec une cargaison de travailleurs et une voiture; il avait l'intention de se faire bâtir une maison par
ses ouvriers, et de garder sa voiture, exactement comme
en Angleterre. Mais, à ce que dit l'histoire, il lui fallut se
résigner à demeurer dans sa voiture, car ses ouvriers le
quittèrent et s'en allèrent travailler pour leur compte.

Dans de tels pays il ne peut y avoir que peu de gent-
lemen, et pas du tout de ladies. Le raffinement des

mœurs n'est possible qu'avec le loisir; et l'esclavage
rend pour la première fois le loisir possible. Il crée une
classe de personnes qui travaillent afin que les autres
puissent penser. Cette sorte d'originalité que donne l'esclavage est un avantage pratique du premier ordre dans
les communautés primitives ; et le repos qu'il procure
est un grand avantage artistique pour elles quand elles
viennent à être décrites par l'histoire. Les patriarches
Abraham, Isaac et Jacob n'auraient jamais eu ce calme
majestueux qui les distingue, s'ils s'étaient occupés et
fatigués à soigner eux-mêmes leurs moutons et leurs
bœufs. Sans doute la délicatesse des sentiments et le
calme de l'attitude n'ont point de valeur courante aux
enchères des nations primitives ; ce sont des qualités qui
ne tendent pas à s'assurer à elles-mêmes un long avenir
ni même un avenir quelconque. Mais l'originalité militaire a ce privilége, et les nations à esclaves, ayant du
temps pour penser, seront probablement les plus clair-
voyantes dans leur politique, les plus habiles dans leur
stratégie.

Sans doute ce gain provisoire cause dans la suite des
frais ruineux. Lorsque d'autres sources de loisir deviennent possibles, la seule utilité de l'esclavage disparaît. Mais tous ses inconvénients subsistent; ils empirent
même. L'esclavage « en détail », celui où le maître possède un petit nombre d'esclaves qu'il connaît bien et
qu'il voit journellement, n'est pas du tout une condition
intolérable : les esclaves d'Abraham jouissaient très-probablement d'une existence fort douce pour ce temps-là.
Mais l'esclavage en gros, où les hommes ne sont qu'un

des modes de placement d'un grand capital, où un grand
propriétaire, bien loin de connaître chacun de ses esclaves,
peut à peine dire quel est le nombre de ces troupeaux
qui travaillent pour lui, est un état abominable. C'est cet
esclavage qui a rendu le mot odieux pour les meilleurs
esprits, et qui a presque extirpé la chose dans la plus
grande partie du monde. Il n'y a là rien d'extraordinaire.
L'histoire de la civilisation est remplie de croyances et
d'institutions qui furent inestimables d'abord et ensuite
fatales. Le progrès n'aurait pas été une rareté, si l'ali-
ment d'une génération n'était devenu pour l'autre un
poison. L'examen de toutes ces institutions provisoires
exigerait la moitié d'un volume et serait ici inutile et dé-
placé. D'eux d'entre elles, la vénérable oligarchie, l'auguste monarchie exigeraient à elles seules des chapitres
fort longs. Tout ce que j'ai à dire ici, c'est que ces
formes, ces sentiments préalables, apportent d'abord
une foule de grâces et de raffinements, et tendent souvent à en assurer la durée par la vertu préservative de
la force militaire.

Il y a des cas où un pas dans la voie du progrès intellectuel donne à une société naissante quelque avantage
à la guerre ; mais ce qui arrive plus souvent, c'est que
cet avantage soit dû à quelque qualité morale. La guerre
exige et en même temps produit certaines vertus ; non
les plus hautes, mais ce qu'on peut appeler les vertus
préliminaires, comme la valeur, la franchise, l'esprit d'o-
béissance, l'habitude de la discipline. Ces qualités, et
d'autres du même genre, lorsqu'une nation les possède, —
peu importe comment elle les a acquises, — lui assurent

un avantage militaire, lui donnent du fonds et augmentent
ses chances dans la concurrence des nations. Les Romains
avaient probablement autant qu'aucune race de l'ancien
monde ces utiles vertus, autant peut-être qu'aucune race
du monde moderne. Le succès des nations qui possèdent
ces vertus belliqueuses a été le grand moyen par lequel
la perpétuité de ces vertus a été assurée dans le monde,
ainsi que la destruction des vices opposés. La victoire
propage la valeur, et le rude choc des vertus militaires
chasse du monde la bassesse.

Dans le siècle dernier, il aurait paru étrange de parler, comme je vais le faire, des avantages militaires de la
religion. Une telle idée aurait été en contradiction avec
les préjugés dominants, et aurait eu de la peine à échapper au ridicule philosophique. Mais elle est devenue aujourd'hui un lieu commun, parce qu'un homme de génie
l'a adoptée. Les livres de M. Carlyle sont pleins de termes
comme *des infinis*, *des évidences*, et remplis d'une multitude de fautes qui séduisent les plus jeunes lecteurs et
repoussent tous ceux qui sont plus âgés. En dépit de
tout son génie, après une vie entière passée à écrire, on
se demande encore si un seul de ses ouvrages trouvera
et gardera sa place dans la grande littérature. Ils ont
dans la forme un défaut de justesse qui fait que nous
soupçonnons le fond même, quelque profondes que
soient souvent les idées; il brandit sans cesse un ou deux
sophismes qui l'éblouissent lui-même, mais que les personnes sincères ne manqueront jamais de découvrir et
de railler. Cependant, quelle que doive être la destinée
de sa réputation, M. Carlyle a enseigné plusieurs vérités

à la génération actuelle, et l'une d'elles, c'est que les armées qui craignent Dieu sont les meilleures armées. Avant lui on riait de cette parole de Cromwell : « Ayez confiance en Dieu, et tenez votre poudre sèche. » Mais nous savons maintenant que cette confiance leur rendait autant de services que la poudre, sinon davantage. Cette concentration énergique de sentiments puissants permet aux hommes de tout oser, de tout accomplir.

Ce sujet prendrait des proportions énormes si l'on était compétent pour le traiter. Ce genre de morale et ce genre de religion qui tendent à former les caractères les plus forts et les plus énergiques obtiennent avec certitude la prééminence, toutes choses égales d'ailleurs. Les croyances et les systèmes qui tendent à rendre les âmes douces et faibles tendent à périr, à moins qu'une rude force extérieure n'entretienne leur existence. C'est ainsi que l'épicuréisme ne prospéra jamais à Rome, à l'inverse du stoïcisme. Le caractère sérieux, austère de la grande nation dominante fut attiré par une croyance qui lui semblait fortifiante, et repoussé par une croyance qui paraissait amollissante. Les doctrines excitantes s'ajoutèrent à ce caractère ardent et accrurent son énergie. Les convictions fortes gagnent les hommes forts et augmentent encore leur force. Telle est sans doute la raison pour laquelle le monothéisme tend à prévaloir sur le polythéisme : il produit un caractère plus élevé, plus ferme, calme et concentré par un grand objet unique ; il n'est pas embarrassé de rites qui se font concurrence, ni partagé entre des divinités diverses. Le polythéisme est une religion par association, faible par conséquent. Mais on dira que les juifs, qui étaient monothéistes, furent vaincus par les Romains polythéistes. Oui, répondrons-nous, parce que les Romains avaient d'autres qualités. Ils avaient une capacité politique, une habitude de la discipline dont les juifs ne possédaient pas l'ombre. L'avantage religieux fut bien un avantage ; mais il fut plus que contre-balancé.

Personne ne doit être surpris de l'importance capitale donnée à la guerre. Nous parlons en ce moment d'époques primitives ; or l'occupation de l'homme, dans ces époques, est de faire des nations, et c'est la guerre qui les fait. Elles ne se transforment que plus tard, et ce travail nouveau s'accomplit par une révolution pacifique, bien que la guerre, ici encore, joue son rôle. L'idée d'une nation indestructible est une idée moderne ; dans les premiers temps, toute nation pouvait être détruite ; et plus nous remontons dans le passé, plus nous trouvons d'énergie et de suite dans le travail de destruction. La décoration intérieure des nations est une sorte d'opération secondaire, qui s'exécute lorsque les grandes forces qui créent les nations ont presque terminé leur œuvre. Nous ne nous sommes occupés ici que de la charpente politique, c'est dans d'autres chapitres que nous retracerons les procédés par lesquels l'édifice politique s'achève et arrive à sa perfection. Le jeu plus gracieux de forces plus délicates nous fournira sans doute alors des idées plus agréables que n'en pourront jamais éveiller les luttes sauvages des premiers âges. C'est une nécessité de l'idée de progrès, que les commencements ne puissent jamais sembler bien intéressants à ceux qui sont venus à une époque beaucoup plus avancée ; la récompense du perfectionnement, c'est que ce qui n'a pas été perfectionné semble toujours dégénéré.

Mais jusqu'à quel point les nations les plus fortes sont-elles réellement les meilleures ? La supériorité militaire est-elle un critérium de toute supériorité ? Je ne puis faire maintenant à cette question une réponse complète ; mais il y a trois ou quatre considérations bien simples. La guerre, ai-je dit, entretient les vertus « *prélimi-naires* », et cela revient presque à dire qu'il est d'autres vertus qu'elle n'entretient pas. Tout ce qu'on peut appeler une « grâce » en même temps qu'une vertu ne lui doit rien ; l'humanité, la charité, un sentiment délicat des droits d'autrui, sont des vertus qu'assurément elle n'encourage pas. L'insensibilité pour les souffrances humaines, ce fait qui nous frappe si vivement dans le monde tel que l'histoire nous le révèle pour la première fois, est due sans doute à l'origine militaire de l'ancienne civilisation. Élevée dans la guerre, nourrie dans la guerre, elle ne pouvait être révoltée des choses de la guerre, et l'une des principales est la souffrance humaine. Depuis que la guerre a cessé d'être la force motrice du monde, les hommes sont devenus plus tendres les uns pour les autres, et frémissent à la vue de ces douleurs qu'ils causaient autrefois avec insouciance : ce n'est pas parce que les hommes se sont améliorés (ce qui est vrai ou faux suivant les cas différents), c'est parce qu'ils n'ont plus l'habitude journalière de la guerre ; leurs idées ne sont plus formées par la guerre ; et par conséquent ils sont guidés par des pensées et des sentiments que les rudes soldats d'autrefois, instruits uniquement par leur métier, étaient incapables de comprendre.

Il en est de même du mépris pour la faiblesse physique et pour les femmes, qui caractérise aussi l'ancienne société. La population non combattante ne peut manquer de souffrir dans les époques de combat. Mais ces défauts se sont aussi corrigés ou amoindris : les femmes ont maintenant des moyens merveilleux de défendre leur place dans le monde ; et l'intelligence sans muscles a bien plus de force que les muscles sans intelligence. Ce sont là de ces changements intérieurs qui se sont opérés plus tard dans les nations, dont les causes devront être étudiées à fond ; si je les mentionne à présent, c'est seulement pour faire voir les sentiments plus doux qui en se développant ont à moitié recouvert et caché l'antique et rude civilisation que la guerre avait faite.

Mais il est probable que l'esprit de la guerre pénètre encore beaucoup trop notre morale. Les métaphores empruntées à la loi et celles qui sont empruntées à la guerre composent encore le plus grand nombre des phrases de notre morale courante, et un examen attentif montrerait sans peine que les unes comme les autres altèrent souvent les idées qu'elles prétentent éclaircir. La vie n'est ni une bataille rangée, ni une campagne dans les formes, mais une opération irrégulière ; et les forces qui en décident le succès ne sont pas les résolutions prises ouvertement, mais des inspirations secrètes et à demi involontaires. L'erreur de la morale militaire est d'exagérer la conception de la discipline, et de présenter ainsi la force morale de la volonté sous une forme sèche et nue qu'elle ne devrait jamais avoir. La morale militaire peut bien manier la hache pour abattre l'arbre ; mais elle ignore cette force paisible qui fait croître la forêt.

J'en ai dit assez, je pense, pour montrer qu'il y a une foule de qualités, d'institutions de genres très-variés qui donnent un avantage aux peuples dans la lutte militaire ; que la plupart d'entre elles, et la plupart des qualités militaires, tendent principalement au bien ; que le triomphe constant de ces compétiteurs favorisés est le mode particulier de propagation et de conservation des qualités les plus précieuses qu'exige la civilisation élémentaire.

LIVRE TROISIÈME

LA FORMATION DES PEUPLES

Dans le livre précédent j'ai tâché de montrer que la
période primitive de l'humanité, « l'âge de combat »,
ainsi que je l'appelais, présentait une tendance considérable, quoique incertaine, vers le progrès. Les nations
supérieures ont vaincu les nations inférieures ; grâce à
la possession d'un avantage ou d'un autre le meilleur
combattant a vaincu ses rivaux. Tant que la lutte fut continue, il y eut une probabilité de perfectionnement pour
les vertus martiales ; et dans les premiers temps une
foule de vertus sont réellement martiales, c'est-à-dire
tendent au succès à la guerre, bien qu'à des époques
plus avancées nous ne songions pas à les appeler ainsi,
parce que leur utilité originelle est cachée par celle
qu'elles ont eue plus tard. Nous les jugeons d'après leurs
effets actuels, non d'après leurs premiers effets. L'amour
de la loi, par exemple, est une vertu que personne
à présent n'appellerait martiale ; pourtant, dans les

temps antiques, elle disciplina les nations, et les nations disciplinées l'emportèrent. Le don d'innover tout en conservant, d'accorder ensemble les nouvelles institutions et les anciennes, n'est pas aujourd'hui une vertu guerrière ; et pourtant les Romains lui ont dû une grande partie de leurs succès. Seuls entre les peuples de l'antiquité, ils eurent ce respect pour l'usage, qui constitue les nations, et cette liberté modérée de changer avec discernement, qui améliore les nations : c'est pourquoi ils réussirent. Ainsi, dans la plupart des cas, dans toute la durée des temps primitifs, le mérite militaire est un gage de mérite réel : la nation victorieuse est la nation qui devait vaincre. Les simples vertus de ces âges font surtout d'un homme un soldat, si elles en font quelque chose. Assurément la force brutale du nombre peut avoir trop de poids dans ces époques mêmes (comme cela arrive si souvent dans la suite) ; la civilisation peut être forcée de reculer par la victoire que des hommes très-grossiers mais plus nombreux remportent sur des hommes moins grossiers et moins nombreux. Mais les premiers éléments de la civilisation sont aussi de grands avantages militaires : donc, en règle générale, vous pouvez, pour ces premiers temps, conclure de la victoire au mérite ; et le progrès est favorisé par cette sorte d'examen et de concours que constituent des guerres continuelles.

Ce principe explique en même temps pourquoi les régions « protégées » du monde, l'intérieur des continents comme l'Afrique, les îles reculées comme l'Australie et la Nouvelle Zélande, sont nécessairement arriérés. Ces régions en sont encore aux études préparatoires ; elles n'ont pas été poussées de classe en classe. Il n'y a pas eu là un nº II, un peu meilleur que le nº I, pour le battre et le détruire avant de se faire battre et détruire lui-même par le nº III un peu meilleur encore. Il explique aussi pourquoi l'Europe occidentale prit de bonne heure l'avance sur d'autres contrées, parce que la lutte des races y fut d'une violence extraordinaire. Cette région se distinguait de la plupart des autres en ce qu'elle présentait des avantages séduisants, sans cependant corrompre ses habitants : ceux qui ne la possédaient pas la désiraient, et ceux qui la possédaient, n'étant pas amollis, luttaient énergiquement pour la conserver. La lutte des nations est d'abord une force de la première importance pour l'amélioration des nations.

I

Mais qu'est-ce que les nations ? Qu'est-ce que ces groupes qui nous sont si familiers, et qui pourtant, si l'on y réfléchit, sont si étranges ; qui sont aussi anciens que l'histoire ; qu'Hérodote trouva presque aussi nombreux et presque aussi bien caractérisés que nous les voyons à présent ? Quelle puissance divise la race humaine en fragments si différents les uns des autres, et dont chacun, dans sa composition intérieure, est cependant si uniforme ? La question est fort embarrassante, quoique le fait soit si familier, et je me garderai bien de dire que j'y puis répondre complétement, bien que je puisse exposer certaines considérations qui, à ce qu'il me semble, se rapprochent d'une réponse. Peut-être aussi ces mêmes considérations jettent-elles quelque lumière sur cette question ultérieure et encore plus intéressante : pourquoi quelques nations progressent-elles, tandis que le plus grand nombre ne progressent pas ?

Naturellement toutes ces différences de nation à nation furent expliquées d'abord par une diversité originelle de race. Elles sont différentes, disait-on, parce qu'elles ont été créées différentes. Mais dans la plupart des cas cette supposition commode ne trouvera pas son application. Vous ne pouvez pas, à moins de contredire des faits évidents, imaginer assez de races originelles pour rendre cette explication acceptable. Il est possible qu'une demi-douzaine de grandes familles d'hommes, ou un peu plus, dérivent de souches qui furent distinctes dès le principe; mais les sous-variétés n'ont certainement pas une semblable origine. Vous pouvez soutenir, à tort ou à raison, que toutes les nations Aryennes ont une origine commune et particulière, tout comme on a cru longtemps que les nations de langue grecque avaient toutes une même souche. Mais on ne vous écoutera pas si vous dites qu'il y eut un Adam et une Ève pour Sparte, un autre Adam et une autre Ève pour Athènes. Tous les Grecs ont évidemment la même origine ; mais dans les limites de la famille grecque, comme de toutes les autres familles, il y a une force qui produit des contrastes et qui fait qu'une cité diffère d'une autre cité, une tribu d'une autre tribu.

Certainement les nations ne doivent pas non plus leur origine à une simple sélection naturelle, et ne se pro-

duisent pas comme les variétés des animaux sauvages (je
ne parle pas maintenant des espèces) se produisent dans
la nature. Sélection naturelle signifie conservation des
individus qui luttent le plus heureusement contre les
forces opposées à leur race. Mais vous ne sauriez
montrer que les obstacles naturels opposés à la vie humaine différaient beaucoup entre Athènes et Sparte, ou
même entre Rome et Athènes ; et cependant Spartiates,
Athéniens, Romains, sont séparés par des différences essentielles. Les écrivains d'autrefois s'imaginaient — c'é-
tait une idée très-naturelle — que l'effet direct du climat,
ou plutôt de la terre, de la mer, de l'air, et la somme totale des conditions physiques différenciaient l'homme de
l'homme, et une race d'une autre. Mais l'expérience réfute cette opinion. L'émigrant Anglais vit dans le même
climat que l'Australien ou le Tasmanien ; mais il n'est pas
devenu semblable à ces races ; et mille ans de plus ne fe-
ront pas que sur la plupart des points il leur ressemble.
Le Papou et le Malais, selon M. Wallace, vivent maintenant, et ont vécu pendant des siècles, côte à côte, dans
les mêmes régions tropicales, en présentant toutes sortes
de différences. Ses recherches nous montrent que, même
pour les animaux, on a exagéré l'influence directe des
conditions physiques. « Bornéo », dit-il, « ressemble
parfaitement à la Nouvelle-Guinée, non-seulement par
ses vastes dimensions et par l'absence de volcans, mais
aussi par la variété de sa structure géologique, l'uniformité de son climat, l'aspect général de la végétation fo-
restière dont sa surface est couverte. Les Moluques font
le pendant des Philippines par leur structure volcanique,

leur extrême fertilité, leurs forêts luxuriantes et leurs
fréquents tremblements de terre ; et Bali, avec l'extrémité orientale de Java, est presque aussi sèche que Timor.
Cependant entre ces groupes d'Iles correspondants cons-
truits, pour ainsi dire, sur le même modèle, soumis au
même cl'mat, baignés par les mêmes océans, nous trouvons, si nous examinons les animaux qu'ils produisent,
le plus grand contraste possible. Nulle part l'ancienne doctrine, suivant laquelle les différences ou les ressemblances
dans les différentes formes animales qui peuplent des
contrées différentes sont dues aux différences ou aux ressemblances physiques correspondantes existant entre
les contrées même, ne reçoit un démenti si direct et si
palpable. Bornéo et la Nouvelle-Guinée, aussi semblables
physiquement que deux contrées peuvent l'être, sont
zoologiquement aussi éloignées l'une de l'autre que les
pôles ; tandis que l'Australie, avec ses vents secs, ses
plaines ouvertes, ses déserts pierreux et son climat tempéré, produit cependant des oiseaux et des quadrupèdes
que des ressemblances frappantes rattachent à ceux qui
habitent les forêts chaudes, humides, luxuriantes qui re-
vêtent toutes les plaines et toutes les montagnes de la
Nouvelle-Guinée. » C'est-à-dire, que nous avons des êtres
vivants semblables dans les situations les plus différentes,
et des êtres vivants différents dans les conditions les plus
semblables. Quoique les opinions de M. Wallace en
ethnologie soient contestables, personne ne doute que,
dans l'archipel qu'il a si bien étudié, comme dans beaucoup d'autres parties du monde, mais dans bien peu de
régions d'une manière aussi marquée, nous ne trouvions

des hommes semblables dans des localités fort différentes, et des hommes différents dans des localités semblables. Le climat n'est évidemment pas la force qui fait
les nations ; car il ne les fait pas toujours, et souvent
elles se font sans lui.

Le problème de la formation des nations, c'est-à-dire
l'explication de l'origine des nations telles que nous les
voyons à présent, et telles qu'elles ont toujours été dans
les temps historiques, ne peut, à ce qu'il me semble, se
résoudre, que si on le divise en deux parties : la première, c'est la formation des races bien tranchées, comme
la race nègre, la race rouge, la race Européenne ; la seconde, c'est la formation des races moins distinctes,
comme la race Spartiate relativement à la race Athénienne, la race Anglaise relativement à la race Ecossaise.
Les nations, telles que nous les voyons, sont (si mes arguments ne m'abusent) le produit de deux grandes forces :
l'une est la force productrice des races, qui, de quelque
nature qu'elle fût, agissait dans les temps anciens, et qui
a maintenant entièrement ou presque entièrement cessé
d'agir ; la seconde est la force créatrice des nations à proprement parler, qui agit maintenant et crée autant qu'elle
a jamais agi et créé.

Ce qui jette la lumière la plus vive sur les grandes
causes qui ont formé et forment les nations, ce sont les
petites causes qui les modifient. Il est extrêmement curieux d'étudier la manière dont les nations changent
d'une génération à l'autre, et quelquefois on est bien embarrassé de s'expliquer leurs changements. On dirait
qu'une influence secrète et mystérieuse transforme la so-

ciété, lorsque, par exemple, on compare celle du temps de la Régence avec celle que nous voyons sous la Reine actuelle. Si nous lisons un récit de la vie qu'on menait à Windsor (dans ce cottage à présent démoli), ou à Bond Street du temps des Flâneurs (race éteinte aujourd'hui), ou à Saint-Jame's Street lorsque M. Fox et son parti essayaient de transformer en « capital politique » là dissipation d'un héritier présomptif, il semble que les endroits dont nous entendons parler ne soient pas les mêmes que nous connaissons si bien, mais des localités très-éloignées et tout à fait différentes. Voyez aussi combien le changement extérieur de l'Angleterre était peu de chose entre l'âge d'Elisabeth et celui de la reine Anne, si vous le comparez au changement intérieur de la nation. Combien furent rares les modifications dans l'état physique des Anglais! Combien y eut-il (s'il y en eut) de dé couvertes scientifiques influant sur la vie humaine, et qui aient été possédées par la dernière de ces périodes sans l'avoir été par la première? Combien il est difficile de dire ce qui a transformé la nation! Et cependant comme le contraste est complet, du moins à première vue! En passant de Bacon à Addison, de Shakespeare à Pope, il semble que nous passions dans un autre monde.

Dans le premier livre de cet ouvrage j'ai parlé de la manière dont se produit le changement littéraire, et j'y reviens, parce que la littérature offrant un champ bien plus étroit et mieux limité que la vie, un changement dans le plus resserré des deux nous sert de modèle et d'explication pour le plus étendu. Quelque écrivain, ainsi que nous l'avions dit — ce n'est pas nécessairement un écrivain excellent ni un de ceux dont on se souvient, — a rencontré quelque chose qui convenait au goût du public ; il a exploité cette veine ; d'autres l'ont imité, et ils ont tellement accoutumé leurs lecteurs à ce genre de style qu'on n'en voulait plus voir d'autre. Les lecteurs qui ne l'aimaient pas ont été réduits aux écrits d'un autre siècle ou d'autres pays ; ils ont rejeté les « drogues d'aujourd'hui », ainsi qu'ils les appelaient. Le siècle de la reine Anne favorisa Steele, l'inventeur des essais, et Addison qui les perfectionna ; il dédaigna les écrits dont le genre ne s'accordait pas avec ceux-là. J'ai entendu raconter qu'on demanda un jour au fondateur du *Times* comment il se faisait que les articles de ce journal semblaient tous sortir de la même main, et qu'il répondit : « Oh ! il y a toujours un rédacteur supérieur aux autres, et tout le reste l'imite ». C'est assurément de cette manière qu'il faut expliquer cette marque de fabrique, cette unité curieuse et indéfinissable qui se remarque dans chaque journal. Peut-être serait-il possible de nommer ceux qui créèrent, il y a quelques années, le style de la « Saturday Review » maintenant imité par une race plus jeune d'écrivains. Mais une fois que le style d'une publication périodique est formé, il se conserve en vertu d'une raison bien plus impérieuse que la tendance à l'imitation ; je veux parler de l'intérêt personnel du directeur qui se comporte en quelque sorte comme un mandataire à l'égard des souscripteurs. Ceux qui achètent régulièrement une publication périodique veulent y trouver ce qu'ils ont l'habitude de lire, le même genre de pensées, le même genre d'expressions. Le directeur connaît leur

goût. Il choisit les articles qui s'y conforment et s'y sou-
mettent; il rejette ceux qui le choqueraient. Ce que fait
l'éditeur pour une revue, les lecteurs le font pour la littérature en général. Ils encouragent un certain genre et
rejettent le reste.

Naturellement il y a toujours eu quelque raison — mais
le tout est de la découvrir — qui a donné dans chaque
siècle la prédominance à un certain genre de littérature.
Il y a toujours une raison pour que la mode, même dans
le costume des femmes, soit ce qu'elle est. Mais de même
que pour le costume nous savons qu'aujourd'hui la cause
déterminante des changements n'est guère qu'un accident, de même les accidents ont une bonne part dans la
production d'une mode littéraire. Les lois que les modistes
de Paris, ou le demi-monde de Paris, imposent à nos
dames Anglaises, sont en grande partie (je le suppose, du
moins) dues au hasard; mais à peine ont-elles été décré-
tées que tout le monde s'y soumet, celles à qui elles ne
conviennent pas comme celles à qui elles conviennent. Le
penchant à l'imitation produit aussitôt l'uniformité; et
« cette chose horrible que nous portions l'an passé », car
c'est ainsi peut-être qu'on l'appellera, disparaît complètement de l'horizon. Une mode littéraire se répand de la
même façon, quoique je sois loin de dire qu'elle soit tout
d'abord aussi déraisonnable : un goût littéraire s'appuie
toujours au début sur quelque raison plausible; mais,
une fois qu'il est lancé, il se propage comme une mode
dans l'habillement. Ceux mêmes qui n'aiment pas ce
genre d'ouvrages les lisent parce qu'ils existent, et qu'il
serait difficile de trouver autre chose.

Cette même protection accordée à des formes favorites, cette persécution exercée contre les formes qui déplaisent, sont aussi, à ce qu'il me semble, les causes principales des changements dans les caractères nationaux.
Quelque type attractif attire, pour ainsi dire, l'œil de
la nation, ou d'une partie de la nation; et elle l'imite,
comme on voit les domestiques prendre les allures de
leurs maîtres, ou des jeunes filles à l'esprit changeant
rapporter à la maison les expressions particulières et les
gestes mêmes des familles qu'elles sont allées visiter. Je
ne sais s'il y en a beaucoup parmi mes lecteurs qui
aient lu le sermon fameux du père Newman sur « l'influence personnelle considérée comme un moyen de pro-
pager la vérité »; s'ils ne l'ont pas lu, je leur recommande vivement de le lire. Ils y trouveront l'opinion d'un
grand conducteur d'hommes, — de quelqu'un qui en a
conduit beaucoup là où ils ne croyaient guère arriver, —
sur la manière dont on doit les conduire. Or ce qu'il dit,
si on l'exprime brièvement et simplement, si l'on dé-
pouille ses idées du langage délicat dont il les a revêtues,
se réduit à ceci : savoir que les hommes sont guidés par
des modèles, non par des arguments ; qu'on doit placer
devant leurs yeux quelque exemple victorieux, sans quoi
le sermon sera inutile, et la doctrine ne se propagera
pas. Je n'ai pas besoin, pour éclaircir cette question,
d'interroger l'histoire religieuse; je m'éloignerais trop
de mon sujet; et, après tout, je puis m'en tenir à ce lieu
commun qui nous dit que c'est la vie des maîtres qui
leur fait des prosélytes, et non pas leur doctrine. Voyez
encore, pour passer à la politique, avec quelle rapidité

un grand homme d'état peut changer le ton de la société.
Nous sommes presque tous sérieux avec M. Gladstone ;
la plupart d'entre nous ne l'étaient pas autant à l'époque
de Lord Palmerston. Tout le monde sent le changement,
bien que personne ne puisse le définir. Chaque esprit
prédominant éveille dans le pays un sentiment qui correspond aux siens. La plupart le partagent un peu. Ceux
qui l'éprouvent avec excès en exagèrent l'expression ;
ceux qui ne le partagent pas se taisent, ou ne sont pas
écoutés.

Après ces grands sujets de la religion et de la politique, peut-être semblera-t-il puéril d'avoir recours,
pour me faire mieux comprendre, à ce qui se passe
parmi les petits enfants. Mais il n'y a là rien de puéril.
L'écueil de la philosophie est l'emphase : on ne veut pas
voir que les petites choses ne sont qu'une miniature des
grandes ; on dirait que c'est abaisser la dignité de la spéculation abstraite, que de rafraîchir l'esprit du lecteur
par des leçons pratiques empruntées aux choses qu'ils
connaissent. Cependant tout pensionnat change ainsi que
changent les nations. La plupart d'entre nous se sou-
viennent d'avoir fait ces remarques : « Combien il est
étrange que ce semestre soit si différent du semestre précédent. A présent nous sommes on ne peut plus dociles ;
autrefois personne ne l'était : maintenant nous jouons à
la balle au camp, auparavant on jouait aux barres pri-
sonnières » : et il en est de même tant que dure cette
existence insouciante. C'est que quelques esprits domina-
teurs, deux ou trois enfants qui avaient de l'ascendant
sur les autres, sont partis ; il en est venu un ou deux

autres, et tout a changé. Les modèles changeant, les copies changent. On loue autre chose ; on raille, on rejette autre chose. On me signalait dernièrement un exemple curieux de cette même tendance. Un de mes amis, un conservateur libéral, parlait devant un meeting d'ouvriers à Leeds, et il était heureux de voir ses idées, quoique un peu délicates peut-être, saisies et applaudies. « Mais alors, » me racontait-il, « se leva un fougueux radical qui vociféra tout le contraire de ce que je venais de dire, et les ouvriers l'applaudirent aussi, avec la même chaleur ». Il était fort embarrassé de s'expliquer un changement si rapide. La masse des auditeurs était sans doute neutre, et toute disposée, une fois mise en branle, à applaudir sans beaucoup de réflexion tout ce qui lui paraîtrait bon. Les meneurs seuls changeaient. Le tailleur radical donnait le signal des bravos radicaux ; le cordonnier plus modéré donnait l'exemple des bravos modérés ; et la grande majorité suivait l'impulsion. Dans chaque cas il n'y avait que très peu d'assistants silencieux, et les mêmes éléments présentaient, en dix minutes, un contraste complet.

La vérité est que le penchant de l'homme à imiter ce qui est devant lui est une des tendances les plus fortes de sa nature. Ce qui le prouve c'est la peine que nous éprouvons lorsque notre imitation n'est pas heureuse. Une doctrine cynique prétend que la plupart des hommes aimeraient mieux être accusés de perversité que de gaucherie. Cela revient à dire que la maladresse à copier les manières prédominantes nous cause souvent plus de honte qu'on ne le croirait au premier abord lorsque l'on

considère que la gaucherie n'est pas, à l'exception de certains cas extraordinaires, une offense à la religion ni à
la morale, mais seulement une mauvaise imitation.

Il ne faut pas croire que cette imitation soit volontaire,
ni même consciente. Au contraire, elle a surtout son
siége dans des parties très-obscures de l'âme, dont les
mouvements, bien loin d'être produits avec réflexion,
font à peine sentir leur existence. Les tendances imita-
tives de notre nature ont leur siége principal dans cette
partie de l'âme où réside la croyance : or les causes qui
nous inclinent à croire telle chose, ou nous détournent
de croire telle autre chose, sont une des parties les plus
obscures de notre nature. Mais sur la nature imitative de
la crédulité il ne peut y avoir aucun doute. Dans « Eothen »
il y a des pages excellentes qui nous montrent comment
les Européens de toutes les professions qui résident en
Orient, même le marchand rusé, et le « chef de comp-
toir, » avec ses grands yeux brillants et vigilants de né-
gociant, arrivent bientôt à croire à la sorcellerie, et à
vous assurer, en confidence, qu'il y a « réellement quelque chose de vrai au fond de tout cela. » Il n'a jamais
rien vu de convaincant ; mais il a vu ceux qui ont vu
ceux qui ont vu ceux qui avaient vu. En réalité, il a vécu
dans une atmosphère de crédulité contagieuse, et il l'a
respirée. Il est bien peu d'hommes qui puissent s'empêcher de céder aux préjugés dont on est imbu dans leur
secte ou dans leur parti. Pendant un temps bien court,
disons une quinzaine, on est résolu, on argumente, on
discute ; mais de jour en jour le poison fait des progrès,
et la raison faiblit. Ce qu'on entend dire à ses amis, ce

qu'on lit dans les organes du parti, produit son effet. Les opinions tranchées, palpables, auxquelles chacun croit autour de nous, exercent une action encore plus énergique et plus subtile : ces opinions semblent si solides et si incontestables ! nos propres arguments pâlissent chaque jour ; ce n'est plus qu'un rêve. Bientôt l'homme le plus sérieux, le plus sage, partage la folie du parti avec lequel il agit, ou de la secte dont il a adopté les croyances.

En bonne métaphysique je crois que, contrairement à l'opinion commune, on a bien plus souvent besoin de raisons et d'efforts pour se défier que pour croire. Si l'homme était taillé sur le patron que nous proposent les logiciens, il dirait naturellement : « Quand je verrai un argument solide, je croirai ; tant que je n'en verrai pas, je ne croirai pas ». Mais en réalité toute idée qui nous frappe vivement et reste devant nos yeux nous paraît bientôt vraie, à moins que nous ne conservions soigneusement la perception des arguments qui la réfutent, et que nous ne fassions un effort de volonté pour nous en rappeler la fausseté. « Toutes les idées claires sont vraies, » fut pendant des siècles une maxime philosophique, et bien que nulle maxime ne soit moins solide, aucune ne saurait être plus conforme à la nature humaine telle qu'elle est d'ordinaire. L'enfant accepte résolument comme vraies toutes les idées qui lui passent par le cerveau ; il est difficile de lui faire comprendre qu'une idée puisse être forte, claire, durable, et en même temps fausse. La seule présence d'une idée, à moins que nous n'y prenions garde, ou qu'il y ait en nous quelque résistance inaccoutumée, fait que nous y croyons ; et c'est pour cette raison que la croyance des autres accroît si promptement la nôtre, car il n'est pas d'idées qui nous semblent aussi parfaitement claires que celles qui nous sont inculquées de tous côtés.

La partie sérieuse du genre humain est sujette à cette crédulité imitative tout aussi bien que la partie frivole. Les gens de bourse, quelque sérieux qu'ils soient en général, croient, autant que qui que ce soit, par un instinct d'imitation. Aujourd'hui vous les trouverez tous entreprenants, enthousiastes, pleins de vigueur, prompts à acheter, prompts à donner des ordres : une semaine plus tard vous verrez presque toute la troupe abattue, inquiète, pressée de vendre. Si vous cherchez les raisons de cette ardeur, de cette mollesse, de ce changement, à peine pourrez-vous les trouver, et si vous êtes capable de les découvrir, elles n'ont que peu de valeur. En réalité ce n'est pas la raison, c'est l'instinct d'imitation qui a produit ces courants d'opinion. Il est arrivé je ne sais quoi qui a semblé assez heureux ; là-dessus des hommes à l'esprit ardent, confiant, ont parlé bien haut, et la foule à leur suite a pris le même ton. Quelques jours après, lorsqu'on commençait à se fatiguer de parler sur ce ton, quelque chose est encore arrivé qui cette fois paraissait un peu moins heureux; aussitôt les gens d'un naturel triste, inquiet, se sont mis à discourir, et ce qu'ils disaient, tout le reste l'a répété. Dans l'un comme dans l'autre cas, quiconque refuse d'emboîter le pas est déclaré un original, une tête à l'envers. « Si vous voulez, dit Swift, vous faire une réputation de sagesse, soyez toujours de la même opinion que la personne avec qui vous causez. » Parmi les hommes qui s'appellent raisonnables, on trouve souvent une intolérance intellectuelle tranquille et obstinée : une personne prudente y regarde à deux fois avant de leur dire quelque chose de trop nouveau : car il n'en faut pas davantage pour vous faire traiter de tête sans cervelle; et, dans les moments où il faudra prendre une décision, on ne tiendra nul compte de vous.

C'est ainsi que la contagion de l'imitation atteint les hommes dans ce que leur intelligence a de plus intime, dans leur croyance; mais elle les envahit aussi dans la partie, pour ainsi dire, la plus matérielle de leur esprit, dans celle où l'âme s'unit au corps, dans les manières. Cela n'a besoin d'explication pour personne; nous savons tous comment certaine influence insaisissable fait que nous imitons ou que nous essayons d'imiter les manières de ceux qui nous entourent. Se conformer aux modes de Rome, quelles que soient ces modes, et quelle que soit actuellement notre Rome, est un des besoins les plus évidents de la nature humaine. Mais ce qui n'est pas aussi évident, bien que ce soit aussi certain, c'est que cette influence de l'imitation est aussi profonde qu'étendue.

« Le fond du style, » dit Wordsworth, « dépend en grande partie de la forme. » Si vous essayez d'imiter les pensées de Swift en copiant le style d'Addison, vous reconnaîtrez que non-seulement il est difficile de prendre le style d'Addison, en raison de son excellence intrinsèque; mais aussi que plus vous en approchez, et plus vous vous éloignez de la façon de penser de Swift. Les idées tourmentées, violentes de l'un rejettent la draperie élégante et noble des expressions de l'autre. De même vous ne pourriez exprimer les pensées simples d'un Anglais dans le style pompeux d'un Espagnol. Insensiblement, et comme par une sorte de magie, la manière que prend un homme s'empare de lui, et finit par le rendre en réalité ce qu'il n'était d'abord qu'en apparence.

C'est par là surtout que les plus grands esprits d'une époque exercent leur influence. Ils donnent le ton que les autres prennent, la mode que les autres suivent. Une opinion bizarre veut que ceux qui considèrent l'histoire d'un point de vue scientifique soient disposés à ne pas évaluer assez haut l'influence des caractères individuels. Il serait tout aussi raisonnable de dire que ceux qui considèrent la nature à un point de vue scientifique, sont disposés à ne pas évaluer assez haut l'influence du soleil.

Au point de vue scientifique un grand homme est une cause nouvelle et puissante — composée ou non d'autres causes, car je ne veux pas en ce moment, ni dans ces articles, soulever la question du libre arbitre, — nouvelle dans tous ses effets et dans tous ses résultats. De grands modèles pour le bien comme pour le mal se montrent quelquefois parmi les hommes, et les hommes les suivent pour se perfectionner ou pour se corrompre.

Je suis, je ne l'ignore pas, bien long et fastidieux dans mes efforts pour établir ce point; mais je veux convaincre les autres d'une opinion dans laquelle chacune des observations nouvelles que me fournit la société me confirme de plus en plus ; c'est que l'imitation inconsciente et la faveur accordée à un caractère préféré, et d'un autre côté cette répugnance inconsciente et cette persécution à laquelle est exposé un caractère qui ne plaît pas, sont la force principale qui façonne les hommes et en forme une société telle que celle que nous voyons à présent. Bientôt j'essaierai de montrer que les causes plus généralement reconnues, comme le changement de climat, l'altération des institutions politiques, les progrès de la science, agissent principalement par l'intermédiaire de cette cause ; elles changent l'objet de l'imitation et l'objet de l'aversion, et produisent ainsi leurs propres effets. Mais d'abord je dois parler de l'origine des nations, de leur formation, qui est le sujet particulier de ce chapitre.

Les nations se forment par un procédé dont nous trouvons des exemples frappants dans les temps les plus récents, et qui est à l'œuvre actuellement. L'exemple le plus simple est la fondation du premier des états de l'Amérique du Nord, la Nouvelle Angleterre, dont le caractère est si tranché et si profondément marqué. Un grand nombre de personnes en harmonie par leurs traits essentiels, par la religion, par la politique, forment un établissement séparé ; elles exagèrent leur caractère premier, enseignent leur propre foi, établissent leur gouvernement favori ; elles découragent toutes les autres tendances, persécutent les autres croyances, interdisent les autres formes ou habitudes de gouvernement. Nécessairement une nation ainsi formée portera une empreinte bien distincte. Les premiers fondateurs sont partis d'un même type; ils l'ont soigneusement imité; d'autres causes sont intervenues sans doute pour le troubler; mais l'effet inévitable des principes de l'hérédité a transmis sans altération une grande partie des traits originels et a laissé à la Nouvelle Angleterre un caractère national complet qui, dans toutes ses parties, porte les traces du caractère primitif.

Ce cas est bien connu; mais ce que l'on sait moins, c'est que le même procédé est toujours à l'œuvre en Amérique, quoique sous une forme moins frappante. L'affinité des sentiments est encore aujourd'hui, dans l'Ouest des Etats-Unis, un agent de sélection et un moyen de cohésion. Des observateurs compétents disent que les villes s'y forment et y grandissent parce que chaque localité a sa religion à elle, ses manières, ses usages. Ceux qui ont cette morale et cette religion vont dans cette localité et y restent; ceux qui n'ont ni cette religion ni cette morale vont s'établir ailleurs, ou s'en éloignent bientôt. Le temps est presque passé, où la colonisation s'opérait brusquement par des « essaims » d'hommes ayant la même foi; mais l'attraction d'une croyance sur ia croyance semblable agit toujours, quoique d'une manière moins visible, et sans doute n'est pas près de s'arrêter.

Dans les cas où ce principe n'est pas appliqué, tous les établissements nouveaux formés d'émigrants arrivent à être composés principalement de gens turbulents. On n'y trouve pas une population stable, attachée à ses foyers; et c'est cette population-là qui connaît le calme et l'aisance. Un établissement nouveau fondé volontairement — je ne parle pas des temps anciens où la terreur chassait les hommes de leur patrie — contiendra certainement plus que la proportion ordinaire d'hommes actifs, et moins que la proportion ordinaire d'hommes inactifs ; et c'est ce qui nous explique en grande partie, mais non pas peut-être complètement, la différence qui sépare les Anglais en Angleterre des Anglais en Australie.

Les causes qui ont formé la Nouvelle Angleterre dans une époque récente n'ont pu agir beaucoup, on le conçoit, sur le genre humain dans son enfance. La société ne se forme pas alors par un système volontaire, mais par un système involontaire. L'homme, dans les âges primitifs, naît soumis à une certaine sujétion, et ne peut s'affranchir d'un gouvernement héréditaire. La société est composée alors non pas d'individus, mais de familles ; les croyances arrivent à ces familles par héritage. Lord Melbourne s'exposa un jour aux railleries des philosophes en disant qu'il adhérait à l'église anglaise parce qu'elle avait été l'église de ses pères. Naturellement les philosophes disaient que parce que les pères d'un homme ont cru à une chose, ce n'est pas une raison pour qu'il y croie aussi, à moins que cette chose ne soit vraie. Mais lord Melbourne émettait seulement mal à propos, et dans les temps modernes, une des maximes les plus fortes et les mieux acceptées des anciens temps. Une sécession de Romains isolés qui, pour des motifs religieux, se seraient retirés au-delà des mers, aurait paru aux anciens Romains une chose impossible. Dans des âges plus grossiers encore la religion des sauvages n'a pas la force nécessaire pour produire un schisme ou pour fonder une communauté. Quand nous parlons de grandes idées, nous parlons aussi de peuples qui peuvent avoir une histoire, et non des hommes pré-historiques de l'âge de pierre ou des sauvages actuels. Mais, quoique sous des formes bien différentes, les mêmes causes essentielles, c'est-à-dire l'imitation des caractères préférés et l'élimination des caractères détestés, agissaient déjà dans les temps les plus anciens, et agissent encore parmi des hommes grossiers. Quelque forte que soit chez des hommes civilisés la tendance à l'imitation, nous devons la concevoir comme un mobile à l'influence duquel leurs esprits ont été soustraits en partie. Comme la vue perçante, l'ouïe infaillible, l'odorat merveilleux du sauvage, c'est une puissance à demi perdue. Elle était très-forte dans les anciens temps; elle l'est encore dans les régions non civilisées.

Cette tendance si prononcée à l'imitation est une des grandes raisons de la ressemblance étonnante que tous les observateurs remarquent entre les individus qui composent les peuplades sauvages. Quand vous avez vu un habitant de la terre de Feu vous les avez tous vus; de même pour les Tasmaniens. Les sauvages plus avancés, comme les Nouveaux Zélandais, ont moins d'uniformité; ils ont un peu plus de la structure variée et complexe des nations civilisées, parce qu'à d'autres égards ils sont aussi plus civilisés. Ils ont une plus grande capacité intellectuelle, des provisions plus considérables de pensée acquise. Cependant ils gardent encore beaucoup de ce caractère monotone. Une tribu de sauvages ressemble à un troupeau d'animaux sociables; où va le chef, ils vont aussi; ils copient aveuglément ses habitudes, et ainsi deviennent bientôt ce qu'il est lui-même. C'est que non-seulement la tendance à l'imitation, mais aussi la faculté d'imiter, est plus forte chez les sauvages que chez les hommes civilisés. Les sauvages copient plus vite et mieux. De même les enfants sont naturellement mimes; ils ne peuvent s'empêcher d'imiter ce qui se présente à leurs yeux. Il n'y a encore rien dans leur esprit qui puisse combattre cette tendance à l'imitation. Tout homme arrivé au terme de son éducation possède en lui-même une réserve considérable d'idées au milieu desquelles il peut se replier, et qui lui permettent d'échapper aux objets extérieurs qui lui déplaisent ou d'en rendre l'impression moins forte. Mais un sauvage ou un enfant n'a pas la même ressource. Les faits qui s'accomplissent devant lui sont sa vie même; il vit de ce qu'il voit, de ce qu'il entend. Dans les nations civilisées les gens sans éducation présentent des traces d'une condition semblable. Si vous envoyez une femme de chambre et un philosophe dans un pays dont ils ne connaissent le langage ni l'un ni l'autre, il est probable que la femme de chambre l'apprendra avant le philosophe. C'est qu'il a autre chose à faire; il peut vivre avec ses propres pensées. Mais elle, si elle ne peut imiter la prononciation, elle est perdue; elle ne vit pas tant qu'elle n'est pas en état de faire sa partie dans les bavardages de la cuisine. La tendance à l'imitation et le pouvoir d'imiter sont surtout développés chez ceux qui possèdent le moins l'esprit d'abstraction. Les exemples les plus merveilleux d'imitation que nous trouvions dans le monde sont peut-être les imitations que font les sauvages des hommes civilisés dans l'emploi des armes de guerre. Ils apprennent à les manier avec une rapidité inconcevable. Un Indien de l'Amérique du Nord, un Australien même, peut tirer aussi bien qu'aucun blanc. Ici la puissance du motif atteint son maximum aussi bien que la faculté innée : un sauvage prise bien plus le pouvoir de tuer que tout autre pouvoir.

Le penchant de tous les sauvages — disons mieux, de tous les hommes ignorants — à la persécution est encore plus frappant que leur tendance à l'imitation. Aucun barbare ne peut se résigner à voir un des membres de la nation s'écarter des coutumes barbares et des anciens usages de sa tribu. La plupart du temps la tribu entière s'attendrait à être châtiée par les dieux, si un seul de ceux qui la composent renonçait aux coutumes antiques, ou donnait l'exemple de quelque nouveauté. Dans les temps modernes et dans nos pays policés nous pensons que chaque personne est uniquement responsable de ses actions, et nous ne croyons pas, nous ne pouvons pas croire que la faute d'autrui puisse nous rendre coupables. La culpabilité est pour nous une tache personnelle qui résulte d'une conduite adoptée librement et ne s'imprime que sur celui qui l'a adoptée. Mais dans les époques primitives on croit toute la tribu souillée d'impiété par l'acte d'un seul de ses membres; cet acte l'expose tout entière, en offensant sa divinité particulière, aux châtiments célestes. Il n'y a point de « responsabilité limitée » dans les idées politiques de ces époques. La tribu primitive est une association religieuse qu'un membre téméraire peut, par une impiété imprévue, entraîner dans une ruine complète. Avec cette conception de l'état, la tolérance est un crime. Permettre une infraction aux règles traditionnelles serait simplement une folie. On sacrifierait ainsi le bonheur du plus grand nombre; on permettrait à un individu, pour le plaisir d'un moment ou pour un caprice stupide, d'attirer sur tous les autres des calamités terribles et irrémédiables. L'histoire même d'Athènes sera pour nous lettre close si nous n'avons pas présente à la pensée cette conception de l'ancien monde, quoique Athènes fût, relativement aux autres, une cité rationnelle et sceptique, ouverte aux pensées nouvelles, affranchie des préjugés anciens. Quand on mutila les statues d'Hermès qui décoraient ses rues, tous les Athéniens furent épouvantés et exaspérés ; ils pensaient qu'ils seraient tous ruinés, parce que quelqu'un avait mutilé l'image d'un Dieu et l'avait ainsi irrité. Presque tous les détails de la vie dans l'antiquité classique, temps où commence réellement l'histoire, étaient revêtus d'une sanction religieuse ; un rituel sacré réglait les actions humaines; qu'on lui donnât ou nom le nom de lois, presque tout ce qu'il renfermait était plus ancien que le mot même de loi ; chacune de ses prescriptions faisait partie d'une coutume ancienne que l'on croyait émanée d'une autorité surhumaine, et qu'on ne pouvait transgresser sans s'exposer à être puni par un pouvoir surhumain. Il y avait alors entre les citoyens une telle solidarité, que chacun d'eux pouvait être amené à persécuter l'autre de peur de souffrir lui-même.

On peut dire que ces deux tendances du monde primitif, celle qui pousse à la persécution et celle qui pousse à l'imitation, doivent entrer en lutte l'une contre l'autre; que l'impulsion imitative a dû amener les hommes à co-

pier ce qui est nouveau, et que la persécution exercée au
nom des usages traditionnels a dû les empêcher de le
copier. Mais dans la pratique ces deux tendances agissent
dans le même sens. Il y a une forte tendance à copier la
chose la plus commune, et cette chose commune est l'u-
sage antique. L'imitation journalière est presque toujours une force conservatrice, car la plupart des modèles
sont anciens. Cependant, il faut bien, pour chaque homme
et pour chaque nation, quelque chose de nouveau. Nous
pouvons souhaiter, si cela nous plaît, que demain ressemble à aujourd'hui; mais la ressemblance ne sera
jamais complète. De nouvelles forces agiront sur nous;
ce sera un nouveau vent, une pluie nouvelle, la lumière
d'un autre soleil; et nous mêmes nous devrons changer
en présence de ces circonstances qui changent. Mais l'habitude de persécuter et celle d'imiter auront cet effet
certain que la nouvelle chose suivra la vieille mode; il
faudra que ce soit un changement; mais il renfermera
la moindre quantité possible de variété. C'est à cela que
tend la force imitative parce que les hommes imitent
plus facilement que tout le reste les choses auxquelles
leurs esprits sont préparés, celles qui ressemblent aux
choses anciennes, tout en contenant le minimum inévitable de changement, ce qui les écarte le moins de l'ancienne route, ce qui leur donne le moins d'embarras.
Quand on parle de la doctrine du développement, on
veut dire ceci : que, dans les changements inévitables,
les hommes aiment la nouvelle doctrine qui ressemble le
plus à une addition préservatrice faite à leurs doctrines
anciennes. Les tendances à l'imitation et à la persécution

font que tout changement dans les nations primitives tient à la fois de la sélection et de la conservation, qu'il garde la plus grande partie de ce qui est ancien, en y ajoutant quelques détails nouveaux : c'est une tourelle de plus dans le vieux style.

Cette habitude constante de n'accepter que des additions conformes à ce qui existe et de rejeter ce qui est en désaccord avec les éléments anciens, a produit ces coutumes et ces manières étranges qui, dans toutes les parties du monde, embarrassent l'homme civilisé, lorsqu'il les rencontre pour la première fois. Comme les anciennes coiffures des villages de la montagne, ces usages amènent le voyageur non pas à se demander s'ils sont bons ou mauvais, mais à s'étonner qu'on ait pu les imaginer : il les regarde comme des monstruosités qui n'ont jamais pu être enfantées que par un esprit bizarre et déréglé. Et ce serait en effet un esprit bien bizarre et bien déréglé que celui qui les enfanterait tout d'une pièce. Mais en réalité ces usages ont mis des siècles à se former, comme la loi romaine ou la constitution anglaise; jamais un seul homme, une génération unique, n'y aurait pensé; il n'y a qu'une série de générations dont chacune était élevée dans les habitudes de la précédente et voulait quelque chose de conforme à ces habitudes, qui ait pu les produire. Les sauvages choient, pour ainsi dire, leurs habitudes favorites, et les entretiennent avec autant de soin que leurs animaux favoris : il faut le travail des siècles; mais au bout de ce temps un caractère national s'est formé par l'action combinée d'attractions agissant dans un même sens et de répugnances se produisant dans une même direction.

Une autre cause intervient encore. Dans les époques primitives de la civilisation, la mortalité chez les enfants est très-considérable, et cela seul constitue une sorte de sélection : l'enfant qui est le plus propre à faire un bon Spartiate a aussi le plus de chances pour survivre à une enfance spartiate. Les habitudes de la tribu s'appliquent dans toute leur rigueur à l'enfant; s'il est de force à les prendre et à les suivre il vit ; sinon il meurt. L'imitation qui produit l'homogénéité des nations primitives se prolonge durant la vie des individus; mais elle trouve tout d'abord en eux des formes déjà adaptées et des spécimens choisis. Je suppose aussi qu'il y a de la part des parents une sorte de sélection qui opère dans le même sens et tend probablement à conserver la vie des mêmes individus. Les enfants qui plaisent le plus à leurs pères et à leurs mères doivent être traités par eux avec plus de tendresse et avoir par là plus de chances de vivre; or, on peut poser comme une règle approximative, que leurs favoris seront les enfants qui promettent le plus, c'est-à-dire ceux qui semblent devoir faire le plus d'honneur à la tribu conformément aux manières dominantes de cette tribu et à ses goûts actuels. L'enfant qu'on aime le plus sera le mieux soigné, et celui qu'on aimera davantage sera celui qui reproduira le plus fidèlement le type que l'on cherche à imiter.

Malgré tout, je crois qu'on aura de la peine à attribuer une chose aussi marquée, aussi bien fixée, aussi physique, pour ainsi dire, que le caractère national, à des causes aussi passagères que l'imitation d'habitudes

préférées et la guerre faite à des habitudes détestées. Pourtant, un caractère national est-il autre chose
qu'un ensemble d'habitudes plus ou moins générales ?
Cette imitation et cette persécution, quand elles s'exercent pendant une longue suite de générations, ont des effets physiques immenses.

Nous reconnaissons que l'esprit du père passe de façon ou d'autre dans le corps de l'enfant. Ce je ne sais
quoi qui se transmet ainsi est plus affecté par les habitudes que par toute autre cause. Il est certain qu'avec le
temps il se formera un type indélébile, et qu'il se perpé-
tuera, si toutefois les causes que j'ai indiquées exercent
sans obstacles toute leur action.

Ainsi que je l'ai dit, je n'explique pas l'origine des
races, mais celle des nations, ou, si vous l'aimez mieux,
des tribus. J'admets parfaitement que ni l'imitation des
manières prédominantes, ni l'interdiction des manières
détestées, ne rendront compte à elles seules des grands
contrastes qui se rencontrent dans la nature des hommes.
De telles causes ne feraient pas plus un Nègre d'un Brah-
mane, ou d'un Anglais un Peau-Rouge, qu'on ne pourrait changer, en les lavant, les taches d'un léopard ou la
couleur d'un Ethiopien. Des causes plus puissantes doivent avoir agi ; autrement nous n'aurions pas ces différences énormes. Ces causes secondaires dont je parle ont
produit des diversités entre les Grecs, mais n'ont pas
produit la race grecque. Nous ne pouvons marquer avec
précision la limite de leur influence ; mais il est clair
qu'elle a une limite.

Si nous jetons les yeux sur les monuments les plus anciens de la race humaine, nous trouvons les caractères des races aussi tranchés qu'ils le sont à présent. Les peintures et les sculptures les plus anciennes que nous ayons nous présentent des différences de type aussi fortes que celles que nous pouvons observer actuellement. On n'a jamais vu, de mémoire d'historien, naître des différences comme celles qui séparent le Nègre du Grec, le Papou du Peau-Rouge, l'Esquimau du Scandinave. Dès le point de départ, nous trouvons des différences essentielles ; nous ne pouvons saisir dans le passé que des modifications secondaires, et ce sont uniquement des modifications de ce genre que nous pouvons voir. Or, il serait bien difficile de dire combien il faudrait de modifications de ce genre pour transformer un homme d'une race type et l'amener à une autre race de même degré. Ce fait ne comporte que deux explications : la première, c'est que ces grands types furent, dès l'origine, des créations séparées, aussi distinctes qu'elles le sont à présent ; c'est que le Nègre a été créé Nègre, et le Grec Grec. Mais cette hypothèse commode de créations spéciales a été si souvent mise à l'essai et si souvent convaincue d'erreur, que jamais probablement elle n'inspirera une confiance entière à un grand nombre d'investigateurs sérieux.

On peut l'accepter provisoirement comme la meilleure hypothèse aujourd'hui possible ; mais elle inspire le même sentiment qu'une armée qui a été toujours battue: quelque forte qu'elle paraisse, on pense qu'elle se fera battre encore. Quelle est au juste l'autre explication ? Je n'ai pas la prétention de le dire. Peut-être n'avons-nous pas les données suffisantes pour asseoir avec sécurité

notre opinion. Mais l'idée la plus plausible de beaucoup
est celle de M. Wallace, suivant qui ces caractères qui
constituent les races sont les traces vivantes d'un temps
où l'homme n'était pas encore, par son intelligence, aussi
capable qu'aujourd'hui d'adapter sa vie et ses habitudes
à un changement de région ; par conséquent la mortalité,
chez les hommes errants de ces époques reculées, dépassa
tout ce qu'on peut imaginer ; il ne survécut ainsi que
ces individus qui, par hasard, naquirent avec une défense naturelle, c'est-à-dire avec une conformation adap-
tée au climat et au pays, prête à profiter des avantages
qu'elle y trouverait, protégée contre les maladies qu'elle
y rencontrait. Selon M. Wallace, les Nègres sont les restes de l'unique variété d'hommes qui ait été en état, sans
se transformer plus que cela n'était possible alors, de
vivre dans l'intérieur de l'Afrique. Ceux qui y pénétrèrent
moururent jusqu'à ce qu'ils eussent produit le Nègre ou
quelque chose qui lui ressemblait ; et il en est de même
des Esquimaux et des Américains.

Toute habitude préservatrice imaginée dans ce temps-
là devait aussi avoir beaucoup plus d'effet que dans les
époques postérieures. Une tribu sociable, dont le chef
était, par quelques particularités imitables, adapté à la
lutte pour l'existence, et qui copiait son chef, devait avoir
dans cette lutte un avantage énorme. Elle était certaine
de vaincre et de vivre ; car elle avait à la fois de la cohésion et les qualités qu'il fallait pour résister au milieu,
tandis que les tribus en lutte avec elle n'avaient ni ces
qualités ni cette cohésion. Je suppose aussi que dans les
temps primitifs, lorsque les corps ne portaient pas encore

en eux les vestiges et les marques de générations innombrables, toute habitude nouvelle devait imprimer plus
facilement sa marque sur l'élément héréditaire, et se
transmettre avec plus de facilité et de certitude. Dans
une telle époque, l'homme étant d'une matière plus
flexible et plus molle, des caractères de race plus pro-
fonds devaient s'y graver plus facilement, de manière à
rester plus longtemps lisibles.

Mais je n'ai nullement la prétention de parler sur de
semblables sujets ; ce chapitre, ainsi que je l'ai dit si souvent, traite de la formation des nations, et non de celle
des races. Je trouve des variétés innombrables dans l'espèce humaine, et je veux seulement montrer comment
les contrastes les moins tranchés se sont probablement
et naturellement produits dans chacune d'elle. Etant
données de grandes populations homogènes, les unes de
race nègre, les autres mongoliennes, les autres aryennes,
j'ai seulement essayé de montrer comment de petits
groupes différents devaient certainement se former dans
chacune de ces masses, les uns pour se perpétuer, les
autres pour périr. Ce sont les remous tourbillonnant
dans le courant de chaque grande race, qui en varient la
surface, et qui dureront jusqu'à ce qu'une force nouvelle
change le courant. Ces variétés secondaires se combi-
neraient aussi à l'infini, non-seulement avec celles de la
même race, mais aussi avec celles des autres. Depuis que
l'humanité a commencé, les courants se sont mélangés
mille fois avec les courants, les eaux vives avec les eaux
dormantes, les sombres avec les pâles ; mille fois les remous et les eaux ont pris de nouvelles formes, de nou-

velles couleurs qui se ressentaient toujours de l'influence
du passé, sans jamais lui ressembler. Sans cesse, dans
la masse formée par des combinaisons nouvelles, les anciennes forces de composition et d'élimination recom-
mençaient à exercer leur action, à créer à la surface un
monde nouveau. La masse des eaux était déjà bien mélangée lorsque Hérodote jeta pour la première fois les
yeux sur le monde pour nous le décrire, et c'est pour
cette raison, à ce qu'il me semble, qu'elles ont pris, dans
leur cours, tant de couleurs variées.

Si j'ai établi solidement que ces forces d'imitation et
d'élimination sont les plus importantes de toutes, et
même qu'elles sont les seules puissantes dans la formation des caractères nationaux, il s'ensuivra que l'effet des
agents ordinaires sur ces caractères sera plus aisé à comprendre qu'il ne le semble souvent et qu'on ne le dit
dans les livres. Nous voyons qu'un changement de gouvernement ou un changement de climat agit également
sur la masse de la nation, et nous sommes embarrassés,
du moins j'ai été pour mon compte embarrassé de savoir
comment il agit. Mais ces changements n'agissent pas
d'abord également sur tous les individus qui composent
la nation. Il y en a même un grand nombre sur lesquels,
pendant longtemps, ils n'agissent pas du tout. Mais ils
mettent en jeu des qualités nouvelles et montrent les
effets de ces qualités. C'est ainsi qu'agit un changement
de climat, le passage d'un climat affaiblissant, par exemple, à un climat fortifiant. Tout le monde s'en ressent
un peu; mais les natures les plus actives le ressentent
très-énergiquement. Elles travaillent et réussissent; et

leur succès invite à les imiter. Il arrive exactement le
contraire, quand on passe d'un pays qui excite au travail
dans un pays qui invite au repos. Les natures indolentes
semblent si heureuses dans leur paresse, que les caractères naturellement actifs se laissent amollir à leur tour.
L'effet produit sur une nation par tout changement considérable, est ainsi un effet de multiplication et d'accumulation. Ce changement agit avec son maximum de
force sur quelques individus bien préparés par leur organisation à le ressentir; il semble avoir chez eux des résultats favorables et séduisants; alors on copie de tous
côtés les habitudes qui ont produit ces résultats. C'est,
si je ne me trompe, par ce procédé simple, bien qu'un
peu détourné, que l'on voit généralement se produire le
progrès ou la décadence.

II

Toutes les théories relatives à l'homme primitif sont
nécessairement très-incertaines. Si l'on admet comme
vraie la doctrine de l'évolution, il faut reconnaître que
l'homme et le reste des Primates ont eu ensemble un
ancêtre commun. Mais dans ce cas nous ne savons pas à
quoi cet ancêtre commun ressemblait. Si jamais nous
devons en avoir une idée distincte, ce sera seulement
après de longues années, après avoir accumulé laborieusement des matériaux dont les premiers sont à peine
entre nos mains. Mais la science a déjà fait quelque chose
pour nous. Si elle ne peut pas nous dire grand'chose de

notre premier ancêtre, elle peut du moins nous donner
beaucoup de renseignements sur un ancêtre déjà fort
reculé. Nous ne pouvons avoir la moindre idée — même
en admettant complètement la doctrine de l'évolution —
au sujet du premier homme; mais nous pouvons nous
faire une idée assez juste de l'homme qui a précédé de
quelque temps l'histoire, qui n'a été séparé que par une
période assez courte, c'est-à-dire — car c'est là ce qu'on
appelle court à présent — par une dizaine de mille ans,
du moment où l'histoire a commencé. Des investigateurs
dont la sagacité et l'attention ne peuvent guère être sur-
passées, et dont les plus marquants sont sir John Lubbock et M. Tylor, ont réuni tant de faits, ont expliqué tant
de choses, qu'ils ont obtenu un résultat assez solide et
assez frappant.

Ce résultat est ou me paraît être, si je puis me permettre de le résumer moi-même, que les hommes pré-
historiques des derniers temps, ceux dont nous avons
recueilli tant de restes, et à qui sont dues les coutumes
anciennes et étranges des nations historiques — coutumes
fossiles, ainsi que nous pouvons les appeler; car très-
souvent elles sont enveloppées par la civilisation qui les
renferme, sans avoir plus de ressemblance avec elle que
les fossiles avec les couches où on les trouve, — les
hommes pré-historiques, dis-je, étaient « des sauvages qui n'avaient pas les usages fixes des sauvages. »
Comme les sauvages, ils avaient de fortes passions et
une raison faible; comme les sauvages, ils préféraient
les transports passagers d'un plaisir violent aux jouissances calmes et durables; comme les sauvages, ils étaient

incapables de sacrifier le présent à l'avenir; comme les
sauvages, ils avaient un sens moral très-rudimentaire et
très-imparfait, pour ne rien dire de plus. Mais ils différaient des sauvages actuels en ce qu'ils n'avaient point
de coutumes compliquées et singulières, point de ces
règles étranges et inexplicables en apparence qui gouvernent toute la vie humaine. Les raisons qui nous permettent de nous prononcer de cette façon sur une race trop
ancienne pour nous avoir laissé une histoire, mais non
trop ancienne pour avoir laissé des souvenirs, se peuvent
résumer ainsi :

D'abord nous ne pouvons imaginer une raison forte
sans quelques connaissances acquises; or, il est évident
que les hommes pré-historiques n'avaient rien de ce genre.

Il est tout à fait incroyable que dans les parties du
monde les plus éloignées, des races entières — capables
de compter, puisqu'elles apprennent très-vite à compter
— eussent perdu l'art de compter si elles l'avaient jamais
possédé. Il est incroyable que des races entières eussent
perdu les éléments du sens commun, la connaissance élémentaire des choses matérielles et spirituelles, la philosophie à la Benjamin Franklin, si jamais elles l'avaient
connue. La faculté de raisonner ne peut s'exercer chez
l'homme sans quelques données préalables. Ainsi que
l'a dit lord Bacon, l'esprit de l'homme doit « travailler
sur une matière. » Or, en l'absence du sens commun qui
nous fournit ces éléments de raison dont nous disposons,
les hommes primitifs n'avaient aucune « matière » sur
laquelle ils pussent travailler. Donc, lors même que leurs
passions n'eussent pas été absolument plus fortes que

les nôtres, elles étaient plus fortes relativement ; car leur
raison était plus faible que la nôtre. De plus, il est certain que des races d'hommes capables de sacrifier le présent à l'avenir — si toutefois on peut concevoir de pareilles
races sans une raison déjà instruite, — auraient eu dans
les luttes des nations un avantage si énorme, que jamais
les autres n'auraient pu leur survivre. Une seule tribu
australienne, vraiment capable d'une telle habitude et
la pratiquant réellement, aurait dominé toute l'Australie
presque aussi aisément que les Anglais l'ont conquise.
Supposez une race d'Écossais à l'esprit prévoyant et cal-
culateur : fussent-ils aussi ignorants que les Australiens,
ils auraient tout soumis depuis le détroit de Torres jusqu'à
celui de Bass, quelque désespérée que fût la résistance
des autres Australiens. Tout le territoire leur aurait ap-
partenu, et à eux seuls. Nous ne pourrons imaginer
que des races innombrables eussent perdu, après l'avoir
une fois possédée, la plus utile de toutes les habitudes
intellectuelles, celle qui devait le mieux assurer leur victoire dans les luttes incessantes que les hommes, depuis
qu'ils existent, ont toujours soutenues les uns contre les
autres et contre la nature, l'habitude qui, dans les temps
historiques, a par-dessus toute autre obtenu pour sa récompense la victoire dans ces luttes. Troisièmement nous
pouvons être sûrs que la moralité de l'homme pré-historique était aussi imparfaite et aussi rudimentaire que sa
raison. On peut appliquer à une morale élevée, qui nous
permettrait d'être maîtres de nous-mêmes, les mêmes
arguments que nous appliquons à la faculté de sacrifier,
pour des raisons sérieuses, le présent à l'avenir. Ces deux

facultés, et surtout celle d'obéir à une morale élevée, se
rattachent à des conceptions intellectuelles si complexes,
qu'il est impossible d'en concevoir l'existence chez des
hommes qui ne savaient pas compter au-delà de cinq,
qui n'avaient que les formes du langage les plus simples
et les plus grossières, qui ne savaient aucunement écrire
ni lire, qui, ainsi qu'on l'a dit énergiquement, n'avaient
« ni pots ni marmites, » qui sans doute savaient faire du
feu, mais ne savaient guère que cela, et dont tout l'empire sur la nature se réduisait presque à cela. Une moralité solide dans les actes d'une vie simple est, tout aussi
bien que la faculté de voir loin dans l'avenir, un don
beaucoup trop utile à la race humaine pour s'être complètement perdu chez des hommes qui l'auraient une fois possédé. Or des sauvages innombrables auraient presque
complètement perdu les règles morales qui contribuent
le plus au bien-être des tribus. Il y a une foule de sauvages qui n'ont presque aucun respect pour la vie humaine ; qui connaissent à peine les sentiments de la famille ; qui s'empressent de tuer les individus — compris
leurs propres parents — qui vieillissent et deviennent pour
eux une charge ; qui ont à peine le sentiment de la vérité,
qui, par suite probablement d'une tradition de terreur,
dissimulent sans cesse, et ont plus de tendance, nous dit
un observateur, à employer le mensonge qu'à l'éviter ;
dont les idées sur le mariage sont si vagues et si faibles
que l'on a inventé, pour le désigner chez eux, l'expression
de « mariage en commun, » c'est-à-dire mariage où
toutes les femmes de la tribu sont communes à tous les
hommes de la même tribu, mais à ceux-là seulement.

Maintenant si nous considérons combien les sociétés humaines sont resserrées et fortifiées par l'amour de la vérité, par les affections de famille, par la solidité des liens du mariage ; si nous reconnaissons que ces sentiments assureraient une victoire prompte, certaine et entière à la tribu qui les posséderait, sur les tribus qui en seraient privées, nous commencerons à comprendre combien il est invraisemblable que des tribus sans nombre répandues dans le monde eussent perdu tous ces instruments de conquête si puissants, pour ne pas parler des autres. S'il est, relativement à l'homme pré-historique, un raisonnement solide, c'est celui qui lui attribue un sens moral imparfait ; car tous les arguments fournis par nos dernières recherches se réunissent pour affermir celui-là et nous l'imposer.

D'ailleurs il ne s'appuie pas seulement sur des investigations récentes. Il y a bien des années déjà, M. Jowett a dit que les religions classiques portaient les traces des « époques antérieures à la moralité. » Et ce n'est là qu'une des nombreuses circonstances où ce grand penseur prouve, par des expressions qui lui échappent, qu'il avait approfondi, plusieurs années avant leur apparition, des questions qui devaient un jour se poser, et qu'il avait prévu, d'une façon plus ou moins nette, longtemps avant que le résultat public fût connu, la conclusion à laquelle les discussions aboutiraient sur ces points controversés. On ne peut expliquer autrement de telles religions. Nous n'avons qu'à ouvrir l'Homère de M. Gladstone pour voir quelle violente répulsion les dieux et les déesses d'Homère auraient inspirée à une époque réellement morale ; com-

bien il est impossible d'imaginer qu'une époque vraiment
morale les ait inventés pour se prosterner ensuite devant
eux ; combien il est évident — dès qu'une fois on se les
est expliqués — que c'étaient des antiquités, ainsi que
les formalités de la procédure anglaise, ou les couteaux
de sacrifice en pierre; car on n'aurait jamais employé un
pareil attirail dans aucune cérémonie, si on ne l'avait
reçu en héritage d'une époque plus ancienne où l'on ne
connaissait rien de meilleur.

On peut avoir cette opinion sur le compte de nos ancêtres sans se mettre en opposition avec aucune des théories morales de notre époque. La théorie de la moralité
par intuition, qui semble s'opposer tout d'abord à cette
opinion, a pris, dans ces derniers temps, un développement nouveau. On ne soutient plus maintenant que tous
les hommes aient la même somme de conscience. Et en
vérité il a fallu, pour soutenir une semblable proposition, des esprits tout à fait superficiels et incapables de
comprendre même les faits les plus évidents de la nature
humaine. S'il y a quelque chose en quoi les hommes diffèrent, c'est la finesse et la délicatesse de leurs intuitions
morales, de quelque manière d'ailleurs que nous expli-
quions l'origine de ces sentiments. Nous n'avons pas besoin, pour nous en assurer, de faire un voyage jusque
chez les sauvages ; parlons seulement aux Anglais de la
classe pauvre ou à nos propres domestiques, et nous
serons suffisamment édifiés. Les basses classes dans
les pays civilisés, comme toutes les classes dans ceux
qui ne le sont pas, sont évidemment dépourvues de la
partie la plus délicate de ces sentiments que nous dé-

signons dans leur ensemble par le nom de sens moral.

Un partisan de l'intuition qui connaît son affaire avoue maintenant tout cela ; mais il ajoute que si la somme du sens moral peut différer et diffère en réalité dans des personnes différentes, du moins ce que chacune d'elles en possède est de même nature. Il assimile cette intuition à l'idée de nombre, si incomplète chez quelques sauvages qu'ils ne peuvent réellement et facilement compter que jusqu'à trois. Cependant, jusqu'au chiffre trois, cette notion est la même chez eux que chez les peuples civilisés. Assurément, s'il existe quelque chose d'intuitif, ce sont les premières vérités relatives aux nombres. On en sent la nécessité d'une manière invincible ; il y aurait du pédantisme à prétendre qu'aucune proposition de morale soit plus certaine que cette vérité : cinq et cinq font dix. Les vérités de l'arithmétique, qu'elles soient intuitives ou non, ne peuvent certainement pas être acquises indépendamment de l'expérience, ni celles de la morale non plus. Assurément elles ont été révélées pendant la vie et par l'expérience, bien qu'ensuite se présente la vieille question difficile à résoudre, de savoir si ces idées n'ont pas quelque chose qui leur est particulier, qui ne se rencontre pas dans les autres faits de la vie, et qui s'y ajoute indépendamment de l'expérience, en vertu d'une force innée de l'esprit même. Par conséquent aucun partisan de l'intuition ne craint de dire, en parlant de la conscience de ses ancêtres pré-historiques, qu'elle était imparfaite, rudimentaire, difficile à discerner; car il est obligé d'en admettre presque autant pour accommoder sa théorie à des faits modernes évidents ; et cette théorie,

dans sa forme moderne, peut sans contradiction se soutenir à côté de ces faits. Or, si un intuitionniste peut accepter cette conclusion relativement aux hommes pré-historiques, assurément elle n'est pas moins acceptable pour
M. Spencer qui fait dériver toute moralité de l'utilité, dont
la connaissance, acquise par l'expérience, serait transmise par l'hérédité ; elle l'est aussi pour M. Darwin qui
l'attribue à une sympathie héréditaire, ou pour M. Mill
qui, avec la hardiesse qui le caractérise, entreprend d'é-
difier toute la nature morale de l'homme sans emprunter
aucun secours à la conscience intuitive ni à l'instinct physiologique. Quant à ces questions éternelles, telles que
celle qui porte sur la réalité du libre arbitre ou sur la
nature de la conscience, ainsi que je l'ai expliqué plus
haut, il n'entre nullement dans mon plan d'en parler ici.
On les a toujours discutées, depuis le temps où commence l'histoire des discussions ; les opinions des hommes sont encore partagées sur ces sujets : une foule de
gens trouvent encore bien des difficultés dans toutes les
théories proposées, et se demandent s'ils ont jamais entendu, sur aucun de ces points, le dernier mot de la discussion ou une solution complète du problème. Dans l'intérêt de la science sérieuse, il est essentiel de circonscrire
autant que possible le terrain de la discussion, et de voir
combien de faits établis peuvent se concilier avec chaque
théorie.

Mais si nous avons des raisons de supposer que, pour
ces caractères importants, l'homme pré-historique — celui du moins dont je parle, c'est-à-dire l'homme qui vivait
quelques milliers d'années seulement avant l'histoire, et

non pas l'homme primitif, car cela n'est pas nécessaire —
que l'homme pré-historique, dis-je, était identique avec
le sauvage moderne, il y a aussi des raisons, et même
des raisons plus fortes, de supposer qu'à d'autres égards
il était bien différent d'un sauvage moderne. Il s'en faut
de beaucoup que le sauvage moderne soit cet être simple
que les philosophes du dix-huitième siècle se figuraient ;
au contraire sa vie est toute entrelacée de mille habitudes curieuses ; sa raison est obscurcie par mille préjugés
étranges ; son cœur est épouvanté par mille superstitions
cruelles.

L'esprit d'un sauvage moderne est, pour ainsi dire,
complétement tatoué d'images monstrueuses ; on n'y
trouverait nulle part une place nette. Mais il n'y a aucune raison de supposer que l'esprit des hommes pré-
historiques fût ainsi couvert de marques et de figures; au
contraire, la création de ces habitudes, de ces superstitions, de ces préjugés doit avoir exigé des siècles. On peut
dire que de sa nature l'homme pré-historique ressemblait
au sauvage moderne, et qu'il en différait seulement par
la manière d'être acquise.

On peut objecter que si l'homme provient de quelque
espèce animale transformée — c'est la doctrine de l'é-
volution qui, sans être prouvée d'une façon irréfutable,
a de grandes probabilités en sa faveur et repose sur de
nombreuses analogies scientifiques, — il a dû nécessairement posséder tout d'abord des instincts animaux ; qu'ils
n'ont dû se perdre que graduellement ; que cependant
ils lui servaient d'aide et de protection ; que les hommes
pré-historiques, par conséquent, devaient avoir des res-

sources et des sentiments que les sauvages actuels n'on
pas. Et probablement cela est vrai des premiers hommes,.
des premiers êtres qui aient mérité ce nom : ils avaient,
ou peuvent avoir eu certains restes d'instincts qui les ai-
daient dans la lutte de l'existence; et au fur et à mesure
que la raison venait, ces instincts peuvent s'être effacés.
Quelques instincts disparaissent certainement lorsque
l'intelligence s'applique avec suite à l'objet de leur activité. Ces curieux enfants mathématiciens, ces prodiges
arithmétiques qui, par une étrange faculté innée, jouent
avec les sommes les plus effrayantes, perdent toujours
quelque chose de cette faculté, et quelquefois la perdent
entièrement, si on leur apprend à compter par règles
comme les autres hommes. De même j'ai entendu dire
qu'un homme pouvait, à force de raisonner sur l'instinct
de la décence, perdre cet instinct, s'il voulait seulement
en prendre la peine et y travailler assez opiniâtrement. Il
est possible que d'autres instincts primitifs aient disparu
de la même manière. Mais mon argument n'en subsiste
pas moins. Je dis seulement que ces instincts, s'ils ont
jamais existé, ont dû s'effacer; qu'il y eut une période, —
période probablement immense, si nous la comparons à
celles dont parle l'histoire humaine, — où les hommes
préhistoriques vivaient à peu près comme les sauvages
d'à-présent, sans beaucoup d'aide ni de secours.

On en peut trouver les preuves dans les grands ouvrages
de sir John Lubbock et de M. Tylor, dont je parlais tout
à l'heure. Je n'en puis ici rapporter que deux. Premièrement il est évident que les premiers hommes préhistoriques avaient les instruments de pierre employés encore

par les sauvages les moins avancés ; et nous pouvons
suivre, dans le fini de ces instruments si simples et dans
leur appropriation aux usages pour lesquels ils servaient,
un progrès régulier correspondant à celui que nous ob-
servons aujourd'hui si nous passons graduellement des
sauvages les plus grossiers aux plus élevés. Or nous ne
pouvons supposer qu'une race pourvue d'instincts capables d'entretenir son existence et de subvenir à ses besoins, eût trouvé nécessaires ces instruments primitifs.
Ce sont exactement les instruments nécessaires à des
hommes très-misérables et dépourvus d'instincts ; et tels
étaient en effet ceux qui les employaient ; car les sauvages
sont les plus misérables des misérables. Il serait étrange
que ces mêmes ustensiles, je dis les mêmes exactement, eussent été employés par des êtres que des instincts développés auraient rendus relativement riches.
Un tel être aurait su se passer d'objets pareils, ou, s'il
en avait eu besoin, aurait trouvé quelque chose de mieux.

Secondement, du côté de la morale nous savons que
l'époque préhistorique était tout-à-fait une époque de
licence, et la preuve en est qu'à cette époque on ne connaissait que la parenté par les femmes, comme cela a
lieu encore chez les sauvages les plus arriérés. « La maternité, » a-t-on dit, « est un fait incontestable ; la
paternité peut être contestée. Si ces expressions sont
peu délicates, elles expliquent à merveille la parenté
chez les sociétés humaines inférieures. Dans toutes les
communautés qui possédaient des esclaves, à Rome autrefois, hier encore en Virginie, cette maxime avait
force de loi : l'enfant partageait la condition de la mère ;

quelle que fût cette condition ; personne ne s'informait
du père ; la loi admettait positivement qu'il ne pouvait
être connu avec certitude. Naturellement il n'existe
point de monuments qui puissent prouver cette assertion
ni aucune autre au sujet de la moralité de l'homme pré-
historique, et la moralité ne peut être déterminée qu'à
l'aide de monuments ayant la valeur de l'histoire. Mais
un des axiomes de la science préhistorique nous oblige
à porter ce jugement sur la moralité des races préhistoriques, du moment que nous admettons cet axiome. Il
est clair que l'absence très-commune d'une qualité caractéristique qui est une aide puissante dans les conflits
de race à race, indique probablement que la race primitive ne possédait pas cette qualité. Si, par exemple, des
hommes pourvus d'un seul bras existaient presque
partout dans tous les continents ; si l'on trouvait en
outre des hommes à tous les degrés intermédiaires,
quelques-uns n'ayant que le germe du second bras, quelques autres avec le second bras à moitié développé,
quelques-uns enfin qui l'auraient presque complet,
nous ferions ce raisonnement : « La race primitive ne
peut pas avoir eu deux bras, parce que les hommes se
sont toujours battus entre eux ; et comme c'est un grand
avantage pour combattre que d'avoir deux bras, les
hommes qui n'en avaient qu'un auraient été immédiatement exterminés ; jamais ils n'auraient pu se trouver en
nombre bien considérable. L'absence très-répandue d'une
force utile à la guerre est la meilleure preuve par laquelle
nous puissions nous assurer que les hommes préhistoriques ne possédaient pas cette force. » Si l'on admet cet

axiome il s'applique d'une manière palpable au lien du mariage dans les races primitives. Une famille fortement constituée est le meilleur germe pour une nation belliqueuse. Dans une famille Romaine les enfants, dès leur naissance, étaient élevés sous un despotisme domestique qui les préparait merveilleusement à se soumettre plus tard à une discipline militaire, à une instruction militaire, à un despotisme militaire. Ils étaient tout prêts à obéir à leurs généraux, parce qu'ils étaient forcés d'obéir à leur père ; ils triomphaient de l'univers dans leur âge mûr, parce que, dans leur enfance, ils étaient élevés dans des maisons où la tradition et la passion du courage étaient fortifiés par l'habitude d'un ordre inflexible. Or, rien de tout cela n'est possible dans ces groupes où des liens si peu serrés unissent les familles, si toutefois on peut leur donner le nom de familles, où le père est plus ou moins incertain, où la filiation ne s'établit pas par lui, c'est-à-dire où la propriété ne vient pas de lui, puisque cette propriété ne passe qu'à ceux qui sont certainement du même sang que lui, aux fils de sa sœur. Une nation mal unie, qui ne reconnaît point la paternité comme un lien de parenté légal, serait vaincue comme une multitude confuse par toute autre nation qui aurait un reste ou un commencement de puissance paternelle. Si donc tous les premiers hommes avaient eu dans l'organisation de leurs familles une moralité sévère, ils n'auraient pas plus permis à des nations à demi morales de se former dans le monde que les Romains ne les auraient laissées se former en Italie. Ils les auraient vaincues, tuées, détruites, avant même qu'elles fussent

devenues des nations; et pourtant des nations à demi
morales existent partout dans le monde.

On dira que cet argument prouve trop : car il prouve
non-seulement que les hommes un peu antérieurs à
l'histoire, mais aussi que les premiers de tous les hommes
ne pouvaient pas avoir d'instincts de famille bien prononcés. Cependant, s'ils ressemblaient, je ne dis pas aux
animaux les plus rapprochés de l'homme, mais à la plupart des animaux, ils avaient de tels instincts. On raconte souvent l'histoire d'un chef Africain qui exprimait
son dégoût à l'idée de rester attaché à une seule femme,
en disant que ce serait faire comme les singes. Les ancêtres à demi brutes de l'homme, s'ils ont existé, eurent
très-probablement un instinct de constance que le chef
Africain et ses pareils avaient perdu. Comment donc, si
cet instinct avait des effets si bienfaisants, ont-ils pu le
perdre? La réponse est facile : ils pouvaient le perdre si
c'était chez eux une tendance, une habitude où la raison
n'avait aucune part, au lieu d'être un sentiment moral et rationnel. Lorsque vint la raison, elle devait affaiblir cette habitude comme toutes les habitudes irrationnelles. Or la raison est une force d'une puissance si considérable, un instrument de victoire d'une efficacité si
incomparable, qu'il importe peu qu'elle affaiblisse
des instincts précieux, pourvu qu'elle-même ne cesse
pas de s'accroître. Dans les deux cas que nous avons
supposés, c'est le plus fort des deux compétiteurs qui
l'emporte; dans le premier une race pourvue d'intelligence et de raison, mais dépourvue d'instincts aveugles,
bat une race qui possède ces instincts sans cette raison;

dans le second, une race pourvue de raison et de sentiments moraux élevés bat une race qui a la raison mais
n'a pas ces mêmes sentiments. Ces deux faits sont visi-
blement d'accord.

Il y a donc toute raison de supposer que l'homme pré-
historique manquait de cette moralité qui règle les rapports des sexes, du moins dans le sens où nous comprenons cette moralité. Quant à savoir si primitivement le
mariage existait ou n'existait pas, c'est un détail qui
laisse évidemment beaucoup de place à la discussion.
M. Mac Lennan et sir John Lubbock sont tous deux des
logiciens trop sérieux et des investigateurs trop attentifs
pour exiger qu'on accepte en bloc des conclusions aussi
complexes et aussi délicates que les leurs, sans compter
que sur quelques points leurs jugements ne sont pas
d'accord. Mais le résultat essentiel ne dépend pas de
quelques arguments subtils. En somme nous pouvons
croire que dans les temps pré-historiques les hommes se
battaient pour conquérir leurs femmes et pour les garder ; que le plus fort enlevait au plus faible la femme la
meilleure ; que si cette femme résistait et n'était pas sa-
tisfaite du changement, son nouveau mari la battait ;
qu'une jolie femme était sûre de subir (ainsi que cela a
lieu maintenant en Australie) un grand nombre de changements de ce genre, et de porter sur son dos les marques
d'une foule de corrections ; que sur ce point important
de la moralité humaine — qui est le plus facile à observer,
à déterminer, et qui, par conséquent, nous permet le
mieux de juger des autres, — la conduite des hommes
préhistoriques était moins contraire à la morale que

dépourvue de morale. Ils ne violaient pas une règle de conscience ; mais leur sens moral était trop peu développé pour qu'ils eussent sur ce point une conscience ou pour qu'elle leur prescrivit des règles.

Le même argument s'applique à la religion. Il y a certainement beaucoup de points fort obscurs dans les religions des sauvages actuels, comme dans les rares vestiges de la religion des hommes pré-historiques. Mais un point cependant est clair. Toutes les religions des sauvages sont pleines de superstitions fondées sur l'idée de chance bonne ou mauvaise, de bons ou de mauvais présages. Les sauvages croient que les accidents fortuits annoncent les évènements à venir ; que certains arbres portent bonheur, comme certains animaux, certains endroits et certaines actions indifférentes (indifférentes en apparence et en réalité). Ils croient aussi qu'il y en a qui portent malheur. Or un sauvage est peu capable de faire la différence entre un signe de bon ou de mauvais augure et la divinité qui cause le bien ou le mal ; car le phénomène qui préside et annonce le fait, et l'être qui le cause sont à peu près la même chose pour l'esprit du sauvage : il faut, pour bien distinguer l'un de l'autre, une tête beaucoup plus forte que la sienne. Et cette croyance est chez eux tout-à-fait naturelle. Ils jouent un jeu, le jeu de la vie, sans en connaître aucunement les règles. Ils n'ont aucune idée des lois de la nature : s'il leur faut soigner un malade, ils n'ont nulle idée de remèdes véritablement scientifiques. S'ils en essayent un, ils l'essayent tout-à-fait au hasard. C'est souvent de cette manière toute fortuite et empirique que les meilleurs remèdes modernes ont été découverts. Quel fait était plus improbable, ou du moins plus inexplicable pour un homme pré-historique, que la guérison de douleurs rhumatismales opérée par certaines sources thermales, ou la cicatrisation de blessures accélérée par certaines sources minérales ? Et cependant cette connaissance fortuite des effets merveilleux de certaines sources privilégiées est probablement aussi ancienne que toute connaissance certaine relative à la médecine. Ce fut, sans nul doute, un pur hasard qui fit qu'on essaya pour la première fois de ces sources et qu'on en découvrit l'effet salutaire. Quelqu'un les essaya par hasard, et, grâce à ce hasard, se trouva tout-à-coup guéri. Mais ce même hasard, qui servit si bien les hommes dans ce cas unique, dut les servir fort mal dans' mille autres occasions. Il arriva qu'une expédition réussit après avoir été décidée sous quelque arbre antique; cet arbre, pour cette raison, devint sacré, et l'on crut qu'il portait bonheur. Une autre expédition échoua après que ceux qui l'avaient entreprise eurent vu une pie traverser leur chemin, et l'on en conclut qu'une pie portait malheur. Un serpent traversa la route de quelque autre expédition, et l'on remporta une victoire éclatante ; le serpent devint dès lors d'un excellent augure, c'est-à-dire — car c'est une même chose pour l'esprit du sauvage, — une divinité puissante qui portait bonheur. La médecine ancienne n'était pas déraisonnable ; jusqu'au Moyen-âge elle resta pleine de superstitions fondées uniquement sur cette idée de bon présage. La collection d'ordonnances publiée sous la direction du *Maître des Rôles* est toute remplie de ces

imaginations bizarres. Il y en a une qui, pour guérir
certaine maladie, une fièvre, si je m'en souviens bien,
recommande de placer le patient entre les deux moitiés d'un lièvre et d'un pigeon fraîchement tués (1).
Il est parfaitement clair qu'un traitement pareil n'a aucune espèce de fondement, et que l'on en conçut l'idée
par suite de quelque hasard heureux qui avait été suivi
de guérison. Il n'y avait là rien de si absurde ni de si
contraire au sens commun que nous serions disposés à
l'imaginer.

A priori, pour un esprit dépourvu d'expérience, il y
avait autant de probabilité de se guérir en se couchant
entre les deux moitiés d'un lièvre ou d'un pigeon qu'en
buvant certaines doses d'une eau minérale dégoûtante.
On essaya, je ne sais comment, de l'un et de l'autre remède ; tous deux réussirent, c'est-à-dire que tous deux,
la première fois, ou dans quelque circonstance mémorable,
furent suivis de quelque guérison remarquable. La seule
différence est que le pouvoir curatif de l'eau minérale est
persistant et se manifeste constamment ; tandis que pour
la moyenne des expériences, on reconnaît que la proximité d'un lièvre ou d'un pigeon ne produit aucun effet,

1. Les lecteurs de la *Vie de Walter Scott* se souviendront qu'un
de ses admirateurs proposa, pour le guérir d'une inflammation des
entrailles, de le faire dormir toute une nuit sur douze pierres
polies que ledit admirateur avait péniblement recueillies dans
douze ruisseaux, et qui constituaient, à ce qu'il paraît, un remède
souverain d'une puissance traditionnelle. Scott répondit grave-
ment à l'auteur de la proposition qu'il s'était abusé sur le charme,
et que ces pierres n'avaient aucune vertu, à moins d'être enveloppées dans le jupon d'une veuve qui n'aurait jamais souhaité se
remarier ; comme on ne rencontra, à ce qu'il paraît, aucune
veuve qui satisfît à cette condition, il échappa au remède.

et que la guérison se produit aussi souvent dans les cas
où l'on n'emploie pas le remède que dans ceux où on
l'emploie.

Le naturel des esprits qui s'occupent constamment à
remarquer les événements dont ils ne connaissent pas la
raison les pousse à prendre isolément quelque coïncidence
extraordinaire, ou quelque suite merveilleuse de bonnes
ou de mauvaises chances, et à éprouver toujours de la
terreur quand se produit cette coïncidence, si elle a
une fois été suivie de malheur, à la voir avec plaisir et à
la souhaiter, si elle a été accompagnée de bonheur. Tous
les sauvages sont dans cette situation d'esprit, et la fas-
cination exercée par des coïncidences frappantes qui,
dans quelque cas isolé, auront été suivies d'une bonne
fortune singulière ou d'une singulière calamité, est une
des grandes sources des religions sauvages.

Aujourd'hui encore les joueurs se trouvent, relativement à la part que le hasard a dans leurs jeux, à peu près
dans la même disposition que les sauvages par rapport
aux événements importants de leur vie entière. Nous savons fort bien combien ils sont tous superstitieux. Des
joueurs de whist, fort sensés d'ailleurs, croient jusqu'à un
certain point — ce n'est pas, bien entendu, une conviction
arrêtée, mais une impression à laquelle ils ne peuvent se
dérober, — qu'un deux de couleur noire porte bonheur.
On les entendra aussi gronder et murmurer quelque malédiction énergique s'ils tournent comme atout le quatre
de carreau, parce qu'il porte malheur et que c'est, comme
ils disent, « la colonne de lit du diable ». Assurément les
joueurs d'un âge mûr ont trop de connaissances géné--

rales, trop de sens commun acquis, pour garder longtemps et sérieusement de pareilles idées ; ils sont honteux
de les avoir, et cependant ils ne peuvent s'en défaire
entièrement. Mais les enfants qui jouent — il y a nombre
de petits enfants qui jouent à la mouche — sont tout-à-fait
dans la même situation que les sauvages ; car leur imagination est encore sensible à ces impressions. Ils n'ont
pas encore été soumis complétement à l'expérience du
monde réel, qui réfute tant d'idées fausses. Ces enfants
ont de véritables idolâtries : du moins je me rappelle (il
y a de cela un certain nombre d'années) qu'une société
d'enfants habitués à jouer à la mouche et dont je faisais
partie, avait une confiance considérable, une véritable
foi dans certaine « jolie fiche », qui était un peu plus
grande et mieux travaillée que les autres fiches dont nous
nous servions. Nous étions tout-à-fait convaincus qu'elle
avait le pouvoir de porter bonheur ; et nous le prouvions
bien, car nous nous battions pour l'avoir (si toutefois nos
aînés n'étaient pas de la partie). Nous offrions de l'acheter à son heureux possesseur au prix d'un grand nombre
d'autres fiches, et je me rappelle fort bien avoir jeté souvent les hauts cris lorsque les chances du jeu me l'enlevaient. Les personnes qui défendent la dignité de la philosophie, s'il en existe encore, diront que je n'aurais pas
dû mentionner un fait aussi vulgaire ; mais l'esprit plus
modeste de la science moderne nous enseigne, entre autres choses, l'importance considérable des petits faits ac-
cidentels. Je n'hésite pas à dire que beaucoup d'explications savantes et laborieuses du *totem*, de la divinité du
clan, oiseau ou bête qui, d'une façon surnaturelle, veille

sur le clan et le protége, ne me semblent pas approcher de la réalité encore vivante et puissante chez les races inférieures, autant que la « jolie fiche » de ma première enfance. Et c'est tout naturel : un grave philosophe est séparé de la pensée des hommes primitifs par toute l'étendue de la culture humaine ; mais un enfant à l'esprit impressionnable est aussi près que possible de cette pensée par la nature même des siennes.

Ce qu'il y a de pire dans ces superstitions c'est qu'elles sont faciles à établir et difficiles à détruire. Un seul cas où la chance aura été favorable a fait la fortune de bien des charmes et de bien des idoles. Je ne sais même s'il est nécessaire que la chance ait été favorable une seule fois. Je suis sûr que si un enfant plus grand que les autres disait que la « jolie fiche » porte bonheur, tous les plus petits le croiraient, et qu'en une semaine elle serait regardée comme une idode. Or je suppose que le Nestor d'une tribu sauvage, l'antique dépositaire de l'expérience, leur oracle, aurait, pour créer des superstitions, un semblable pouvoir. Mais une fois créées, elles sont bien difficiles à déraciner. Si quelqu'un disait qu'une amulette possède une efficacité infaillible, qu'elle agit chaque fois qu'elle est employée, il serait assurément facile de prouver le contraire. Mais personne n'avait jamais dit que la « jolie fiche » portât toujours bonheur ; on disait seulement qu'elle le faisait d'ordinaire, et qu'on avait plus de chances d'être heureux en l'ayant qu'en ne l'ayant pas. Or pour réfuter complètement une croyance de ce genre, il faut une longue statistique des résultats du jeu ; lorsque les gens sont en état de faire cet usage de la statistique, ils sont au-dessus de ces superstitions et n'ont plus besoin de les voir réfutées. D'ailleurs, dans beaucoup de cas où les présages et les amulettes sont employés, il serait difficile de faire des tables de ce genre, car on manquerait de données ; et si l'on essaye imprudemment de vaincre la superstition par quelque exemple frappant, peut-être bien ne fera-t-on que la confirmer. Francis Newman, dans le remarquable récit de ses missions en Asie, nous en donne un exemple curieux. Comme il partait pour une expédition qui devait être longue et assez périlleuse, ses serviteurs indigènes attachèrent au cou de la mule un sachet auquel ils attribuaient une vertu mystérieuse pour écarter le danger. Comme la population d'une ville entière assistait au départ, M. Newman crut devoir saisir l'occasion de réfuter cette superstition. Il fit donc, dans son meilleur arabe, un long discours pour expliquer son intention, puis coupa le sachet, à la grande horreur de tous ceux qui l'entouraient. Mais, par malheur, la mule n'avait pas parcouru trente yards dans la rue, qu'elle mit un de ses pieds dans un trou et se cassa la jambe ; sur quoi tous les indigènes furent confirmés plus que jamais dans la foi qu'ils avaient au pouvoir du sachet, et dirent : « Vous voyez maintenant ce qui arrive aux incrédules. »

Mais ce qui nous intéresse en ce moment dans ces superstitions, c'est leur impuissance au point de vue militaire. Une nation qui obéissait ces superstitions relatives aux bons présages devait être à la merci d'une nation, son égale sous d'autres rapports, qui n'y était pas sujette. Dans les temps historiques nous savons que la terreur panique causée par des éclipses a perdu des armées : elle leur a fait différer des mesures nécessaires, ou bien hâter des mesures funestes. La nécessité de consulter les auspices, tant qu'on y crut sincèrement et qu'on n'en fit pas une ruse pour déguiser des plans arrêtés d'avance, était, dans l'histoire classique, fort dangereuse. Elle l'est bien davantage chez les sauvages dont la vie dépend tout entière des présages, qui sont à chaque instant obligés de consulter leurs sorciers, à qui un accident fortuit peut inspirer telle ou telle résolution, et qui, lors même que leur intelligence est capable d'adopter une politique militaire suivie — certains sauvages voient dans la guerre plus loin que dans tout le reste, — sont sujets cependant à être troublés, dérangés, détournés de l'exécution de leurs plans parce que quelque événement, complètement inoffensif s'il n'agissait sur leurs esprits superstitieux, les arrête et les épouvante. Une religion pleine de présages est un malheur militaire qui causera la déstruction d'une nation, si elle entre en lutte avec une nation qui l'égale sur les autres points, et dont la religion ne connaît pas les augures. Il est donc clair que si tous les hommes également, ou si seulement le plus grand nombre des hommes primitifs avaient eu une religion sans augures, bien peu de religions dans le monde, et même aucune religion ne se serait établie avec des augures : l'immense majorité possédant des avantages militaires supérieurs, la faible minorité qui ne les possédait pas aurait été écrasée et détruite. Mais au contraire, dans le monde entier, des religions à augures existaient autrefois ; dans bien des contrées elles existent encore ; tous

les sauvages en ont de ce genre, et nous en trouvons les
traces les plus visibles profondément empreintes dans les
plus anciennes civilisations. Il est donc incontestable que
la religion pré-historique ressemblait à celle des sauvages, en ce qu'elle reposait en grande partie comme
celle-ci sur l'observation des augures, sur l'adoration
de bêtes et de choses qui portaient bonheur et qui étaient
en quelque sorte des augures incarnés et permanents.

Sans doute on peut faire ici une objection analogue à
celle qui a été faite au sujet de la certitude de l'imper-
fection morale des hommes pré-historiques ; on peut dire
que si cette religion d'augures était si pernicieuse et si
propre à perdre une race, aucune race ne l'aurait jamais
acquise. Mais elle ne peut perdre qu'une race en lutte
avec une autre race égale d'ailleurs. La découverte imaginaire des présages, chose qui n'était nullement extra-
vagante dans une époque primitive, ainsi que j'ai essayé
de le montrer, et qui alors n'était pas plus déraisonnable
que la découverte des herbes et des sources médicales
que les hommes primitifs connurent aussi, la découverte,
dis-je, des présages fut jusqu'à un certain point un acte
de raison. Si la race qui découvrit les présages était
supérieure en raison aux races avec qui elle se trouvait
en lutte, cette race devait vaincre : Or, nous pouvons
conjecturer que cette race à augures possédait ce genre
de supériorité, puisqu'elle fut victorieuse et l'emporta
sous toutes les latitudes, dans toutes les zones.

Dans tous les détails nous maintenons donc notre for-
mule, et nous disons que l'homme pré-historique était
au fond un sauvage comme ceux d'à présent, par la mo-

ralité, par les connaissances acquises, par la religion ; mais qu'il différait de nos sauvages actuels en ce qu'il n'avait pas eu le temps d'imprégner aussi profondément sa nature de mauvaises habitudes, de graver d'une façon aussi inaltérable dans son esprit des croyances mauvaises. Ceux d'à présent ont eu une longue suite de siècles pour rendre l'empreinte indélébile ; l'homme primitif était plus jeune et n'avait pas tant d'années derrière lui.

Les arguments par lesquels je me suis efforcé d'établir cette conclusion peuvent paraître superflus et d'une longueur rebutante ; mais elle est si importante que cela était nécessaire. Si nous l'acceptons, si nous la tenons pour certaine, elle nous conduira à une foule de conclusions de la plus grande importance. J'en ai déjà indiqué quelques-unes dans les livres précédents ; mais je veux les exposer de nouveau.

Premièrement, nous pouvons maintenant nous expliquer à quoi le monde s'occupait, si je puis employer ce terme, avant l'histoire. Il s'occupait d'établir, pour ainsi dire, la *consistance* intellectuelle, les habitudes continues et cohérentes, la préférence des jouissances uniformes aux jouissances violentes, la faculté durable de préférer, au besoin, l'avenir au présent, les conditions préalables sans lesquelles la civilisation ne pouvait commencer à exister, et sans lesquelles, eût-elle commencé, elle aurait bientôt cessé d'exister. L'homme primitif n'avait pas plus que le sauvage actuel ces qualités préalables et nécessaires ; mais il différait du sauvage en ce qu'il était capable de les acquérir, d'y être dressé ; car sa nature était encore tendre et flexible, et peut-être, quelque étrange que cela

puisse paraître, les circonstances extérieures lui étaient-
elles plus favorables qu'elles ne le sont aux sauvages
actuels pour atteindre à la civilisation. Enfin, les temps
pré-historiques furent employés à rendre l'homme capable d'écrire une histoire, d'avoir quelque chose à y
mettre quand elle serait écrite, et nous pouvons voir
comment cela se fit.

Il est vrai qu'il y a deux opérations préliminaires qui
semblent défier nos investigations. Il y eut d'abord je
ne sais quelle opération mystérieuse par laquelle se for-
mèrent les grandes races d'hommes : elles commencèrent à exister à des époques très-reculées, et depuis lors
il ne s'en est point formé de nouvelles, si ce n'est par le
croisement des anciennes. Cette force inconnue agit avec
une énergie extraordinaire aux époques primitives et demeura singulièrement inactive dans les époques récentes.
Des différences comme celles qui existent entre l'Aryen,
le Touranien, le Nègre, le Peau-Rouge et l'Australien dépassent absolument toutes celles que les causes actuellement agissantes pourraient produire entre les hommes,
du moins les causes dont nous pourrions expliquer l'action. Il y a donc de fortes présomptions, et de grandes
autorités soutiennent aujourd'hui, que ces différences furent produites avant que la nature de l'homme, et surtout avant que l'esprit de l'homme et sa faculté de s'adapter aux milieux eussent pris leur constitution actuelle. Il
semble aussi, c'est du moins mon avis, que si la doctrine
de l'évolution est vraie, l'homme a hérité de quelque état
ou de quelque condition précédente une seconde condition antérieure à la civilisation. Il me paraît difficile de

concevoir que des hommes, du moins des hommes comme
ceux d'à présent, aient existé sans rien avoir qui ressem-
blât à des familles, c'est-à-dire sans groupes unis par un
lien reconnu du moins du côté de la mère, et probablement aussi par quelques liens plus ou moins marqués du
côté du père, et sans que ces groupes aient vécu en société, comme le font beaucoup d'espèces animales, sous
un chef plus ou moins fixe. Il est presque impossible d'i-
maginer comment l'homme, tel du moins que nous le
connaissons, aurait pu faire ce pas dans la route de la
civilisation. C'est un grand avantage, pour ne rien dire
de plus, de la théorie de l'évolution, qu'elle nous permet
de reporter cette difficulté à une période de la nature
plus ancienne encore, où peut-être agissaient d'autres
instincts, d'autres forces que celles qui agissent actuellement, période où notre imagination même ne remonte
qu'avec peine. En tout cas, je puis pour le moment supposer que ces deux pas du progrès de l'humanité sont
faits et ces deux conditions réalisées.

Une fois ces deux points accordés, le reste s'explique
plus aisément. La première chose est l'établissement d'un
pouvoir qui produit les usages, c'est-à-dire d'une autorité capable d'imposer une règle de vie fixe, et qui, grâce
à cette règle fixe, peut, jusqu'à un certain degré, créer
un avenir accessible qu'il est possible de prévoir, de sorte
qu'il devient raisonnable de sacrifier le plaisir du moment, plaisir violent mais passager, au plaisir à venir
qui promet d'être plus durable ; cette règle nous assure
en effet ce qui serait très-douteux sans elle : à savoir que,
si l'on sacrifie le plaisir qu'on a sous la main, on recevra

la récompense attendue et qu'on en pourra jouir. Sans
doute je n'affirme pas que nous trouvions dans la société
primitive aucune autorité agissant en vertu de ces motifs. Il faut franchir bien des siècles après l'apparition de
l'homme (à moins que nous ne nous abusions complètement), avant qu'on ait pu comprendre de tels motifs. Je
veux dire seulement que la première chose nécessaire
dans la société primitive était une autorité dont l'action
devait avoir de tels résultats, bien qu'elle ignorât d'ailleurs ce qu'elle faisait, bien qu'elle s'en fût fort peu sou-
ciée, si elle l'avait su.

L'objet que se proposaient les premières sociétés n'é-
tait pas du tout, ou du moins n'était guère la protection
de la vie et de la propriété, ainsi que l'affirmait la théorie de gouvernement admis par le dix-huitième siècle.
Même aux premiers âges historiques, dans la jeunesse
de l'humanité et non plus dans son enfance, telle n'est
pas la nature des États. Sir Henry Maine nous a enseigné
que l'objet le plus ancien de la jurisprudence n'est pas
la propriété isolée de l'individu, mais la propriété commune du groupe familial. Ce que nous appelons la propriété privée existait à peine alors ; ou du moins, si elle
existait, elle n'avait aucune importance : elle ressemblait
à ces objets que l'on permet à présent aux enfants de regarder comme leur propriété, qu'ils ne peuvent se voir
enlever sans y être très-sensibles, mais qu'ils gardent et
retiennent sans aucun droit sérieux. Telle est la loi de
propriété dans les temps les plus anciens. Quant aux lois
sur la vie, elles voulaient que la vie de tous les membres
du groupe familial fût à la merci du chef de ce groupe.

L'individu, en tant qu'individu, n'était protégé ni dans ses biens ni dans son existence. Cela nous apprend que, dans les sociétés primitives, on avait des besoins auxquels ne songent même plus nos sociétés actuelles.

Je ne crois rien exagérer en disant qu'un des objets les plus importants, sinon le plus important de tous pour les législations primitives était, d'imposer la pratique des rites qui portaient bonheur. Je ne dis pas les rites religieux, ce qui m'entraînerait dans une longue discussion sur la puissance ou même sur l'existence des religions primitives. Mais il n'y a pas de nation sauvage qui n'ait la notion d'une fortune favorable, et peut-être n'en est-il guère qui n'aient une conception de la chance pour la tribu en tant que tribu. Chaque membre de la tribu croit que ses propres actions ou celles d'un autre membre, quel qu'il soit, lorsqu'elles sont de nature à porter malheur, peuvent causer du préjudice, non-seulement à celui qui commet l'action, mais à la tribu tout entière. J'ai déjà parlé si souvent de cette idée de chance et de ce qu'elle a de naturel que je ne devrais plus rien en dire. Pourtant je dois ajouter que cette idée possède un caractère singulièrement contagieux. Elle ne reste nullement attachée, comme l'idée de mérite et de démérite, à la personne qui agit. Aujourd'hui encore il y a des gens qui ne permettraient pas qu'on fût treize à table chez eux. Ce n'est pas qu'ils s'attendent à éprouver un dommage personnel s'ils le permettaient ou s'ils faisaient partie de cette société de treize personnes; mais ils ne peuvent se débarrasser de cette idée qu'une ou plusieurs des personnes qui composent la réunion éprouveront dans ce cas quelque malheur. C'est ce que M. Tylor appelle des restes de barbarie qui se perpétuent dans une époque cultivée. Cette faible croyance dans la responsabilité commune de ces treize personnes est un léger reste, une trace prête à s'effacer, de ce grand principe de responsabilité commune relativement à la bonne ou à la mauvaise fortune, qui a tenu dans le monde une place énorme.

Les traces en sont innombrables. Vous ne sauriez, pour ainsi dire, ouvrir un livre de voyage dans des contrées barbares, sans y lire quelque chose comme ceci : « Je voulais faire telle et telle chose ; mais cela me fut impossible, parce que les indigènes craignaient que cela ne portât malheur à notre troupe, ou peut-être même à la tribu. » M. Galton, par exemple, avait beaucoup de peine à nourrir son monde. Les Damaras, dit-il, ont, au sujet de la viande, une foule de superstitions extrêmement gênantes. D'abord il est interdit à chaque tribu, et même à chaque famille, de manger des animaux d'une certaine couleur : les sauvages qui « descendent du soleil » ne veulent point de moutons tachetés d'une certaine façon, que ceux qui « descendent de la pluie » mangent sans difficulté. « Comme il y a, dit-il, cinq ou six « eandas » ou races différentes, et que la plupart avaient des représentants parmi les hommes qui me suivaient, je ne pouvais presque jamais tuer une brebis dont tout le monde voulût manger. » D'un autre côté il ne pouvait garder sa viande ; car une autre superstition ordonnait de l'abandonner, ni acheter du lait, qui fait le fond de la nourriture de ce pays, parce qu'une autre superstition ne le permettait pas. Cela n'avait pas de fin. Faire quel-

que chose qui portait malheur, c'était, dans leur imagination, s'exposer comme on s'expose en réalité en mettant
sur soi quelque chose qui attire le fluide électrique. Vous
ne savez jamais s'il n'en résultera pas quelque malheur, non-seulement pour la personne en faute, mais
aussi pour celles qui l'entourent. L'auteur de l'acte ne
peut dire quelles en seront les conséquences, ni qui
elles atteindront, ni comment elles peuvent être préve-
nues.

Dans les nations historiques d'une antiquité reculée,
je n'ai pas besoin de dire que cette solidarité de tous
ceux qui composent l'état est, pour celui qui les étudie
de notre temps, leur trait le plus curieux. Assurément la
foi s'élève déjà bien au-dessus de la notion de bonne ou
de mauvaise fortune; car on croit déjà d'une façon déterminée à des dieux ou à un Dieu que l'acte offense;
mais le caractère aveugle de la punition subsiste encore :
ce n'est pas seulement le mutilateur des Hermès, mais
bien tous les Athéniens; ce n'est pas seulement celui qui
viole les rites de la Bonne déesse, ce sont tous les Romains
qui tombent sous le coup de la malédiction et sur qui re-
tombe le sacrilége; et il en est de même dans toute l'histoire ancienne.

La puissance de l'anxiété générale ainsi causée est
connue de tout le monde. Non-seulement elle était plus
grande que toutes les inquiétudes relatives à la propriété
personnelle; mais elle était hors de toute proportion avec
les inquiétudes de ce genre. Et il était naturel, on peut
même dire raisonnable, qu'elle fût plus grande. La terreur qu'inspirent les forces de la nature ou les êtres qui

gouvernent ces forces dépasse autant — la raison même le
veut ainsi — les autres terreurs, que la puissance de ces
forces naturelles est supérieure à toutes les autres puissances. Si une tribu ou une nation en est venue, par une
crédulité contagieuse, à se figurer qu'une certaine action,
quel que soit le nombre de ceux qui la commettent, est
de sinistre augure, qu'elle fait peser sur tous une terrible et immense responsabilité, alors cette nation ou
cette tribu cherchera par-dessus tout à prévenir cette
action. On traitera le chef le plus aimé, ne l'eût-il com-
mise que par hasard, comme les matelots traitèrent
Jonas dans une circonstance semblable.

Assurément je ne prétends pas que cette situation d'esprit, qui nous semble si étrange, ait été la seule source
des coutumes primitives. Au contraire, on pourrait définir l'homme un animal coutumier, et cette définition
serait plus exacte qu'une foule d'autres aussi courtes. De
quelque manière qu'un homme ait fait une chose pour
la première fois, il a une grande tendance à la refaire ;
s'il l'a faite plusieurs fois, il a une grande tendance à la
faire de telle façon ; et qui plus est, il a une grande tendance à la faire faire même par les autres. Il transmet
à ses enfants, par son exemple et ses leçons, les coutumes
qu'il s'est faites. Cela est vrai actuellement de la race
humaine et sera sans doute toujours vrai. Mais ce qu'il
y a de particulier dans les sociétés primitives, c'est que
la plupart de ces coutumes reçoivent tôt ou tard une
sanction surnaturelle. La communauté tout entière est
dominée par cette idée, que si les usages antiques de la
tribu sont violés, des malheurs incalculables fondront

sur elle d'une manière qu'on ne peut prévoir, et sans qu'on puisse imaginer d'où ils viendront. De même que l'on croit aujourd'hui, que « le meurtre se découvrira, » et que tout grand crime sera puni même sur la terre, on croyait dans les premiers âges que toute infraction faite à des coutumes sacrées devait être expiée. Aujourd'hui même des races à demi civilisées ont beaucoup de peine à regarder une mesure quelconque comme obligatoire et définitive tant qu'elles ne peuvent pas en même temps la regarder comme un usage héréditaire. Sir H. Maine, dans son dernier ouvrage, nous cite dans ce sens un exemple fort curieux. Le gouvernement anglais de l'Inde a exécuté, dans bien des circonstances, de grands travaux d'irrigation tout-à-fait nouveaux et auxquels les anciens gouvernements de l'Inde n'avaient jamais songé ; il a laissé en général à la communauté du village indigène le soin d'assigner à chaque individu sa part dans cette distribution d'eau ; les autorités des villages ont en conséquence établi à ce sujet une foule de règles très-précises. Mais ce qu'il y a de curieux, c'est que jamais ces règles « ne sont émanées de l'autorité personnelle de celui ou de ceux qui les ont établis : jamais elles ne prétendent être inspirées par un sentiment d'équité. Il y a toujours, m'assure-t-on, une sorte de fiction par laquelle « on suppose que des coutumes relatives à la répartition des eaux remontent à une antiquité reculée, quoiqu'en réalité on n'eût même jamais songé, jusqu'à présent, à fournir l'eau par de semblables moyens : » tant cette race ancienne — et il en était de même probablement pour la plupart des races de l'ancien monde — a de peine à s'ima-

-giner qu'une règle puisse être obligatoire sans être traditionnelle.

La formation rapide de ces groupes qui créaient des
coutumes dans la société primitive dut être puissamment
secondée par la facilité avec laquelle cette société se di-
visait. La plus grande partie du monde, et par exemple
l'Europe, était alors couverte par la forêt primitive ; les
hommes n'avaient conquis et ne pouvaient encore conquérir que quelques morceaux, quelques coins de terre.
Ces espaces resserrés étaient bientôt épuisés, et si la population augmentait, il fallait qu'une partie des générations nouvelles se déplaçât. Aussi les migrations étaient
continuelles et nécessaires. Ces migrations ne ressemblaient pas à celles des temps modernes. Il n'y avait aucun sentiment comme celui qui attache à la vieille patrie
ceux mêmes d'entre les Américains qui haïssent, ou qui
parlent comme s'ils haïssaient l'Angleterre politique
d'aujourd'hui. Il n'y avait alors aucun moyen régulier de
communication, je dirai même aucune communication
pratique entre les membres une fois séparés d'un même
groupe : dès que l'on quittait la société mère on la quittait
pour toujours ; ceux qui partaient ne laissaient aucun
souvenir durable et ne gardaient aucun attachement durable. Le langage même de la tribu mère devait, au bout
d'une ou deux générations, différer de celui de la tribu
qui en était issue. Comme il n'y avait point de littérature
écrite, pas de communications verbales, la langue de
chacune d'elles devait se transformer (la langue des communautés de ce genre est dans un état perpétuel de transformation), et cela en suivant des directions différentes.

L'une des tribus était soumise à une série de causes,
d'événements, de rapports, l'autre à une autre. Des différences importantes se produisaient bientôt ; et quand
il s'agit de parler, ce que les philologues appellent une
différence de dialecte équivaut souvent à une différence
d'idiome réelle et complète : tout échange suivi de pensée devient impossible. Les groupes séparés « fondent
bientôt une maison » ; les sociétés nouvelles commencent
une nouvelle série de coutumes, acquièrent et gardent
des auspices distincts et spéciaux.

Sans cette facilité de formations nouvelles, une coutume unique, bonne ou mauvaise, aurait depuis long--
temps envahi le monde ; mais elles auraient encore été
insuffisantes sans ces guerres continuelles, dont j'ai déjà
parlé si longuement plus haut dans le livre sur « l'Utilité de
la Lutte » que je n'ai plus besoin d'en rien dire à présent.

Ces guerres, en brisant sans cesse les types anciens,
et en introduisant sans cesse dans les races de nouveaux
éléments, ont réellement régénéré la société. Que l'on
ait tort ou raison dans cette répugnance générale qu'on a
pour les races mêlées et pour les métis, il est probable
qu'aucun soupçon analogue n'était applicable aux croisements dans la société primitive. Supposons, comme
cela est vraisemblable, que chaque grande race primitive occupât dans le monde une région particulière, correspondant par exemple à ces régions qui se remarquent
dans la distribution des plantes et des animaux, alors
l'immense majorité des croisements se serait opérée entre des tribus différentes sans doute, mais de même origine ; et ce sont là des croisements qui ne soulèveraient

aucune objection, que tout le monde au contraire ap-
prouverait.

Généralement aussi les vainqueurs devaient valoir
mieux que les vaincus, puisque la plupart des mérites,
dans les sociétés primitives, sont plus ou moins des mérites militaires ; mais ils ne devaient pas leur être de
beaucoup supérieurs. En effet les premiers degrés de la
civilisation sont très-difficiles à gravir ; les hommes n'y
parviennent que par un effort long et pénible. Or cela
n'en valait sans doute que mieux pour que les vainqueurs
pussent civiliser les vaincus d'une manière prompte et
efficace. Si l'expérience des Anglais de l'Inde prouve
quelque chose, c'est qu'une race très-avancée dans la civilisation peut ne pas exercer promptement une excellente influence sur une race moins civilisée, parce qu'elle
en est trop différente et qu'elle a trop de supériorité.
Les deux races ne sont pas en rapport l'une avec l'autre ;
les mérites de l'une ne sont pas ceux que l'autre estime ;
la langue des habitudes n'est pas la même chez l'une et
chez l'autre. L'être le plus élevé n'est pas et ne peut pas
être un modèle pour l'être inférieur ; il ne pourrait d'ailleurs se modeler sur lui s'il le voulait, et ne le voudrait
pas s'il le pouvait. Aussi les deux races ont longtemps
vécu ensemble très-rapprochées et cependant très-éloignées, se voyant l'une et l'autre chaque jour et chaque
jour échangeant des pensées superficielles, mais séparées, dans les profondeurs de leur être moral et intellectuel, par une ère tout entière de civilisation, et ainsi
n'exerçant l'une sur l'autre qu'une influence bien faible
en comparaison de ce qu'on aurait pu espérer. Mais dans

les sociétés primitives il n'y avait pas de différences si marquées, et le vainqueur, dont la supériorité était faible, devait améliorer aisément le vaincu qui ne lui était guère inférieur.

C'est dans l'intérieur de ces groupes unis par les usages que se forment les caractères nationaux. Comme j'ai déjà écrit toute une étude sur ce sujet, je n'en puis parler à présent. En proscrivant pendant des générations les membres réfractaires, en encourageant et en récompensant les membres dociles, on a rendu les premiers de plus en plus rares, les seconds de plus en plus nombreux. La plupart des hommes copient surtout ce qu'ils voient, prennent le ton de ce qu'ils entendent, et ainsi se forme un type fixe, un caractère persistant. Cet effet ne se produit pas seulement dans la sphère morale et intellectuelle. Je ne puis admettre, quoi qu'en disent les plus grandes autorités, qu'aucune sélection inconsciente n'ait agi dans la formation de la race humaine. S'il n'y a eu ni sélection de ce genre ni sélection voulue, comment se sont produites ces races si nombreuses, auxquelles nous donnons le nom de nations? Dans les sociétés où l'usage règne tyranniquement, les esprits qui sont en désaccord avec lui sont d'abord domptés, puis deviennent mélancoliques, puis malades; puis enfin ils meurent. Un Shelley n'aurait guère pu vivre dans la Nouvelle Angleterre, et une race de Shelley y serait impossible. M. Galton voudrait que l'on créât des races en unissant des hommes ayant certains caractères prononcés avec des femmes pourvues des mêmes caractères. Mais certainement c'est ce que la nature a fait de temps

immémorial et surtout dans les nations les plus rudes et
dans les temps les plus durs. A chaque génération la nature a découragé dans chaque groupe les individus qui
n'étaient pas en harmonie avec les usages régnants, leur
a ainsi ôté la possession complète de leur vigueur, et,
s'ils étaient faibles, les a tués. Le caractère spartiate se
forma parce que ceux-là seulement dont l'âme était d'une
trempe spartiate pouvaient résister à l'existence spartiate. Le caractère des anciens Romains se forma de la
même façon. Peut-être tous les caractères nationaux bien
marqués remontent-ils à une époque de discipline rigide et universelle. Dans les temps modernes où la société est plus tolérante, les nouveaux caractères nationaux ne sont ni si forts, ni si accusés, ni si uniformes.

C'est cette œuvre qui occupe la société dans les temps
pré-historiques. Qu'elle ait été ainsi occupée pendant des
siècles, c'est ce qui ne contredit pas notre principe général relativement aux sauvages, et ce qui s'explique
même par ce principe. Quelque étrange que soit cette
conclusion, quelque incroyable qu'elle puisse paraître,
l'expérience nous a enseigné à croire des choses aussi
étranges.

En second lieu, ce principe et cette conception des
temps historiques nous expliquent la signification et l'o-
rigine de la plus ancienne et de la plus étrange des anomalies sociales, anomalie qui est une des premières choses
que l'histoire nous apprenne, l'existence des nations à
castes. Rien d'aussi étrange, au premier abord, que l'aspect de ces communautés où plusieurs nations semblent
liées l'une à l'autre, où chacune est gouvernée par ses

propres lois, où nulle d'entre elles ne fait attention aux lois qui gouvernent les autres. Mais si nos principes sont vrais, ce sont justement ces nations-là qui ont le plus de chances pour durer ; car elles devaient avoir dans les premiers temps des avantages tout particuliers, et devaient non seulement se perpétuer elles-mêmes, mais aussi vaincre et tuer les autres. Le besoin caractéristique de la société primitive, c'est, nous l'avons vu, la rigueur de l'usage, ce sont des coutumes qui s'imposent et qui donnent l'unité. Mais le résultat visible de ces coutumes, leur inconvénient inévitable est la monotonie ; puisque personne, dans ces sociétés, ne peut différer beaucoup de ses voisins ou ne peut cultiver les différences qui l'en séparent.

De telles sociétés sont nécessairement faibles à cause du manque de variété de leurs éléments. Mais une nation à castes est variée et composite ; elle obtient, d'une manière praticable pour les sociétés primitives, la coopération constante de personnes aux caractères opposés, coopération qui, dans les époques subséquentes, est un des plus grands triomphes de la civilisation. Dans une époque primitive la division entre la caste des guerriers et celle des prêtres est particulièrement avantageuse. Quelque peu populaires que soient aujourd'hui les hiérarchies sacerdotales, et quelque peu dignes qu'elles soient de popularité, c'est cependant dans leur sein, selon toute probabilité, que la science commença et se transmit pendant des siècles. A cette époque une classe vouée aux travaux de l'intelligence ne pouvait exister qu'à la condition d'être protégée par la croyance que quiconque offenserait un de ses membres serait certainement puni par le ciel. Dans cette classe à part, les découvertes se faisaient lentement, et certains progrès de discipline intellectuelle s'opéraient avec la même lenteur. Mais une communauté de ce genre est nécessairement impropre à la guerre, et la superstition qui empêche les prêtres d'être mis à mort par leurs compatriotes ne leur sera d'aucun secours dans une lutte avec l'étranger. Il y a peu de nations qui craignent de tuer les prêtres de leurs ennemis, et beaucoup de civilisations sacerdotales ont péri, sans laisser de traces d'elles-mêmes, avant d'avoir bien commencé. Mais une civilisation de ce genre ne périra pas si une caste de guerriers la double et si elle est tenue de la défendre. Au contraire, une telle civilisation aura beaucoup de chances pour vivre. La tête du sage dirigera le bras du soldat.

Qu'une nation divisée en castes ne puisse que difficilement s'établir, cela n'est pas douteux. Probablement une semblable nation ne pouvait naître que dans des pays conquis plusieurs fois, où les limites de chaque caste coïncidaient à peu près avec les limites de certains groupes de vainqueurs et de vaincus. Mais, ainsi que nous le voyons à présent, une fois fondée, elle avait des chances pour se perpétuer. Une communauté bigarrée, formée de tribus diverses ayant des usages divers, a d'abord plus de chances de se tirer d'affaire et de se défendre qu'une nation qui remonte à une souche unique et qui n'obéit qu'à une règle uniforme. Je dis « d'abord », parce que je pense qu'en ce cas, comme dans beaucoup d'autres que nous offre cette histoire si embarrassante du progrès, les institutions mêmes qui aident le plus à faire le premier pas sont précisément celles qui gênent le plus pour faire le second. L'ensemble d'une nation à castes est plus varié que l'ensemble d'une nation sans castes; mais chaque caste en elle-même est plus embarrassante que ne l'est ou ne peut l'être une fraction quelconque d'une nation sans castes. Insensiblement une certaine façon d'agir, un certain type d'esprit s'impose à chaque caste, et il lui est très-difficile de s'en débarrasser, car tous ceux qu'elle admet sont élevés de la même façon et dressés aux mêmes occupations. Plusieurs nations sans castes ont poursuivi leurs progrès. Mais toutes les nations à castes se sont arrêtées de bonne heure, bien que quelques-unes d'entre elles aient duré longtemps. Dans la mosaïque de ces sociétés si singulièrement composées, chaque couleur a une nuance invariable et indélébile.

En troisième lieu nous voyons pourquoi si peu de nations ont fait des progrès rapides, et comment un si grand nombre sont devenues stationnaires. C'est dans ce travail même qui faisait d'elles des nations qu'elles se sont soumises à l'influence qui les a rendues stationnaires. Elles ne pouvaient devenir de véritables nations qu'en s'enchaînant par une loi et des usages fixes; et c'est la fixité de cette loi et de ces usages qui les a retenues dans l'état où depuis lors elles sont toujours restées. J'ai déjà écrit tout un chapitre là-dessus; je n'ai donc plus besoin d'en parler; si j'en ai dit un mot, c'est que c'est là une des conséquence les plus importantes, sinon la plus importante, de cette façon d'envisager la société.

Nous trouvons encore là un moyen d'expliquer un des

faits les plus curieux du monde actuel. « Les manières »,
dit un observateur pénétrant qui a de la vie réelle une
expérience fort étendue, « les manières deviennent régulièrement de plus en plus mauvaises à mesure que vous
vous avancez de l'Est à l'Ouest ; elles sont excellentes en
Asie, moins bonnes en Europe, et déplorables dans les
états occidentaux de l'Amérique. » La raison de ce fait
est que des manières imposantes sont un usage revêtu
de dignité, qui tend à se conserver lui-même ainsi que
tous les autres usages qui existent avec lui. Elles tendent
à amener les hommes à l'obéissance. Un des romanciers
les plus ingénieux de notre temps explique quelque part,
dans une dissertation curieuse, pourquoi, dans une réunion de chasse, comme toutes les fois que des hommes
sont réunis, il y en a « qui font la leçon et d'autres qui
la reçoivent, » et pourquoi, dans chaque circonstance, la
société reconnaît cette domination et cette subordination,
comme si elles étaient justifiées. « Ce n'est pas du tout,
— ainsi s'exprime M. Trollope, — la capacité réelle qui
donne la suprématie ; très-souvent le personnage mal-
traité en sait tout autant que celui qui le maltraite. Ce
n'est pas non plus la richesse qui décide de tout : bien
qu'une grande fortune vous protége, vous mette presque
toujours à l'abri des avanies, et vous assure toujours un
respect passif, cependant, dans un groupe d'hommes de
positions diverses, elle ne suffit pas à vous mettre en état
de faire en effet la leçon aux autres. De même, ajoute le
romancier, dans les écoles, les enfants laissent quelques-
uns d'entre eux exercer la domination et font de quelques
autres leurs esclaves. » Il conclut, — sans se tromper, à

ce qu'il me semble, — que cela tient à quelque chose qu'il y a dans la mine, dans l'allure de l'enfant ou de l'homme qui exerce cette domination. Sous ce rapport, des manières imposantes sont, dans les sociétés primitives, d'une importance essentielle ; ce n'est pas seulement alors une manière accessoire d'obtenir le respect ; c'est le moyen le plus efficace. Les institutions qui luttent les unes contre les autres et qui, aujourd'hui, ont en grande partie remplacé ce genre d'influence, n'existent pas encore. A cette époque reculée il n'y avait encore ni institutions anciennes, ni lois vénérées ; l'ascendant ordinaire de la gravité et de la dignité extérieures était une force de premier ordre pour dominer et calmer les hommes. Maintenant encore il est difficile de trouver un chef sauvage qui ne possède ces avantages ; et presque toujours ils le possèdent au plus haut degré. L'année dernière encore, un chef de Peaux-Rouges vint des prairies visiter le Président Grant, et tout le monde déclara qu'il avait les meilleures manières de Washington. Les ministres semblaient vulgaires auprès de lui, bien qu'ils lui fussent en réalité très-supérieurs, car ce n'était qu'un simple pillard. Mais des manières frappantes et imposantes étaient de tradition dans les sociétés où il avait vécu, parce qu'elles avaient dans ces sociétés une grande valeur : au contraire, il n'y a aucune tradition de ce genre aux États-Unis ; car nulle part on ne pense moins aux bonnes manières, et nulle part elles ne sont aussi peu utiles que parmi les rudes habitants d'une colonie Anglaise. Dans de tels pays la civilisation repose sur des influences toutes différentes.

Les manières étant si utiles et si importantes, les usages et les coutumes, en s'établissant, en assurent le développement. La société Asiatique est pleine de choses de ce genre, peut-être même devrait-on dire qu'elle en est entièrement composée.

« C'est en général, » nous dit Sir John Malcolm, « sur l'attitude et la conduite d'un ambassadeur relativement aux formes et aux cérémonies que les Persans se règlent pour juger le caractère de la nation qu'il représente. J'avais lu cela dans les livres, et tout ce que j'ai vu m'a convaincu que c'est tout à fait vrai. Heureusement l'Eltchy avait résidé dans quelques-unes des principales cours de l'Inde où les usages sont presque les mêmes. Il était donc profondément versé dans cette science importante qu'on nomme « Kâida-e-nishest-oo-berk hâst, » c'est-à-dire l'art de s'asseoir et de se lever, science qui comprend la connaissance des formes et des manières de la bonne société, et particulièrement les usages des souverains Asiatiques et de leurs cours.

« Il connaissait à merveille, dès son arrivée en Perse, les conséquences de chaque pas qu'il faisait sur ce terrain délicat ; et il tenait beaucoup à livrer toutes ses batailles sur les questions d'étiquette avant d'approcher du marchepied du trône. Il nous tourmenta donc, depuis le moment de notre débarquement à Ambusheher jusqu'à notre arrivée à Chiraz, par des leçons qui revenaient presque à chaque heure, afin que notre attitude fût irréprochable en tous lieux et dans toutes les circonstances. Il eut soin de nous enseigner quelle place nous devions prendre lorsque nous suivions à cheval une procession ;

quand nous devions rester assis ou debout dans notre
intérieur ; quand nous devions nous lever de nos siéges;
jusqu'à quelle distance nous devions avancer à la rencontre d'un visiteur ; jusqu'à quel endroit de la tente ou de
la maison nous devions le suivre quand il prenait congé,
si toutefois il était d'un rang assez élevé pour qu'on lui
fît l'honneur de se déranger d'un pas.

« Toutefois ces règles qu'il fallait suivre en se levant,
en restant debout, en marchant, en reprenant son siége,
étaient relativement moins importantes que la manière
dont il fallait à tel ou tel moment fumer nos khaliouns et
prendre notre café. Il est vraiment étonnant de voir combien de choses en Perse dépendent du café et du tabac.
Vous faites une politesse ou une offense, selon la manière
dont vous offrez ces rafraîchissements favoris. Vous sou-
haitez la bienvenue à un visiteur ou vous le renvoyez,
suivant la façon dont vous demandez une pipe ou une
tasse de café. Vous marquez aussi, de la manière la plus
précise, toutes les nuances de l'attention et de la considération, par le traitement qu'il reçoit de vous. Est-il
au-dessus de vous, vous lui présentez les rafraîchissements vous-mêmes, et vous ne prenez les vôtres que
lorsqu'il vous y invite. Avec un égal vous faites un
échange de pipes, et vous lui présentez le café, en prenant vous-même la seconde tasse. S'il est d'un rang un
peu inférieur au vôtre, et que vous vouliez lui témoigner
de l'attention, vous le laissez fumer sa propre pipe; mais
le serviteur lui donne, sur un signe de tête par lequel
vous l'y autorisez, la première tasse de café. Si c'est tout
à fait un inférieur, vous maintenez votre distance et gar-

dez votre rang en prenant vous-même la première tasse
de café, et en faisant alors signe de la main au domestique de servir votre hôte.

« Lorsqu'un visiteur arrive, on fait venir le café et la
pipe pour lui souhaiter la bienvenue ; quand vous en demandez une seconde fois, il voit qu'il peut partir ; mais
cette partie de la cérémonie varie suivant le rang relatif
ou l'intimité des personnages.

« Ce sujet peut paraître frivole à ceux pour qui les pratiques de ce genre sont des usages, non des règles ; mais
dans ce pays il est essentiel de les observer ; car l'importance d'un homme, à ses propres yeux et aux yeux des
autres, en dépend. »

Dans les anciennes sociétés soumises à la coutume, les
manières, dont l'influence est si considérable, avaient été
réduites en règles, afin qu'elles pussent seconder les usages établis et non les contrarier, et surtout qu'elles con-
tribuassent à augmenter l'habitude d'agir d'après la coutume, loin de la combattre et de l'affaiblir. Il fallait, ainsi
que nous l'avons vu, pour imposer à de telles sociétés le
joug de la coutume, faire appel à tous les moyens : or,
l'un des moyens les plus efficaces était de faire servir à
cet effet le pouvoir des manières.

En dernier lieu nous comprenons à présent pourquoi
l'ordre et la civilisation sont si peu stables, même dans
les communautés progressives. Nous voyons fréquemment
dans les états ce que les physiologistes appellent « l'atavisme, » c'est-à-dire un retour partiel des hommes à la
nature instable de leurs ancêtres barbares. On a toujours
dit, des scènes de cruauté et d'horreur comme celles qui

se produisirent dans la grande Révolution Française, et qui se produisent plus ou moins dans toute grande émeute, qu'elles mettent en lumière un côté secret et caché de la nature humaine. Or, nous voyons maintenant que ce sont les explosions de passions héréditaires qui ont été longtemps réprimées par des coutumes fixes, mais qui reparaissent au jour quand une catastrophe brise ce frein et rend tout à coup aux hommes la faculté d'agir librement. L'irritabilité du genre humain ne vient ainsi que de sa civilisation imparfaite et transitoire et de sa sauvagerie originelle. Les hommes, dans leur état préhistorique, ne pouvaient fixer leur pensée pendant une heure sur un but déterminé; maintenant encore, c'est à peine s'ils peuvent le faire, quand ils sont excités et jetés soudainement et complétement hors de leur antique sillon. Même des races très-élevées, comme les Français et les Irlandais, paraissent, dans les temps de troubles, presque incapables de stabilité ; on dirait qu'ils sont emportés dans toutes les directions où les poussent les passions du moment et les idées inspirées par la circonstance. Mais, pour traiter à fond des phénomènes de ce genre, il faut examiner de quelle manière les caractères nationaux peuvent être émancipés du joug de la coutume et préparés à l'usage du libre arbitre.

LIVRE QUATRIÈME

L'AGE DE LA DISCUSSION

De nos jours le plus grand contraste qui nous frappe
est celui qui existe entre l'antique Orient avec ses civilisations fondées sur la coutume, et le jeune Occident avec ses
civilisations changeantes. Il y a un an ou deux, on fit une
enquête auprès des officiers les plus intelligents de notre
armée d'Orient, pour savoir, non pas si le gouvernement
faisait réellement du bien aux Orientaux, mais si les Orientaux eux-mêmes pensaient que nous leur faisions du bien.
Dans la plupart des cas, les officiers, — qui sont, en pareille matière, la meilleure autorité, — répondaient ainsi :
« Assurément les Indiens reçoivent de vous une foule de
bienfaits inestimables ; vous leur donnez une paix continuelle, la liberté du commerce, le droit de vivre à leur
guise en se soumettant aux lois ; sur ces points et sur
d'autres ils sont dans un état beaucoup plus satisfaisant
que jamais : et cependant ils ne peuvent se faire à votre
domination. Ce qui les embarrasse c'est votre disposition
constante à changer ou, comme vous dites, à perfectionner. Comme leur vie est réglée dans tous ses détails par

d'anciens usages, ils ne peuvent comprendre un gouvernement qui introduit toujours quelque nouveauté : ils
n'attribuent pas du tout cette disposition au désir d'assurer leur bien-être et leur bonheur ; ils croient, au
contraire, que vous avez quelque intention qu'ils ne
peuvent comprendre, que vous voulez détruire leur religion ; en un mot, que le but et l'objet de ces changements continuels est de faire des Indiens, non pas ce
qu'ils sont et ce qu'ils veulent être, mais quelque chose
de nouveau, quelque chose qu'ils ne sont pas et ne veulent pas être. » Dans l'Orient, en un mot, nous nous
efforçons de mettre du vin nouveau dans de vieilles bou-
teilles, d'introduire autant que possible une civilisation
dont le progrès est l'âme dans une civilisation dont l'âme
est l'immobilité : réussirons-nous ou échouerons-nous ?
c'est peut-être la question la plus intéressante d'un siècle où les questions politiques importantes sont plus
nombreuses que jamais.

Les recherches historiques nous montrent que ce sentiment des Hindous est le sentiment ancien, et celui des
Anglais le sentiment moderne. « La loi antique, » nous
dit Sir Henry Maine, « repose non sur un contrat, mais
sur un état de choses ancien. » La vie, dans les civilisations antiques, aussi loin que nous reportent les documents juridiques, remonte à un temps où toutes les circonstances importantes de la vie étaient réglées par un
usage à la fois social, politique et religieux ainsi que
nous dirions à présent : ceux qui s'y soumettaient
étaient incapables de l'analyser ainsi ; ces distinctions
mêmes n'avaient aucune place ni dans leur esprit ni

dans leur langage; mais elles sentaient que cet usage
était d'une importance impérissable, et que par-dessus
tout il ne devait pas changer. Dans les livres précédents j'ai montré, ou du moins essayé de montrer pourquoi ces civilisations soumises à la coutume étaient les
seules qui fussent appropriées à une société primitive;
pourquoi, pour ainsi dire, elles pouvaient seules exister
dans les premiers temps; comment elles possédaient,
dans leur constitution même, un avantage décisif sur les
civilisations en luttè avec elles. Mais il se présente maintenant une autre question : Si la fixité est un élément
indispensable des civilisations primitives, comment donc
une civilisation a-t-elle pu y renoncer? Sans doute la
plupart des civilisations sont restées immobiles : nous
voyons maintenant pourquoi la stagnation est la règle du
monde, et pourquoi le progrès n'est qu'une exception
très-rare ; mais nous ne savons pas quelle cause a produit le progrès dans un cas très-rare, ou quelle est la
chose dont l'absence l'a empêché de naître dans tous les
autres cas.

L'histoire donne à cette question une réponse très-
claire et très-remarquable. C'est que le passage de l'âge
d'immobilité à l'âge du libre arbitre se produisit pour la
première fois dans des états où le gouvernement était
d'une manière prononcée un gouvernement de discussion, et où les sujets de cette discussion étaient jusqu'à un certain degré des questions abstraites, c'est-à-
dire, des questions de principes. C'est dans les petites
républiques de la Grèce et de l'Italie que la chaîne de la
coutume fut pour la première fois brisée. « La liberté

dit : que la lumière se fasse ! et, comme le soleil au-dessus des flots, Athènes s'éleva. » Ainsi parle Shelley, et sa philosophie est dans ce cas beaucoup plus correcte que d'ordinaire. Un état libre, cela veut dire un état, — appelez-le république ou monarchie, — où le pouvoir suprême est partagé entre un grand nombre de personnes, où il y a discussion entre ces personnes. Les républiques grecques furent les premiers gouvernements de ce genre dans l'histoire, sinon dans le temps, et Athènes fut la plus grande de ces républiques.

Il est facile, après l'évènement, de dire pourquoi l'histoire devait nous enseiguer cela et non autre chose. Il est aisé de voir pourquoi la discussion des actions et des intérêts généraux devait être un principe de changement et de progrès. Dans la société primitive toute tentative d'originalité dans la vie était interdite et réprimée par la règle même de la vie. Cela ne fut peut-être pas aussi vrai dans l'ancienne Grèce que dans certaines autres parties du monde. Mais dans la Grèce même il en fut à peu près ainsi. Comme l'a dit un écrivain récent, « la loi se présentait alors à l'esprit des hommes comme une chose vénérable et immuable, aussi ancienne que la cité; elle avait été établie par le fondateur lui-même, lorsqu'il élevait les murailles de la cité et qu'il en allumait le foyer sacré. » Un homme ordinaire qui aurait voulu frayer une route inexplorée, commencer de sa propre autorité quelque pratique importante et nouvelle, aurait reçu l'ordre impérieux de renoncer à ses nouveautés sous peine de mort : on lui aurait dit qu'il s'écartait des prescriptions imposées par les Dieux de la nation, et qu'il ne devait pas, pour satisfaire un caprice, se permettre une telle liberté. Au contraire les autres avaient un grand intérêt dans ses actions. S'il désobéissait, en effet, les Dieux pouvaient infliger au peuple entier, aussi bien qu'à lui, un châtiment sévère.

Dans les sociétés les plus antiques on attribuait à chacun des membres le pouvoir d'attirer le courroux des divinités sur l'association tout entière, sur les autres autant que sur lui-même. Dans un âge de superstition, le fidèle tremblant aurait tué le téméraire isolé à son premier pas dans la route des innovations. Ce que Macaulay invoque avec tant de confiance comme une source de progrès incessants, — le désir que ressent chaque homme d'améliorer sa condition, — ne pouvait agir alors : l'homme était obligé de vivre comme avaient vécu ses ancêtres.

La libre pensée et les sciences progressives, dont on parle tant aujourd'hui, ne vinrent que bien longtemps après cette période reculée. Le premier sujet et le plus naturel auquel l'esprit humain s'intéresse d'abord est la religion ; le premier usage que fasse de sa raison le penseur à demi émancipé, c'est de l'appliquer aux grands problèmes de la destinée humaine, de chercher d'où il vient, où il va, de se former par lui-même l'idée de Dieu la plus satisfaisante possible. Mais, ainsi que l'a dit heureusement M. Grote : « C'est ce que les anciens temps ne permettaient pas à l'homme de faire. Sa *gens* ou sa φρατρια l'obligeait de croire ce qu'elle croyait elle-même. La tolérance est, de toutes les idées, la plus moderne ; car cette idée que la fausse religion de A ne peut nuire, dans ce

monde ni dans un autre, au bien-être de B, est, — quelque
étrange que cela paraisse, — une idée moderne. Quant
au secours de la science, dans la situation d'esprit à laquelle nous nous reportons, il est encore plus illusoire. La
science physique telle que nous la comprenons, c'est-à-
dire l'investigation systématique et minutieuse de la nature extérieure, n'existait pas alors. De rares observations isolées et superficielles, un calendrier à demi-cor-
rect, des secrets généralement découverts par les prêtres
et gardés par eux, étaient tout ce qu'on avait imaginé
jusqu'alors ; l'idée de trouver dans l'étude permanente
de la nature une base pour la découverte de nouveaux
instruments et de faits nouveaux, n'existait pas non
plus. C'est une idée moderne, qui est encore particulière
à quelques nations Européennes. Dans la ville la plus intelligente, dans l'époque la plus éclairée du monde antique, Socrate, le plus intelligent de ceux qui l'habitaient,
détournait ses disciples de l'étude de la physique, parce
qu'elle produisait, disait-il, l'incertitude, et n'augmentait pas le bonheur des hommes. Ce genre de science, qui
est maintenant le plus intimement lié aux progrès de
l'humanité, était, à cette époque, le plus étranger à ces
progrès.

Mais un gouvernement de discussion, s'il peut être
supporté, brise aussitôt le joug de l'immuable coutume.
Ce sont en effet deux choses inconciliables. Le seul fait
de mettre un sujet en discussion, avec l'intention de se
laisser guider dans sa conduite par cette discussion, est
un aveu par lequel on reconnaît que ce sujet n'est nullement réglé par la coutume établie, et que l'on est, sur

ce point, libre de se déterminer dans un sens ou dans l'autre. On reconnaît en même temps qu'il n'y a pas d'autorité sacrée, pas d'homme transcendant et désigné par le ciel, auxquels la communauté soit tenue d'obéir à cet égard. Si l'on admet une fois la discussion sur un seul sujet ou sur un certain ordre de sujets, bientôt l'habitude de la discussion s'établit, le charme sacré de l'usage et de la coutume est rompu. « La démocratie », a-t-on dit dans les temps modernes, « est comme le tombeau ; elle prend, mais elle ne rend pas ». Cela n'est pas moins vrai de la discussion. Soumettez une fois réellement un sujet à cette épreuve, et vous ne pouvez plus désormais l'y dérober ; vous ne pouvez plus le voiler de mystère, l'entourer d'une interdiction sacrée ; il reste pour toujours ouvert au libre arbitre, exposé aux délibérations profanes.

Les seuls sujets qui puissent d'abord et jusqu'à une époque déjà très-avancée de la civilisation, être soumis à la discussion dans la communauté, sont les questions relatives aux intérêts visibles et pressants de cette communauté ; ce sont les questions politiques dont l'importance est considérable et la solution urgente. Si une nation a conquis d'une manière très-marquée l'habitude, et montré la faculté de traiter ces questions avec liberté, et de les décider avec prudence, de discuter beaucoup sur la politique sans que ces discussions lui soient fatales, on peut lui prédire avec confiance qu'elle fera des progrès énormes dans toutes les autres voies de la civilisation. C'est ce qui découle clairement des principes par lesquels nous avons reconnu que la civilisation primitive

est guidée. Les premiers hommes pré-historiques étaient
des sauvages passionnés qui ne s'astreignaient à l'ordre et ne se soumettaient à un pouvoir établi qu'avec la
plus grande difficulté. Bien des siècles furent employés à
commencer cet ordre et à fonder ce pouvoir ; le seul
agent suffisant et efficace pour y réussir fut la coutume
consacrée; mais alors cette coutume étendit son empire
sur toutes choses, arrêta tout progrès ultérieur, enchaîna
l'originalité du genre humain. Si donc une nation est capable de conquérir les avantages de la coutume et d'en
éviter les inconvénients, si, après des siècles d'attente,
elle peut avoir en même temps l'ordre et la faculté d'user
de son libre arbitre, aussitôt l'entrave fatale est brisée,
les ressorts ordinaires du progrès, tels que nous les concevons dans une communauté moderne, commencent à
déployer leur force d'élasticité.

La discussion, d'ailleurs, a pour le progrès des stimulants particuliers. Elle donne un prix à l'intelligence.
Pour établir les arguments qui doivent déterminer une
action politique, pour les établir avec une force qui suffit
à la déterminer en effet, il faut un grand déploiement
d'intelligence. Naturellement les arguments de ce genre
n'ont rien d'absolu ; l'argument le meilleur, à considérer
la chose d'une façon abstraite, n'est pas nécessairement
celui qui l'emporte. La discussion politique doit mettre
en mouvement ceux qui devront agir; elle doit revêtir
les idées, épouser l'esprit de son temps, comme elle en
doit parler le langage. Mais, ces conditions remplies, une
bonne discussion l'emporte sur une mauvaise; il n'y a
point de peuple qui puisse supporter, ne fût-ce qu'un

jour, un gouvernement de discussion, s'il ne préfère, dans les limites de ses préjugés et de ses idées, un bon raisonnement à un mauvais, un argument solide à un argument défectueux. Les états libres assurent à la faculté d'argumenter un prix auquel rien ne peut se comparer dans les autres états.

La discussion enseigne aussi la tolérance, et l'histoire nous montre qu'elle seule l'enseigne. Dans toutes les sociétés gouvernées par la coutume, le fanatisme est la règle générale. Aujourd'hui encore, dans les pays arriérés, on regarde avec défiance quiconque dit quelque chose de nouveau; il est persécuté par l'opinion, s'il n'est frappé d'une pénalité. Une des plus grandes souffrances pour la nature humaine est celle que donne une idée nouvelle. Ainsi qu'on le dit vulgairement, cela « vous bouleverse » ; cela vous force à penser qu'après tout vos idées favorites sont peut-être fausses, vos croyances les plus fermes mal fondées. Jusqu'à présent il n'y avait aucune place qui fût assignée dans votre esprit à ce nouvel hôte, à cet intrus effrayant. Maintenant qu'il a forcé l'entrée, vous ne voyez pas d'abord qu'elle est, parmi vos anciennes idées, celle qu'il chassera ou qu'il ne chassera pas, celle avec laquelle il pourra se réconcilier, celle qui trouvera en lui un implacable ennemi. Il est donc naturel que le commun des hommes haïssent une idée nouvelle, et soient plus ou moins disposés à maltraiter l'original qui s'en fait l'introducteur. Les nations habituées depuis longtemps à la discussion sont elles-mêmes assez intolérantes. En Angleterre, où il y a en somme, sur la plupart des sujets, une plus grande liberté de discussion qu'il y en eut jamais en aucun pays du monde, nous savons quel est encore le pouvoir du bigotisme. Mais la discussion, pour être suivie de succès, exige la tolérance. Elle échoue partout où, comme dans une Assemblée politique Française, quiconque entend une chose qui lui déplaît essaye de la faire tomber sous les huées. Lorsque nous savons qu'une nation est capable de supporter des discussions continues, nous savons par cela même qu'elle est capable de pratiquer sans se troubler une tolérance continue.

La puissance d'un gouvernement de discussion pour élever un peuple dépend évidemment, toutes choses égales, d'ailleurs, du plus ou moins d'importance des choses à discuter. Il y a des périodes où de grandes idées sont dans l'air, où, pour une raison ou pour une autre, les personnes communes elles-mêmes semblent avoir une grandeur inaccoutumée. L'âge d'Elisabeth en Angleterre fut par excellence une époque de ce genre. La nouvelle idée de la réforme, l'élargissement du monde et de ses limites (mœnia mundi) par la découverte de terres nouvelles et de nations étranges, avaient, en se réunissant, donné à la pensée une impulsion qu'on aurait de la peine à retrouver dans un autre siècle. Quoique la discussion ne fût pas entièrement libre, elle l'était beaucoup plus que dans la plupart des siècles et des contrées. Aussi semblait-il qu'on fût en toutes choses emporté en avant. La poésie, la science et l'architecture, quelque différentes qu'elles soient entre elles, quelque éloignées qu'elles paraissent de cette influence de la discussion, prirent un élan soudain. Macaulay aurait dit que nous pouvons lire à bon droit la puissance de la discussion dans la poésie de Shakespeare, dans la prose deBacon, dans les fenêtres de Longleat, dans les tours imposantes de Burleigh. Il n'y a ici, en réalité, qu'une autre application du principe dont j'ai eu l'occasion de parler si souvent au sujet du caractère des époques et des nations. Si, dans une époque, on estime particulièrement un certain pouvoir, ceux qui le possèdent seront imités, ceux qui en manquent seront méprisés. En conséquence une quantité inaccoutumée de ce pouvoir se développera et se manifestera au-dehors. Dans certaines limites la pensée vigoureuse et élevée était respectée au temps d'Elisabeth ; par conséquent, les penseurs élevés et vigoureux y furent nombreux, et l'effet dépassa de beaucoup la cause. Il pénétra jusque dans la science physique, dont bien peu de personnes se souciaient ; il commença dans la philosophie une réforme à laquelle presque tous étaient opposés. En un mot le tempérament de l'époque encourageait l'originalité ; en conséquence des hommes originaux s'élevèrent à la prééminence, s'avancèrent dans toutes les directions qu'il leur plut de suivre, atteignirent des buts auxquels leur époque n'avait jamais pensé, et la rendirent ainsi digne du souvenir des hommes.

Presque tous les grands mouvements de la pensée, dans les temps anciens et modernes, ont à peu près coïncidé avec l'époque d'un gouvernement de discussion. Athènes, Rome, les républiques Italiennes du moyen âge, les communes et les états généraux de l'Europe féodale, ont toujours eu pour accélérer le progrès, une influence spéciale et particulière qu'elles devaient à leur liberté et que n'ont jamais exercée des états dépourvus de cette liberté. C'est lors des grandes époques de la pensée, pendant la guerre du Péloponèse, à la chute de la République Romaine, lors de la Réforme, lors de la Révolution Française, que cette liberté de parler et de penser a produit toutes ses conséquences.

Nous voyons pourquoi les discussions des tribus sauvages ont eu si peu d'influence, pour émanciper ces tribus du despotisme de leurs coutumes. L'éloquence des Indiens de l'Amérique du Nord, les premiers sauvages dont le caractère particulier se soit gravé dans l'imagination publique, est vite devenue célèbre ; cependant à peine peut-on dire que ces Indiens aient été de meilleurs orateurs que beaucoup d'autres sauvages. Presque tous les sauvages qui se sont fondus et qui ont disparu devant l'Anglais parlaient mieux que lui. Mais l'éloquence de ces sauvages n'a pas eu et ne devait pas avoir de résultats. C'est une discussion relative non à des principes, mais à des actes : elle examine si telle expédition réussira et doit être entreprise ; si telle autre échouera et ne doit pas être tentée ; si tel village est le meilleur à piller ; s'il vaut mieux piller tel autre. Des discussions de ce genre augmentent la vigueur du langage, accroissent la facilité de discuter, développent ces dons extérieurs de maintien et de gestes qui inspirent la confiance aux auditeurs ; mais ils n'excitent point l'intelligence spéculative, ils n'amènent pas les hommes à argumenter sur des doctrines spéculatives ou à mettre en question les principes anciens. Ils perfectionnent matériellement, et à certains égards, les brebis dans leur parc; mais ils ne les excitent pas et ne les engagent pas à sauter par-dessus les barrières.

La question qui se présente maintenant est donc celle-ci : pourquoi, dans certains cas, les discussions portent-elles sur des idées fécondes, et pourquoi, dans d'autres cas, ne portent-elles que sur des affaires isolées ? La réponse que nous fournit l'histoire est aussi claire que remarquable. Certaines races d'hommes se montrent à nous, depuis l'époque où nous pouvons remonter dans leur histoire, ayant déjà la base d'une constitution libre. Elles ont les rudiments d'un gouvernement complexe, un monarque, un sénat, une assemblée générale des citoyens. Les Grecs étaient une de ces races ; et il arriva tout naturellement que, dans la suite des temps, une lutte se produisit, — la première que nous connaissions, — entre le parti aristocratique, représenté dans l'origine par le sénat, et le parti populaire, représenté par l'assemblée générale. Ceci est évidemment une question de principe ; c'est à ce titre qu'elle a été exposée, plus de deux mille ans après, d'une manière extrêmement remarquable. Il y a quelque soixante-dix ans un gentilhomme campagnard anglais nommé Mitford, — qui avait été jeté, comme tant d'autres de son époque, dans le parti aristocratique par la terreur qu'inspirait la première Révolution française, — trouva tout à coup dans la guerre du Péloponèse une sorte d'image de son propre temps. Il prit donc Thucydide, et là il vit, comme dans un miroir, les tendances et les luttes de son époque. C'était là une interprétation assez nouvelle : du moins elle avait mis bien

des siècles à se produire. Toutes les histoires modernes de
la Grèce avant Mitford n'en avaient eu qu'une idée fort
vague ; comme il n'était pas lui-même un homme d'une
originalité extraordinaire, il n'aurait sans doute pas eu
cette idée plus qu'un autre, si l'analogie des événements
auxquels il assistait ne l'y avait aidé en lui fournissant un
exemple sensible qui lui fît comprendre ce qu'il lisait.
Exactement comme dans tous les pays d'Europe avant
1793 il y avait deux factions formées, l'une par la vieille
aristocratie, l'autre par la démocratie croissante, de
même chacune des cités de la Grèce, 400 ans avant Jésus-
Christ, avait un parti populaire et un parti oligarchique.
Voilà ce que vit M. Mitford. Comme il était aristocrate
dans l'âme, il écrivit une histoire, qui n'est guère qu'un
pamphlet, une arme de parti, et qui, nous devons le
dire, peut maintenant encore se lire à ce point de vue.
L'énergie de la passion qui inspira l'auteur a communi-
qué la vie aux expressions, et retient l'attention du lecteur.

Mais ce n'est pas tout. M. Grote, ce grand érudit que
nous avons dernièrement perdu, reconnaissant aussi cette
identité entre les luttes d'Athènes et de Sparte et les
luttes de notre monde moderne, prit avec violence le
parti opposé à celui de Mitford. Démocrate aussi pas-
sionné que Mitford était un aristocrate ardent, il écrivit
une réponse qui dépasse de beaucoup par la science et
le talent celle de son adversaire, mais qui lui est presque
identique dans ses traits caractérisques ; car c'est avant
tout un livre inspiré par une passion politique vigoureuse,
écrit pour des personnes qui s'occupent de politique, et

non pas, — comme sont et doivent être presque toutes
les histoires de l'antiquité, — le livre d'un homme qui
s'occupe de l'érudition plus que de tout le reste, et qui
écrit principalement, sinon exclusivement, pour les lettres. L'effet de la discussion des principes politiques fut le
même dans les temps anciens et dans les temps modernes.
Toutes les formes de pensée réglées par la coutume en furent ébranlées, non-seulement dans les cabinets des philosophes, mais dans l'esprit du grand nombre et dans
les occupations quotidiennes des hommes ordinaires. La
« libération de l'humanité, » ainsi que Gœthe avait coutume de l'appeler, l'affranchissement qui brisa pour les
hommes le joug de l'usage héréditaire, de la loi rigoureuse, indiscutable, commença en Grèce, et produisit la
plupart de ses grands effets, bons ou mauvais, en Grèce.
C'est justement à cause de l'analogie entre les controverses de ce temps-là et celles du nôtre que l'on a pu
dire : « L'histoire classique est une partie de l'histoire
moderne; c'est l'histoire du moyen âge seule qui est
ancienne. »

Si la Grèce n'avait eu aucune discussion de principes,
il est probable qu'elle n'en aurait pas moins produit des
œuvres d'art. Homère ne vous offre aucune discussion
de ce genre. Les discours de l'Iliade, qui, — suivant
M. Gladstone, le plus compétent des juges qui existent, —
sont les plus beaux que l'homme ait jamais composés, ne
contiennent pas de discussions de principes. On n'y trouve
pas plus de tendances à l'esprit critique qu'à l'économie
politique. Dans Hérodote vous voyez commencer l'âge de
la discussion. Il appartient, au fond, à l'époque qui s'en

va. Il ne parle qu'avec respect de l'ordre et de la religion établis. Cependant, dans les voyages qu'il fit en Grèce, il doit avoir entendu une infinité d'arguments politiques ; et par conséquent vous pouvez trouver dans son œuvre des traces nombreuses de recherches politiques abstraites, encore à l'état naissant. Les discours sur la démocratie, l'aristocratie et la monarchie, qu'il met dans la bouche des conspirateurs persans au moment où la monarchie était vacante, ont été avec raison déclarés absurdes, si on les considère comme des discours tenus en réalité par ces personnages. Jamais Asiatique ne pensa à de pareils sujets. Il est aussi facile de vous imaginer ces discours prononcés par Saül ou par David que par ceux à qui Hérodote les attribue. Ce sont des discours grecs, pleins de discussions grecques, inspirés par l'expérience, déjà considérable, que les Grecs avaient des résultats de la discussion. L'époque des débats commence, et Hérodote lui-même, le moins fait de tous les hommes pour la dispute, Hérodote, le plus doux et le plus simple des narrateurs, en ressentait déjà les effets. Lorsque nous arrivons à Thucydide, nous voyons les résultats de la discussion aussi complets qu'ils le furent jamais. La lumière que nous trouvons chez lui est une lumière pure, limpide, qui n'est ni colorée par l'usage, ni altérée par les coutumes consacrées. De même que l'histoire de Grote a souvent l'air d'un rapport fait au Parlement, de même la moitié de l'œuvre de Thucydide ressemble à un discours, ou aux matériaux d'un discours destiné à être prononcé dans l'assemblée des Athéniens. Il est inutile de parler des temps qui suivirent.

Chaque page de Platon et d'Aristote porte des traces
frappantes et ineffaçables de l'âge de discussion dans lequel ils vivaient; il est impossible que la pensée soit
plus libre. L'intelligence spéculative était désormais dé-
livrée de l'autorité de la tradition et de la coutume ; son
affranchissement était complet.

Sans doute cette indépendance à l'égard du préjugé,
et cette soumission à la raison, que j'attribue à l'ancienne Athènes, ne pénétraient pas à une grande profon-
deur dans la population de cette cité. Deux grandes
classes de cette population, les esclaves et les femmes,
ne partageaient en rien ces qualités; la population libre
elle-même contenait certainement une proportion de personnes très-ignorantes et très-superstitieuses plus considérable que nous ne nous le figurons d'ordinaire. Notre
attention se concentre sur les produits les plus parfaits de
la culture Athénienne, sur les livres qui sont parvenus
jusqu'à nous; et nous oublions que les actes du peuple
Athénien, dans certaines circonstances des plus importantes, prouvent la superstition la plus grossière. Cependant, en ce qui regarde la partie intelligente et cultivée
de la société, le triomphe de la raison était complet : les esprits les plus élevés et les plus philosophiques étaient alors
aussi disposés qu'ils le furent jamais à obéir à l'évidence
et à la raison ; il est même probable que cette disposition
était plus prononcée chez eux. Du moins la coutume avait
perdu sur eux toute son autorité, et les conditions essentielles du progrès intellectuel étaient, à cet égard, parfaitement remplies.

On dira peut-être que j'accorde trop d'importance à l'idée classique du développement humain ; que l'histoire renferme aussi les témoignages d'un progrès d'un autre ordre ; que, dans un certain sens, il y eut progrès en Judée aussi bien qu'en Attique. Il est certain, en effet, qu'il y eut là du progrès ; mais il ne s'opéra que sur un point. Mettons de côté la religion et ce que les Juifs apprirent des étrangers, on peut se demander s'il y eut beaucoup de nouveau entre Samuel et Malachie. Il y eut du progrès dans la religion ; il n'y en eut aucun en dehors de la religion. C'était une conséquence de la cause même de ce progrès. Dans toute l'antiquité, dans tout l'Orient, dans toutes les parties du monde qui conservent plus ou moins leur ancienne condition, il y a deux classes d'instituteurs religieux : l'une, celle des prêtres, hérite des inspirations et des croyances du passé ; l'autre, celle des prophètes, possède l'inspiration du présent. Curtius nous fait fort bien saisir cette distinction dans l'ancienne Grèce telle que nous la présente l'histoire de ses premiers temps.

L'art des devins est une institution complètement différente du sacerdoce. Il est fondé sur la croyance que les Dieux sont constamment voisins de l'homme, et que, en gouvernant le monde, ce qui comprend toutes choses grandes et petites, ils ne dédaignent pas de manifester leur volonté. Oui, il semble nécessaire que, toutes les fois qu'il y a quelque difficulté dans le système moral du monde humain, elle se manifeste aussi par quelque signe dans le monde physique, si toutefois les mortels sont capables de comprendre ces avertissements divins et d'en profiter.

« Il faut pour cela une faculté spéciale ; ce n'est pas

un talent qu'on puisse acquérir par aucun art, aucune science humaine, mais plutôt une sorte d'état de grâce qui se rencontre chez certains individus ou certaines familles isolées dont les oreilles et les yeux sont ouverts aux révélations divines, qui sont, plus que le reste du genre humain, en communication avec l'esprit divin. Par conséquent c'est leur devoir et leur mission de se donner comme les organes de la volonté divine ; ils ont raison d'opposer leur autorité à toutes les puissances de ce monde. On voit qu'avec ces idées des conflits étaient inévitables ; et les souvenirs de l'intervention de Tirésias et de Calchas, qui se transmettaient dans la nation grecque, prouvent que les rois héroïques n'avaient pas seulement trouvé une aide et un soutien, mais aussi de l'opposition et des protestations violentes, dans les paroles sorties de ces bouches prophétiques. »

En Judée il y avait exactement le même genre d'opposition qu'ailleurs. Tout ce qui est nouveau vient des prophètes, tout ce qui est ancien est conservé par les prêtres. Mais ce qui est particulier à la Judée, — je n'ai pas un moment la prétention d'expliquer cette particularité, — c'est que les révélations des prophètes sont, dans leur ensemble, des améliorations incontestables ; qu'elles renferment, à mesure que le temps avance et que les époques se succèdent, des vues de plus en plus pures et de plus en plus hautes sur la religion. Mais ce n'est pas de cette particularité que je veux m'occuper à présent. Ma thèse est que le progrès ainsi opéré n'a pas cette force d'expansion qui appartient au progrès causé par la discussion. Recevoir une conclusion particulière en vertu du *ipse dixit*, en vertu de l'autorité reconnue d'un maître admiré, n'est pas une chose aussi propre à vivifier l'intelligence argumentative et critique que si l'on cherchait à établir ses conclusions soi-même. Aussi le progrès religieux amené par les prophètes ne brisa pas l'ancien code et le despotisme de l'usage. Au contraire ces deux influences s'ajoutaient. A chaque génération l'esprit conservateur bâtissait les sépultures et acceptait l'enseignement des prophètes anciens, tout en persécutant quelquefois et même en mettant à mort les prophètes actuels. Mais la discussion et la coutume ne peuvent se combiner ainsi : leurs méthodes, ainsi que s'exprimeraient des philosophes modernes, sont contradictoires. Par conséquent le progrès des états classiques éveillait graduellement l'intelligence entière : celui de la Judée était partiel et ne perfectionnait que la religion. Aussi, dans l'histoire du progrès intellectuel, les peuples classiques tiennent le premier rang, les Juifs occupent le second ; de même que dans une histoire spéciale de la théologie, les rangs des uns et des autres seraient peut-être intervertis.

Une seconde expérience a été faite sur le même sujet. On peut caractériser approximativement (mais ce n'est qu'approximativement) le moyen âge en disant que c'est un retour à la période où l'usage régnait, et qu'il a abandonné l'habitude classique de la pensée libre et indépendante. Je ne prétends pas un instant que ce soit là déterminer exactement le trait propre et principal du moyen âge ; je ne puis examiner non plus jusqu'à quel point cette époque avait l'avantage sur les temps antérieurs : ceux qui en sont partisans disent qu'elle l'emportait de beaucoup sur la période classique ; ses ennemis disent qu'elle était inférieure de beaucoup. Mais tous, amis et ennemis, admettront qu'on peut indiquer sommairement ainsi que je l'ai fait le trait le plus marquant du moyen âge. Ce que je veux montrer, c'est que, si le moyen âge fut caractérisé par un retour de cette puissance de l'usage qui avait signalé les temps antérieurs à la puissance athénienne, ce pouvoir de la coutume fut renversé à peu près par les mêmes moyens qui avaient servi à l'influence athénienne et à d'autres influences semblables pour mettre un terme à la période où l'usage régnait.

L'agent qui contribua le plus à renverser ces coutumes persistantes du moyen âge , coutumes si bien établies qu'elles semblaient devoir durer à jamais ou du moins jusqu'à ce qu'elles fussent emportées par quelque catastrophe historique, ce fut cet élément populaire des anciens gouvernements qu'on trouve partout répandu dans le moyen âge. Les tribus germaniques apportèrent avec elles, de leur ancienne résidence, un gouvernement qui comprenait, ainsi que celui des peuples classiques, un roi, un conseil et une assemblée populaire. Partout où elles allèrent, elles portèrent avec elles ces éléments qui se conbinaient dans des proportions diverses, selon que la nécessité l'exigeait ou que le demandaient les circonstances. En ce qui concerne l'Angleterre, les excellentes dissertations de M. Freeman et de M. Stubbs ont prouvé ce fait de la manière la plus complète, et en ont convaincu les personnes mêmes qui peuvent le moins se piquer d'être

fort instruites dans la connaissance des temps anciens.
L'histoire de la constitution Anglaise, autant du moins
qu'elle intéresse le monde, est en réalité l'histoire complexe de cet élément populaire de l'ancien gouvernement,
qui fut tantôt plus faible, tantôt plus fort, mais qui ne
s'éteignit jamais, qui posséda la plupart du temps un
pouvoir variable mais considérable, et qui de nos jours
prévaut complétement. L'histoire de ce développement
est l'histoire du peuple Anglais, et les discussions qui
avaient cette constitution pour sujet et pour théâtre, les
controverses relatives à son organisation et celles qui
portaient sur ses véritables effets, ont contribué plus
que toute autre chose à former et à instruire l'intelligence politique de l'Angleterre. Mais dans la plus grande
partie de l'Europe, et en Angleterre principalement, l'influence de la religion a été toute différente de ce qu'elle
avait été dans l'antiquité. On peut l'appeler une influence
de discussion. Depuis le temps de Luther, cette conviction s'est plus ou moins enracinée dans les esprits,
à savoir qu'un homme peut, par le travail de son intelligence, se faire sa propre religion, et qu'il doit se la faire,
s'il veut remplir le plus élevé de tous les devoirs. L'influence de la discussion politique et l'influence de la discussion religieuse ont été si longtemps et si étroitement
associées, se sont prêté l'une à l'autre une aide si efficace, que les vieilles notions de fidélité, de dévouement
au souverain, d'autorité, telles qu'elles existaient au
moyen âge, n'ont presque plus d'empire sur les meilleurs
esprits.

Il est vrai que l'influence de la discussion n'est pas la

seule force qui ait contribué à produire cet effet immense. Dans les temps anciens comme dans les temps
modernes d'autres forces l'ont secondée. Le commerce,
par exemple, est évidemment une force qui a fait beaucoup pour établir entre les hommes de coutumes et de
croyances différentes un contact intime, et qui de la
sorte a aidé à la transformation de toutes ces croyances
et de toutes ces coutumes. La colonisation est encore une
influence de ce genre : elle établit les colons parmi des
indigènes dont la race et les usages leur sont étrangers,
et généralement elle les oblige à n'être pas trop sévères
dans le choix des éléments mêmes qui composent les colonies. Ils sont obligés de s'associer et de s'assimiler les
groupes et les hommes qui leur sont utiles, bien que les
coutumes héréditaires de ces auxiliaires ne soient peut-
être pas identiques, bien qu'elles soient peut-être même
en opposition avec les leurs. Dans l'Europe moderne
l'existence d'une Eglise cosmopolite, qui prétend être au-
dessus des nations, et qui en réalité s'étend sur les nations,
a contribué, ainsi que les restes épars de la loi et de la
civilisation romaines, à seconder l'influence libératrice
de la discussion politique. On pourrait encore signaler
d'autres causes. Mais ces causes secondaires n'ont peut-
être jamais été capables à elles seules de produire la
liberté intellectuelle : du moins il est certain que dans
les cas les plus remarquables l'influence de la discussion
a présidé à la création de la liberté, qu'elle y a joué le
rôle dominant.

Assurément il n'est pas difficile de trouver des exceptions apparentes. On peut dire qu'à la cour d'Auguste il

y avait en général beaucoup de liberté intellectuelle,
qu'on y était presque entièrement détaché des préjugés
anciens, tandis qu'il n'y avait aucune liberté pour la
discussion politique. Sans doute ; mais ce qui a fait la
gloire de ce temps venait d'une époque de grande liberté : la République avait formé les hommes que gou-
verna l'empire. Le rapprochement intime des éléments
les plus divers sous l'empire était sans doute, de lui-
même, peu favorable aux préjugés héréditaires, et favorable à l'activité intellectuelle. Cependant, si nous excep-
tons l'Église, qui forme un sujet particulier et qui veut
être étudiée à part, combien l'empire ajouta peu à ce
que la république avait laissé ! Comme on n'avait pas la
faculté d'échanger librement ses idées, les idées elles-
mêmes demeuraient stériles. Il est possible aussi, et je
n'en doute pas, qu'une grande liberté intellectuelle
puisse, des pays où la discussion est libre, se répandre
dans ceux où elle est limitée. C'est ainsi que dans le
dix-huitième siècle la liberté intellectuelle en France
doit être attribuée en grande partie à la proximité de
l'Angleterre et de la Hollande et à des relations continuelles avec ces deux pays. Voltaire séjourna parmi nous ;
il n'y a pas une page de l'Esprit des Lois qui ne prouve
combien Montesquieu apprit dans notre pays. Mais, naturellement, c'était seulement une partie de la culture
française qui venait de cette source : le germe pouvait
être étranger, mais le tissu était national. Cela est fort
naturel, car il serait absurde d'appeler l'Ancien régime
un gouvernement sans discussion : la discussion y abon-
dait au contraire ; seulement, en raison de la mauvaise

forme du gouvernement, on n'était jamais sûr qu'elle ferait sentir ses effets d'une façon certaine et commode dans la marche de la politique. Le despotisme « tempéré par l'épigramme », était un gouvernement qui permettait, dans certaines limites, la liberté de discussion et même la licence, et qui se laissait diriger par ces discussions dans la pratique d'une façon intermittente, par soubresauts, non d'une façon avouée et continue.

Mais bien que le gouvernement de discussion ait été, dans les premiers comme dans les derniers temps, un organe essentiel pour le perfectionnement du genre humain, c'est cependant, à son origine, une plante singulièrement délicate. Tout d'abord les chances d'existence ne sont pas en sa faveur. Au commencement les membres d'un état libre sont nécessairement peu nombreux. L'essence même de ce gouvernement veut que la discussion soit soumise à chacun de ces membres. Mais dans les temps primitifs, quand on écrit difficilement, qu'on lit peu, qu'on n'a pas encore imaginé le système représentatif, ceux qui doivent être guidés par la discussion ont besoin de l'entendre de leurs propres oreilles, de voir l'orateur face à face, et de ressentir en personne son influence. Les premiers états libres furent de petites villes, plus petites que toutes les divisions politiques existantes, à l'exception de la république d'Andorre, qui est comme un reste de ces états. C'est sur la place du marché d'une ville de province, comme nous dirions à présent, et sur des sujets peu importants relatifs à cette ville de marché, que la discussion commença ; c'est à ce point de départ qu'il faut faire remonter la série de tant d'immenses conséquences. Quelques hommes accoutumés comme moi aux recherches historiques, ont peine à regarder cette place sans un peu de rêverie et d'émotion, quoique tout y paraisse pauvre et commun. Mais ces petites villes sont faibles. — Le nombre est, dans les guerres des temps primitifs, comme dans celles d'aujourd'hui, la principale condition de la victoire. Or dans les premiers temps il n'y a qu'une sorte d'états qui se rencontrent communément avec une population extrêmement nombreuse : dans toutes les régions du globe nous trouvons de grandes populations compactes unies par des coutumes traditionnelles et des sentiments consacrés ; qui sont gouvernées par quelque soldat, généralement un soldat d'une tribu étrangère, qui les a vaincues, qui leur a, ainsi qu'on l'a dit, « sauté sur le dos ; » óu si ce n'est lui qui l'a fait, ce sont ses ancêtres. Ces grandes populations, gouvernées par une volonté unique, ont sans doute écrasé et détruit d'innombrables petites cités au moment même où elles commençaient à établir leur liberté.

C'est ainsi que les cités grecques d'Asie furent soumises à la Perse, et les cités de la Grèce même devaient être soumises aussi. Il n'est point d'enfant dans les écoles qui n'ait senti qu'il fallut la folie la plus insigne et la plus incroyable incapacité de la part des chefs des Perses pour sauver la Grèce et l'empêcher d'être conquise, au temps de Xerxès comme au temps de Darius. L'avenir de la civilisation intellectuelle fut alors joué dans une partie où il n'avait en sa faveur, à ce qu'il semble, que des chances insignifiantes. Si les chefs des Perses avaient

montré seulement l'habileté médiocre, la prudence
militaire ordinaire qu'on pouvait attendre d'eux, c'en
était fait de la liberté grecque. Athènes, comme tant de
cités Ioniennes de l'autre côté de la mer Égée, aurait
été absorbée dans un grand despotisme; nous ne sau-
rions rien de ce qui a éternisé sa mémoire, car rien de
cela n'aurait existé. Ses citoyens auraient pu être ingénieux, habiles, prompts à l'imitation : assurément ils
n'auraient été ni libres ni originaux. Ce qui empêcha
Rome d'être soumise à un grand empire, c'est qu'heureusement il n'y en avait aucun dans le voisinage. Elle
soutint ses premières guerres contre des cités comme
elles, qui l'égalaient à peu près en importance, quoiqu'elle les surpassât en valeur. Ce fut seulement après
avoir conquis l'Italie qu'elle commença à se mesurer
contre les despotismes asiatiques. Elle devint assez forte
pour les battre, avant de s'être assez avancée pour se
trouver en lutte avec eux. Une multitude innombrable de
petites cités, qui auraient pu rivaliser avec Athènes ou
avec Rome, périrent sans doute, longtemps avant qu'on
imaginât d'écrire l'histoire, sans laisser une trace de
leur existence. Les faibles proportions et la force insuffi-
sante des premiers états libres les exposaient toujours à
être facilement détruits.

A l'intérieur ils sont plus fragiles encore. Aussitôt que
la discussion commence, les tendances sauvages des
hommes se déchaînent. Même dans les communautés
modernes, où ces tendances ont été affaiblies par des
siècles de culture et réprimées par des siècles d'obéissance, aussitôt qu'une question vitale est entièrement

soumise à la discussion, ne voit-on pas éclater les passions les plus âpres et les plus violentes? Quelques
chances qu'aient les premiers états libres d'être détruits
par des forces extérieures, ils sont bien plus exposés
encore à périr par leurs propres forces.

C'est pourquoi de tels états sont très-rares dans l'his-·
toire. On pourrait même, si l'on ne jetait sur les faits
qu'un coup d'œil superficiel, avancer qu'ils ne se rencontrent que dans une race particulière. Les institutions libres les plus importantes de beaucoup, les seules
dont il reste encore des représentants dans le monde,
sont nées soit des premières constitutions des nations
classiques (c'est-à-dire grecques ou latines), soit des
premières constitutions des nations germaniques. C'est
là que remonte tout ce que nous possédons de liberté;
c'est là qu'il faut faire remonter ces vérités qui pourraient sembler, à première vue, composer toute la
liberté historique. Or les nations germaniques, comme
les nations classiques, appartiennent à ce que les ethno-
logistes nomment la race Aryenne. On pourrait soutenir
que le pouvoir de former des états libres existait dans
cette famille du genre humain à un degré supérieur, et
même lui était particulier. — Malheureusement pour
cette théorie commode, les faits ne s'accordent pas avec
elle. D'abord il est certain que la race qu'on appelle
Aryenne n'est pas libre tout entière. Les Aryens Orientaux, ceux, par exemple, qui parlent des langues déri-
vées du sanscrit, comptent parmi les populations les plus
serviles du genre humain. Donner aux Bengalais une
constitution libre, ou s'attendre à leur en voir élaborer

une, ce serait le comble de la folie. Il y a donc, outre l'origine aryenne, quelque autre chose nécessaire pour rendre les hommes propres à la discussion et les former à la liberté. Ce qu'il y a de plus grave pour l'argument que nous combattons, c'est que des races non aryennes ont été capables de liberté : Carthage, par exemple, était une république Sémitique. Nous ne connaissons pas sa constitution dans tous ses détails, mais nous en savons assez pour ce que je veux établir; nous savons que c'était un gouvernement auquel beaucoup de personnes prenaient part, et sous lequel la discussion était constante, active et decisive. Sans aucun doute Tyr, métropole de Carthage, les autres colonies Tyriennes et les colonies de Carthage, étaient aussi libres que Carthage elle-même. Nous avons donc tout un groupe d'anciennes républiques qui n'étaient pas de race Aryenne, et dont l'une, étant plus ancienne que les républiques classiques, n'avait pu rien emprunter ni rien imiter d'elles. Ainsi la théorie qui voudrait faire du gouvernement de discussion le patrimoine exclusif d'une seule race du genre humain est tout-à-fait insoutenable.

Je ne tiens prête aucune contre-théorie. Je ne puis avoir la prétention d'expliquer complétement pourquoi une si faible minorité du genre humain a possédé, depuis que nous la connaissons, un gouvernement qui, avec le cours du temps, fournit des discussions de principes, et pourquoi la grande majorité du genre humain n'a rien possédé de pareil. Cela est presque aussi impossible que de dire pourquoi Milton fut un poète de génie et Bacon un philosophe. Ou plutôt, c'est la même ques-

tion ; car les causes qui ont donné naissance aux variétés
frappantes des caractères individuels sont les mêmes, au
fond, que celles qui ont donné naissance dans les caractères nationaux à de semblables différences. J'ai, il est
vrai, essayé de montrer qu'un type marqué de caractère individuel ayant une fois pris son origine dans une
nation et ayant trouvé faveur auprès d'elle, a beaucoup
de chances de s'y fixer et de devenir permanent, en vertu
de causes qui ont été déterminées. Une fois la naissance
du type accordé, nous pouvons, je crois, expliquer comment il se développe et se renforce ; mais nous ne pouvons pas du tout expliquer pourquoi le type primitif des
caractères originaux a fait son apparition dans un lieu
plutôt que dans un autre. Le climat et le milieu physique,
pris dans leur sens le plus étendu, ont incontestablement
une grande influence ; ils sont un des facteurs de la cause,
mais ils n'en sont pas le seul facteur ; car nous trouvons
des races d'hommes très-différentes qui vivent dans le
même climat et sous l'influence du même milieu ; et
nous avons toute raison de croire que ces races dissem-
blables ont ainsi vécu dans ce voisinage pendant des
siècles. La cause des types doit être une chose en dehors
de la tribu, qui agit sur une chose qui est dans la tribu,
sur une chose que la tribu possède par hérédité. Mais
quelle est cette chose, je ne crois pas que personne
puisse l'expliquer le moins du monde.

Je crois que l'on peut, à l'aide de l'histoire, assigner
les conditions suivantes à une nation, pour qu'elle soit
capable d'un gouvernement fournissant des principes à
la discussion et, par conséquent, conduisant au progrès.

D'abord la nation doit posséder la puissance paternelle sous une forme assez marquee pour donner à la famille une existence propre et distincte, pour rendre probable et possible une éducation et une discipline domestiques. Tant que la filiation s'établit seulement par la mère, la famille reste dans le vague, et aucun progrès vers une forme de gouvernement élevée n'est possible. En second lieu, il semble que ce gouvernement doit avoir été créé très-graduellement : par l'agrégation des familles en clans ou *gentes*, et des clans en nations ; puis par l'expansion de ces nations qui en vinrent à enfermer des groupes extérieurs environnants pour les joindre au premier groupe compact et sacré, le nombre de ceux qui prenaient part à la discussion s'augmenta, d'abord très-lentement. En troisième lieu, le nombre des sujets ouverts à la discussion, c'est-à-dire des sujets sur lesquels l'opinion publique pouvait se décider librement, fut d'abord très-restreint. Dans l'origine la coutume réglait tout; le domaine de la libre discussion ne s'élargit qu'avec beaucoup de peine. Si je ne m'abuse pas, ce domaine ne put s'élargir qu'avec cette peine, parce que dans les premiers temps la coutume était le ciment de l'édifice social, et si on l'avait mise tout-à-coup en question, on aurait détruit la société. Mais quoique l'existence de ces conditions puisse être constatée historiquement, et quoiqu'on en puisse expliquer la raison par la philosophie, elles ne résolvent pas complétement la question, et ne nous apprennent pas pourquoi certaines nations ont ce gouvernement, tandis que d'autres ne l'ont pas ; au contraire elles laissent évi-

demment subsister un phénomène réfractaire à l'examen,
un phénomène inexpliqué, inconnu.

II

C'est ainsi que les gouvernements de discussion bri-
.sèrent les liens antiques de la coutume, qui étouffaient
le genre humain après l'avoir d'abord aidé et soutenu.
Mais ce n'est là qu'un des nombreux services que ces
gouvernements ont rendus, rendent et rendront au
genre humain. Je n'ai pas l'intention de faire ici l'éloge
de la liberté, mais je veux établir trois points qui n'ont
pas été suffisamment remarqués.

Les âges civilisés reçoivent en héritage la nature humaine qui a triomphé dans les âges de barbarie ; et cette
nature, à bien des égards, ne s'accorde pas du tout avec
les exigences de la civilisation. Ce qui fait la supériorité
principale et essentielle des races humaines dans les
premiers temps c'est la tendance à l'action. Les problèmes que les hommes ont alors à résoudre sont clairs
et simples. L'homme le plus vigoureux au travail, celui
qui tue le plus de daims, celui qui prend le plus de poisson,
et plus tard celui qui nourrit les troupeaux les plus nombreux ou qui cultive le champ le plus étendu , voilà
l'homme qui réussit. De même la nation qui est la plus
prompte à tuer ses ennemis, ou qui en tue la plus grande
quantité, voilà la nation qui prospère. Tout, dans la société primitive, tend à encourager l'action immédiate :
toutes les peines s'abattent sur l'homme qui n'agit pas ;

la sagesse traditionnelle de ces époques ne se lassait pas
de répéter que « les délais sont dangereux, » que le pa-
resseux, l'homme « qui ne fait pas rôtir ce qu'il a pris
à la chasse, » ne prospèrera point sur cette terre, et
même qu'il en disparaîtra bientôt. Par conséquent, l'impossibilité de rester en repos, un désir invincible d'agir
immédiatement, est alors un des défauts les plus sensibles du genre humain.

Pascal disait que « tout le malheur des hommes vient
d'une seule chose qui est de ne savoir pas demeurer en
repos dans une chambre. » Je ne vais pas jusque là ;
mais il est certain que nous aurions été une race beaucoup plus sage si nous avions été plus capables de demeurer en repos. Nous aurions bien mieux su de quelle
manière nous devions agir lorsque viendrait le moment
d'agir. La naissance des sciences physiques, le premier
groupe considérable d'idées pratiques qui puissent être
démontrées aux hommes, prouve cette vérité de la façon
la plus claire. S'il n'y avait eu des gens paisibles, qui
demeuraient en repos à étudier les sections du cône ; si
d'autres hommes n'étaient restés aussi paisiblement occupés à construire la théorie des quantités infinitésimales ;
si d'autres ne s'étaient livrés paisiblement à l'étude des
probabilités qui sont, pour un esprit exclusivement pratique, un pur clair de lune, un vrai rêve ; si des pares-
seux, des contemplateurs d'étoiles, n'avaient pas observé
longtemps et avec soin les mouvements des corps célestes, notre astronomie moderne aurait été impossible;
or, sans notre astronomie, nos vaisseaux, nos colonies, nos
marins, tout ce qui fait la vie moderne n'aurait jamais

existé. Des siècles d'étude sédentaire, paisible, médita-
tive, étaient nécessaires avant que cette existence affairée
pût commencer ; elle n'aurait jamais existé sans ces
pâles travailleurs à qui elle doit le jour. Il en est de
même pour les neuf dixièmes de la science moderne :
nous la devons à des hommes que leurs contemporains
regardaient comme des rêveurs, qui, d'après le pro-
verbe, « tombaient dans un puits en regardant les
étoiles, » enfin que l'on croyait inutiles entre tous. On
peut donc conclure avec évidence que si les hommes de ce
genre avaient été plus nombreux, si le monde ne les avait
pas raillés, si au contraire il les avait encouragés, il y
aurait eu, bien des siècles plus tôt, une grande accumulation de science prouvée. C'est cette activité fiévreuse,
ce besoin d'agir qui s'y sont opposés. La plupart des
hommes apportaient en naissant un tempérament trop
inquiet, trop remuant pour rester en repos et faire des
découvertes ; bien plus, leurs stériles clameurs « trou-
blaient la poule en train de couver ses œufs ; » ils n'ac-
cordaient aucun repos à ceux qui en demandaient et
dont la paisible méditation aurait pu produire tant de
bien.

Si nous considérons combien la science a fait et combien elle fait encore pour le genre humain, et s'il est
prouvé que l'activité exagérée des hommes est cause que
la science s'est produite si tard dans le monde, qu'elle y
est encore si faible et si rare, la plupart des gens seront
convaincus que cet excès d'activité est un grand mal.
Mais ce n'est là qu'une partie, et peut-être n'est-ce pas
la plus importante, du mal que cause l'activité exagérée.

Ainsi que je l'ai dit, elle nous a été léguée par les temps
où la vie était simple, où le but était d'ordinaire facile à
distinguer, où l'on y arrivait en agissant promptement.
Si A tue B avant que B puisse tuer A, alors A survit, et
la race humaine est composée d'A. Mais la vie n'a plus
cette simplicité. Pour agir juste dans les sociétés modernes il faut beaucoup d'études préalables, beaucoup de
connaissances acquises, un esprit pénétrant et inventif.
Or toutes ces conditions, sans lesquelles on ne peut agir
sainement, exigent beaucoup de temps, j'allais dire beaucoup de rêverie, une longue période où l'on est purement passif. L'art même de se tuer les uns les autres,
qui d'abord plus que tout le reste apprit aux hommes à
agir avec promptitude, exige maintenant qu'ils agissent
avec lenteur. Un général trop prompt est aujourd'hui le
pire des généraux ; le meilleur de tous est une sorte de
Von Moltke, homme passif s'il en fut jamais, qui « se
tait en sept langues, » qui possède, sur l'art de tuer les
gens, plus de connaissances et des connaissances plus
méthodiques qu'on n'en a jamais possédé. Cet homme
joue avec son ennemi une partie d'échecs où il calcule
tout, où il est toujours maître de lui. Je voudrais que
l'art de faire du bien aux hommes eût fait autant de progrès que celui de les détruire : bien que la guerre soit
devenue lente, la philanthropie est restée impatiente.
Voici peut-être la plus mélancolique des réflexions qu'on
puisse faire sur l'humanité : c'est qu'on peut se demander, en somme, si la bienveillance des hommes fait
plus de bien que de mal. La philanthropie fait beaucoup
de bien, assurément ; mais elle fait beaucoup de mal

aussi. Elle augmente tellement le vice, elle multiplie tellement la souffrance, elle fait naître, pour le vice et la douleur, des populations si considérables qu'on peut se demander si elle n'est pas un malheur pour le monde. Cela vient uniquement de ce que des hommes excellents s'imaginent qu'ils peuvent faire beaucoup en agissant promptement ; qu'ils rendront de grands services au monde en donnant satisfaction à leurs propres sentiments ; qu'il faut, dès que l'on voit le mal, faire quelque chose pour l'arrêter et le prévenir. On peut incliner à espérer que, dans cette comparaison du bien et du mal, la balance est en faveur de la bonté ; on a peine à supporter l'idée qu'il n'en soit pas ainsi. Mais, malgré tout, il est certain que le compte du mal est lourd, et que ce fardeau aurait pu nous être presque complétement épargné, si les philanthropes n'avaient pas reçu en héritage de leurs ancêtres, aussi bien que les autres hommes, une passion violente pour l'action immédiate.

Même dans le commerce, qui est maintenant la principale occupation du genre humain, et dans lequel on trouve un criterium aisé de succès ou d'échec, — qui fait défaut à bien des travaux d'une nature plus élevée, — cette même disposition à l'action excessive est très-apparente pour les observateurs. Il est impossible de forcer les gens à se borner aux affaires pour lesquelles leurs capitaux suffisent et dans lesquelles ils peuvent s'engager avec sécurité : c'est la folie générale. Il est vrai qu'elle vient jusqu'à un certain point du désir de s'enrichir ; mais elle est aussi causée, et dans des limites très-étendues, par le pur amour de l'activité. Il y a chez ces hommes une tendance à l'action trop grande pour qu'ils puissent la satisfaire. Les opérations auxquelles ils peuvent se livrer avec leur propre capital ne les occuperaient que quatre heures par jour ; or ils veulent exercer leur activité et leur industrie pendant huit heures : c'est ainsi qu'ils se ruinent. S'ils avaient pu se résigner seulement à rester tranquilles pendant les quatre autres heures, ils seraient devenus riches. Les amusements auxquels se livrent les hommes, du moins en Angleterre, nous donnent le même enseignement. Nos chasses à courre, nos voyages, nos ascensions, sont devenus des travaux fatigants. On dit assez communément à l'étranger qu'un voyage fatigant répond à l'idée qu'un Anglais se fait d'un congé : c'est simplement une autre façon de dire que l'énergie et l'activité immenses qui nous ont donné notre rang dans le monde, sont descendues dans bien des cas jusqu'à ceux qui ne trouvent dans la vie moderne aucune manière d'employer cette activité et de donner issue à cette énergie.

Les spéculations abstraites du genre humain portent elles-mêmes des traces bien visibles de cette impulsion trop violente. On a réduit chaque philosophie en système ; cependant, comme ces philosophies se contredisent complètement les unes les autres, la plupart d'entre elles doivent être fausses. Des principes abstraits sans nombre, qui n'avaient pas été prouvés, ont été saisis à la hâte par des esprits impatients, puis développés dans des livres et des théories qui prétendaient expliquer le monde entier. Mais le monde dément ces abstractions qui voudraient le faire marcher dans des directions opposées. La plupart des systèmes attirent les jeunes esprits et frappent les esprits inconsidérés; mais les esprits cultivés se tiennent vis-à-vis d'eux dans une grande réserve. Ils sont prêts à accueillir les idées, à en profiter, et la moindre vérité est toujours bienvenue auprès d'eux. Mais un gros livre de philosophie déductive doit inspirer bien de la défiance.

Sans doute les déductions peuvent être justes; elles le sont dans la plupart des écrivains; mais d'où venaient les prémisses? qui peut être sûr qu'elles renferment, sur le sujet traité, toute la vérité et rien que la vérité? qui n'est certain, pour ainsi dire, avant tout examen, qu'elles contiendront un mélange étrange de vérité et d'erreur, et que, par conséquent, ce n'est point la peine d'employer sa vie à raisonner sur leurs conséquences! En un mot, l'énergie superflue du genre humain a débordé sur la philosophie entière; elle a enflé, jusqu'à en faire de gros systèmes, ce qui aurait dû rester à l'état de modestes propositions.

Si les systèmes anciens ne sont pas vrais en tant que systèmes, on ne doit pas non plus accepter dans toute son étendue la révolte qui s'est élevée contre eux dans les derniers temps. On y trouve aussi le même vice originel. Nulle part on ne trouve, plus que dans les révolutions, un excès d'énergie. La passion d'agir est tout aussi prompte à renverser qu'à construire : il est même probable qu'elle penche davantage de ce côté; car la tâche est plus aisée.

> Les vieilles choses ne sont donc pas nécessairement vraies,
> Hommes, mes frères, ni les nouvelles non plus;
> Ah! gardez encore un peu les pensées d'autrefois
> Et considérez-les une fois encore.

Mais c'est justement ce que l'esprit humain ne veut

pas faire. Il veut agir sans retard; il ne veut plus rien considérer.

Mais on me dira : qu'est-ce que le gouvernement de discussion a de commun avec ces choses? Les empêchera-t-il? En diminuera-t-il les effets? — Oui, il peut avoir cette double influence; il l'exerce de la façon la plus manifeste. Si vous voulez arrêter l'action immédiate et instantanée, exigez toujours que l'action ne commence que lorsqu'un nombre considérable de personnes auront traité le sujet et seront demeurées d'accord. Si ces personnes diffèrent entre elles par le tempérament, les idées, l'éducation, vous êtes presque absolument certain que rien, ou presque rien, ne se fera avec une rapidité excessive. Chaque classe de personnes aura son orateur; chaque orateur présentera son objection particulière, sa contre-proposition particulière; et de la sorte on finira probablement par ne rien faire ou par ne faire que le minimum exigé manifestement par la nécessité. Dans bien des cas, ce délai peut être dangereux; dans bien des cas il vaut mieux agir promptement. Une campagne, comme le dit Macaulay, ne peut être dirigée par une assemblée délibérante; et il est bien d'autres genres d'action qui exigent un chef unique pourvu de pleins pouvoirs. Mais pour ce qui nous occupe à présent, c'est-à-dire pour prévenir une action précipitée et pour assurer de mûres réflexions, il n'y a rien qui vaille un gouvernement de discussion.

C'est ce que voient fort bien les gens d'un caractère opposé, ceux qui veulent agir promptement. Ils répètent sans cesse que notre siècle est un siècle de comités, que les comités ne font rien, que tout s'évapore en paroles.

Leur grand ennemi est le gouvernement parlementaire;
ils l'appellent, avec M. Carlyle, « la pétaudière nationale; » ils additionnent les heures qu'on y consume, les
discours qu'on y fait; ils appellent de leurs soupirs un
temps où l'Angleterre serait encore gouvernée, comme
elle le fut jadis, par un Cromwell; c'est-à-dire où un
homme ardent, absolu, pourrait réaliser exactement les
désirs d'autres hommes ardents comme lui, et les réaliser
sans délai. Ces attaques sont perpétuelles et viennent de
bien des côtés différents; du côté des philosophes, dont
chacun voudrait mettre à l'essai quelque nouveau projet;
du côté des philanthropes, qui voudraient corriger quelque
mal; du côté des révolutionnaires, qui voudraient détruire
quelque vieille institution; du côté des utopistes qui voudraient voir apparaître leur nouvelle ère. Or tous reconnaissent clairement par là qu'un gouvernement de discussion est le correctif le plus efficace de cette méprise
héréditaire de la nature humaine, c'est-à-dire du désir
d'agir promptement : désir précieux dans une époque de
simplicité primitive, mais qui, plus tard, dans un âge de
complications, produit tant de maux.

Quelquefois cette accusation portée contre notre époque prend une forme plus générale. On allègue que nos
énergies diminuent; que les hommes n'ont plus aujour-
d'hui en moyenne cette promptitude de détermination
qu'ils avaient lorsque le monde était plus jeune; que,
non-seulement les comités et les parlements ont perdu
cette décision rapide d'autrefois, mais que tous les hommes l'ont perdue. J'aime à croire que cela est vrai en
effet; car, selon moi, cela prouve que la spontanéité bar-

bare que nous avaient léguée nos aieux s'affaiblit et se
meurt. Bien loin de croire que le caractère qu'on attribue aux hommes d'aujourd'hui soit un défaut, je voudrais que ceux qui le leur reprochent fussent bien plus
dans le vrai qu'ils ne me paraissent y être. Cependant il
est certain que l'habitude d'agir avec impétuosité et avec
violence a subi quelque diminution, quoiqu'elle soit
encore beaucoup plus forte qu'elle ne devrait être. Je
crois que ce résultat est dû en grande partie, du moins
en Angleterre, à notre gouvernement de discussion qui a
donné un certain ton intellectuel, répandu une certaine
disposition à peser les raisons, une conviction — dont
manquaient les anciennes époques moins tolérantes que la
nôtre,—que, sur chaque chose, il y a beaucoup à dire pour
et contre. — Voilà la véritable raison qui fait paraître
notre énergie si inférieure à celle de nos pères. Quand
nous avons en vue un but déterminé, que nous savons qu'il
faut y arriver, que nous croyons savoir le moyen de l'atteindre, nous sommes assez capables d'agir. Nos soldats,
dans leurs campagnes, déploient autant d'énergie que jamais ; nos marchands, dans leurs spéculations, montrent
plus de promptitude, plus d'audace, plus de vigueur
qu'on n'en a jamais· montré dans ce genre. Dans les anciens temps, un très-petit nombre d'idées dominait les
hommes et les sociétés : cela n'est plus possible, fort heureusement. Nous voyons combien ces vieilles idées étaient
incomplètes ; par quel effet du hasard l'une s'emparait
d'une nation, l'autre d'une autre ; combien de fois un
groupe d'hommes en a persécuté un autre pour des opinions relatives à des sujets dont ni les uns ni les autres,

nous le voyons aujourd'hui, ne savaient le premier mot.
Il serait fort heureux qu'il y eût dans le monde un plus
grand nombre de vérités réellement démontrées ; mais
tant qu'il n'y a pas de démonstration de ce genre, tant
que les raisons qui portent chez un homme une parfaite
conviction semblent à un autre légères et insuffisantes,
sachons reconnaître franchement un doute inévitable. Ne
soyons pas des fanatiques sans conviction, des persécuteurs
sans foi. Voilà ce que nous commençons à voir, et parce
que nous le voyons, on nous insulte. Mais ces doutes
mêmes sont un grand bienfait de la discussion appliquée
à la recherche de la vérité ; nous les devons à son influence toujours dominante; et cette discussion elle-même
est due, pour la plus grande part, à l'existence prolongée
d'un gouvernement qui exige, et de vive voix et par écrit,
des débats incessants.

C'est là un des bienfaits peu connus d'un gouvernement libre, une des manières dont il contrebalance les
impulsions exagérées que l'humanité a reçues en héritage. Il y a aussi un autre penchant de notre nature sur
lequel ce genre de gouvernement produit le même effet ;
mais sur lequel je dois passer rapidement, et qui, à première vue, paraîtra ridicule. Toutes choses étant égales
d'ailleurs, les races qui réussissent le mieux sont celles
qui se multiplient le plus vite. Dans les luttes du genre
humain, le nombre a toujours été une grande puissance.
Le groupe le plus nombreux a toujours eu un avantage
sur le moins nombreux, et celui où la procréation est la
plus rapide a toujours tendu à être le plus nombreux.
C'est pourquoi la nature humaine est arrivée jusqu'à

notre civilisation, où il y a relativement peu de luttes, avec des désirs qui dépassent de beaucoup les besoins de la société ; les économistes diraient que le « besoin senti » est beaucoup plus grand que le « besoin réel. » Une promenade dans Londres suffit à établir ce fait. « Le grand péché des grandes villes » est un mal immense qui en découle. Qui pourra jamais évaluer tout ce que renferment ces mots ? Combien d'existences perdues, combien de cœurs brisés, combien de corps épuisés, combien d'esprits ruinés, combien de misères affectant la gaieté, combien de gaietés qui se sentent misérables, combien ensuite de peines, d'afflictions, combien de maladies dévorantes transmises de génération en génération ! Et si nous passons au monde moral, combien d'esprits sont réduits à l'impuissance par une incessante anxiété ! Combien d'imaginations fécondes qui auraient laissé quelque chose au genre humain, sont enchaînées par des soucis vulgaires ! Combien chaque génération fait de sacrifices à celle qui la suit ! Quel faible parti chaque homme tire de lui-même en comparaison de ce qu'il en pourrait tirer ! Combien y a-t-il eu, dans le monde, d'Irlandes où les hommes auraient été contents et heureux s'ils avaient été seulement moins nombreux ! Combien il y aurait eu plus d'Irlandes encore, si le nombre des malheureux n'avait été maintenu dans certaines limites par l'infanticide, le vice et la misère ! Avec quelle douleur on est obligé de conclure que nous ne savons pas si toutes les machines et les inventions de l'espèce humaine ont encore allégé le travail quotidien d'un seul être humain. Elles ont permis à un plus grand nombre d'hommes de vivre ; mais

ces hommes se livrent à un travail aussi pénible, mènent
une vie aussi abjecte, aussi misérable, que ceux qui vivaient autrefois en moins grand nombre.

On me dira de cette passion exactement ce qu'on a
dit de la passion de l'activité : En admettant qu'elle soit
en excès, comment pouvez-vous dire, comment qui que
ce soit sur la terre peut-il dire que le gouvernement de
discussion soit, en aucune façon, capable de la guérir ou
de la diminuer ?

Il est certain que ce gouvernement ne la guérira point;
mais quant à la diminuer, je pense qu'il le peut et qu'il
le fait. Pour montrer que je n'imagine pas après coup des
prémisses destinées à prouver une conclusion si singulière, je citerai un passage de M. Spencer, le philosophe
qui a le plus contribué à jeter la lumière sur ce sujet.

« Le progrès futur de la civilisation, que la pression toujours croissante de la population doit produire, sera accompagné d'une dépense croissante d'individuation, à la
fois dans la structure et dans la fonction, et plus particulièrement dans la structure et dans les fonctions du système nerveux. La lutte pacifique pour l'existence, dans des
sociétés qui deviendront de plus en plus denses et complexes, doit avoir pour accompagnement un accroissement
en masse, en complexité, en activité, des grands centres
nerveux. La quantité plus grande de force motrice nécessaire, comme source d'énergie, à des hommes qui doivent
tenir leur place et élever leur famille au milieu de la concurrence grandissante de la vie sociale, correspond, toutes
choses égales d'ailleurs, à un cerveau plus développé.
Ces sentiments plus élevés — que suppose la conduite

plus prudente et mieux réglée permettant seule à l'individu, dans une société plus avancée, de laisser une postérité durable — correspondent, toutes choses égales, à un cerveau plus complexe. Il en est de même de ces idées plus nombreuses, plus variées, plus générales et plus abstraites, qui doivent aussi devenir de plus en plus nécessaires pour réussir dans la vie, à mesure que la société se perfectionne. La production de cette quantité plus considérable de sentiment et de pensée — dans un cerveau dont les dimensions et la complexité s'accroissent ainsi, — correspond, toutes choses égales, à une plus grande usure de tissu nerveux et à une plus grande consommation des matériaux qui servent à le réparer. Par conséquent, et par les premiers frais qu'exige sa formation, et par la dépense qu'entraîne ensuite son activité, le système nerveux doit nécessairement prélever sur le reste de l'organisme un plus lourd tribut. Le cerveau de l'homme civilisé est déjà environ de trente pour cent plus volumineux que celui du sauvage. Il présente aussi, dès à présent, une hétérogénéité croissante, particulièrement dans la distribution de ses circonvolutions. Nous en concluons qu'il continuera à subir d'autres changements analogues à ceux qui se sont produits sous la discipline de la vie civilisée... Mais, partout et toujours, l'évolution est en antagonisme avec la dissolution procréatrice. Soit à cause du développement plus considérable des organes qui concourent à la conservation de l'individu, soit en raison de leur plus grande complexité de structure, soit parce que leur activité est accrue, la quantité de matériaux qu'ils exigent et qu'ils absorbent diminue d'autant la réserve des matériaux destinés à perpétuer la race. Et il y a, nous l'avons vu, des raisons de croire que cet antagonisme entre l'individuation et la procréation se marque d'une façon toute particulière dans ce qui concerne le système nerveux, à cause des dépenses particulières qu'exigent la formation et le jeu de ses organes. Dans le § 346 nous indiquions la connexion apparente qui existe entre un développement cérébral élevé et un délai prolongé de maturité sexuelle ; dans les § § 366 et 367, les faits sont venus nous montrer que, là où existe une fécondité exceptionnelle, il y a dans l'esprit de l'inertie ; que là où il y a eu, pendant l'éducation, une dépense excessive d'activité mentale, il en résulte souvent une stérilité partielle ou complète. Par conséquent le genre particulier d'évolution qui doit dans l'avenir modifier la constitution de l'homme, devra plus que tout autre, on peut s'y attendre, amener une diminution dans son pouvoir de reproduction. »

Cela veut dire que les hommes qui vivent d'une vie intellectuelle, ou qui peuvent être amenés à un tel genre de vie, n'auront probablement pas autant d'enfants qu'ils en auraient eu autrement. Dans les cas particuliers ceci peut n'être pas vrai ; de tels hommes peuvent avoir un grand nombre d'enfants ; ils peuvent être, dans tous les sens, des hommes d'une puissance et d'une vigueur remarquables. Mais ils n'auront pas leur maximum de postérité : ils n'en auront pas autant qu'ils en auraient eu s'ils avaient vécu sans préoccupation, sans réflexion. Par conséquent les descendants de ces hommes qui vivent par le cerveau seront moins nombreux en moyenne que ceux des hommes dont l'intelligence travaille moins.

Maintenant, en supposant que cette doctrine philosophique soit exacte — je pense que telle est l'opinion des meilleurs philosophes, — on voit sans peine comment elle s'applique à la question qui nous occupe. Rien ne développe l'intelligence comme la discussion intellectuelle, et rien ne favorise la discussion intellectuelle comme un gouvernement de discussion. Une atmosphère perpétuelle de recherches intellectuelles agit puissamment, comme chacun peut le voir, à Londres en jetant les yeux autour de lui, sur la constitution des hommes et des femmes. Il n'y a, dans chaque individu de notre race, qu'une certaine somme de force ; si on l'emploie d'une façon on ne peut l'employer d'une autre. L'atmosphère intellectuelle dirige la force sur des travaux intellectuels ; elle tend à détourner ailleurs cette force que les circonstances où vivait la société primitive employaient à la multiplication de la race : comme une politique de discussion tend pardessus toutes choses à produire une atmosphère intellectuelle, on voit que ces deux choses, qui semblaient si éloignées l'une de l'autre, sont maintenant rapprochées. Nous avons donc montré, dans un second cas, qu'un gouvernement libre tend à guérir un excès héréditaire de la nature humaine.

Enfin, en dernier lieu, un gouvernement de discussion tend non seulement à diminuer nos défauts héréditaires, mais aussi, dans un cas du moins, à augmenter une qualité que transmettra l'hérédité. Il tend à fortifier et à accroître une qualité délicate ou une combinaison de qualités singulièrement utile dans la vie pratique, qualité qu'il n'est pas facile de décrire exactement, et dont les effets exigeraient non les dernières pages d'un chapitre, mais un chapitre tout entier, pour qui voudrait les étudier complètement. Cette qualité, c'est ce que j'appelle la modération animée.

Si l'on demandait à quelqu'un d'expliquer ce qui distingue les écrits d'un écrivain de génie, qui est en même temps un grand homme pratique, de tous les autres écrits, je crois qu'il emploierait ces mêmes mots, « la modération animée. » Il dirait que dans ces écrits on ne trouve jamais de longueurs, jamais d'excès, jamais d'exagération; qu'ils sont toujours remplis de jugement, et que cependant ils ne sont pas ennuyeux; qu'on y trouve autant de verve qu'en pourrait avoir un écrivain extravagant, et que cependant chaque ligne dénote un écrivain solide et sensé. Le meilleur modèle de cette qualité dans la littérature Anglaise, — et il est presque parfait, — c'est Walter Scott. Homère était parfait à cet égard, autant que nous en pouvons juger; Shakespeare reste quelquefois pendant longtemps dans la perfection ; puis tout-à-coup, entraîné par les défauts d'une mauvaise éducation et le mauvais goût de l'époque, il s'emporte à des excès. Quoi qu'il en soit, Homère, Shakespeare dans ses meilleurs moments, Walter Scott, — qui d'ailleurs est sous d'autres rapports si loin de les égaler, — ont en commun cette qualité remarquable, cette union de la vie et de la mesure, de la verve et de la raison.

Dans la vie active c'est aussi par cette qualité que les Anglais, — du moins je le réclame pour eux, — l'emportent sur toutes les autres nations. Il y a une infinité de choses

à dire contre nous, et comme nous sommes impopulaires
chez la plupart des autres nations, comme nous sommes
toujours à gronder contre nous-mêmes, il ne manque
pas de personnes pour les dire. Mais après tout, dans un
certain sens, l'Angleterre est un succès dans le monde :
elle compte dans sa carrière bien des fautes, mais cette
carrière a été, en somme, belle et triomphante. Cela
tient à ce qu'elle possède parfaitement cette qualité particulière. Qu'est-ce qui fait le succès d'un marchand ?
c'est qu'il a beaucoup d'énergie et que cependant il ne
va pas trop loin. Si vous demandez à quelqu'un de
vous définir un Anglais remarquable comme homme
pratique, vous êtes sûr qu'on vous répondra ceci, ou
quelque chose d'analogue : « Oh ! Il sait aller de l'avant ;
mais il sait aussi s'arrêter à temps. » Il peut avoir bien
des défauts ; il peut être grossier, sans instruction, sans
conversation ; mais il a toujours pour lui la bride et l'é-
peron, ce mélange de modération et d'énergie. Probablement, lorsqu'il s'arrête, il aura de la peine à expliquer
les raisons qui le font arrêter, ou qui l'ont fait agir tandis
qu'il agissait ; mais toutefois, par une sorte d'instinct, il
ralentit le pas assez à propos, quelle que fût auparavant
sa vitesse.

Aucun homme d'état Anglais ne nous fournit un meilleur exemple de cette qualité que lord Palmerston. On
peut, sans doute, lui adresser beaucoup de reproches
fondés. Cette sorte de vénération qu'on avait pour lui
dans les dernières années de sa vie s'est dissipée ; le charme
est brisé et ne retrouvera plus sa puissance. Il est permis
de croire que ses connaissances étaient peu étendues,

ses conceptions étroites, que sa vue était courte et sujette
à l'erreur. Mais quoique nous puissions souvent critiquer
ses intentions, nous avons rarement à critiquer ses moyens.
On a dit qu'il avait beaucoup d'élan; mais qu'il ne faisait jamais de chute : il trouvait toujours moyen de s'arrêter avant qu'il y eût aucun danger. On ne s'attendait
guère à voir appliquer à cet homme d'état la devise de
Hampden; et cependant il y avait chez lui, en réalité,
beaucoup du *mediocria firma*, autant probablement qu'il
pouvait y en avoir dans un homme qui avait tant de vivacité et d'élasticité.

Il est évident que cette qualité contribue, autant au
moins qu'aucune autre, au succès dans la vie. Elle met les
hommes à même de voir ce qui est bon ; elle leur donne
assez d'intelligence pour comprendre les choses; mais elle
ne fait pas d'eux de pures intelligences, « elle n'altère pas
chez eux les vives couleurs de la résolution par les pâles
nuances de la réflexion » (Hamlet); elle les rend capables
de faire les choses qu'ils trouvent bonnes, tout aussi bien
que de voir qu'elles sont bonnes. Or il est évident qu'un
gouvernement de discussion publique tend à produire
cette qualité. Un esprit d'une tournure trop particulière,
disposé à embrasser violemment les opinions extrêmes,
est bientôt balayé de la vie politique : un penseur spécu-
latif, un lettré qui ne sait pas agir, n'y saurait vivre un
jour. Une modération vigoureuse d'esprit et de corps
s'impose sous un gouvernement qui s'exerce par la discussion ; et c'est en somme le tempérament qui convient
le mieux à la vie active d'un être tel que l'homme dans
un monde comme celui où nous vivons.

Ces trois grands bienfaits du gouvernement libre, quelque précieux qu'ils soient, sont bien peu de chose pourtant en comparaison de ce premier service qu'il avait rendu aux hommes et qu'il continue de leur rendre. Le plus grand comme le premier de ses bienfaits a été de délivrer le genre humain du joug suranné des coutumes despotiques, par le développement graduel de l'originalité et de l'esprit d'examen. Il continue à produire cet effet sur des personnes qui se trouvent en apparence bien éloignées de son influence, et sur des sujets avec lesquels il n'a rien de commun. Ainsi M. Mundella, le plus expérimenté et le plus compétent des juges, nous dit que l'ouvrier anglais, quoiqu'il soit beaucoup moins sobre, moins instruit et moins cultivé que les artisans de quelques autres pays, est pourtant plus inventif que tout autre ouvrier. Il fournira, plus que tout autre, à son patron des idées profitables.

D'un autre côté, sur un terrain bien différent, en considérant la position que Locke et Newton occupaient dans la science au dernier siècle, et celle que Darwin y occupe dans le nôtre, on peut soutenir sans exagération qu'il y a, chez les penseurs anglais, une certaine qualité, grâce à laquelle ils produisent autant, sinon plus d'idées originales du premier ordre, que des nations où la culture scientifique est plus avancée et où la science inspire un intérêt plus général. Je crois que, dans ces deux cas, l'originalité des Anglais vient de ce que le gouvernement de discussion donne dans la société entière le mouvement et la vie à la pensée ; c'est que, grâce à lui, on pense en Angleterre que la pensée ne peut produire aucun mal ; c'est que cette force a longtemps exercé son action chez nous et qu'elle y a rendu les hommes de toutes les classes plus aptes à employer leur énergie intellectuelle chacun à sa façon, tandis qu'un gouvernement despotique les oblige à l'employer dans un sens déterminé. Or, la véritable originalité est si rare dans le genre humain, et elle porte tant de fruits, que ce bienfait d'un gouvernement libre contrebalance probablement à lui seul les inconvénients secondaires qu'il peut avoir en bien des cas. A lui seul il nous permet, ou du moins peu s'en faut, de dire avec Montesquieu : « Quélque prix que coûte cette glorieuse liberté, nous devons le payer au ciel sans nous plaindre. »

LIVRE CINQUIÈME

LE PROGRÈS VÉRIFIABLE EN POLITIQUE

La première publication de ces essais fut interrompue par une maladie sérieuse suivie d'un malaise prolongé ; et maintenant que je les réunis, je veux, pour les compléter, en ajouter un autre où j'indiquerai brièvement le fil du sujet que j'y ai traité. Je m'expose ainsi à des répétitions fastidieuses ; mais, dans un sujet à la fois si obscur et si important, il n'est pas de défaut qui ne soit préférable à l'apparence du vague.

Dans un livre précédent, j'ai essayé de montrer que des causes plus légères qu'on ne le pense communément peuvent faire passer une nation de l'état stationnaire de la civilisation à l'état progressif ou à l'état de décadence. Généralement l'effet de l'agent qui produit ce changement n'est pas bien compris. On pense qu'il opère sur tous les objets de la nation, et l'on admet, à moitié du moins, que l'on doit tenir compte uniquement de l'effet produit directement sur chaque individu. Mais indépendamment de cet effet général dû, pour ainsi dire, au pre-

mier choc de la cause, il y a un second effet, toujours
considérable, et d'ordinaire plus puissant : un nouveau
modèle de caractère est créé pour la nation ; les caractères qui s'en rapprochent sont encouragés et se multiplient ; ceux qui s'en éloignent sont persécutés et deviennent plus rares. En une génération ou deux, la nation
présente une physionomie tout à fait différente ; les caractères typiques qui s'élèvent au-dessus des autres sont
différents ; les hommes imités sont différents ; le résultat
de l'imitation est différent. Une nation peut devenir d'in-
dolente industrieuse, de riche pauvre, de religieuse irré-
ligieuse, comme par enchantement, le tout si une seule
cause, bien que légère, ou une combinaison de causes,
bien qu'à peine saisissable, est assez forte pour changer
les types favoris et les types détestés.

Ce principe nous aidera, je crois, si nous essayons de
résoudre cette question : pourquoi si peu de nations ont-
elles progressé, quand le progrès nous semble si naturel ? Quelle est la cause ou l'ensemble de causes qui a,
dans la grande majorité des cas, empêché ce progrès, et
qui l'a produit dans une faible minorité ? Mais il y a une
difficulté préliminaire : Qu'est-ce que le progrès, et
qu'est-ce que la décadence ? Même dans le monde animal,
il n'y a point de règle applicable acceptée par les physiologistes, qui nous permette d'affirmer que tel animal est
plus ou moins élevé que tel autre ; il y a des discussions
à ce sujet. A plus forte raison dans les combinaisons et
dans les sociétés plus complexes des êtres humains, il
sera probablement difficile de s'accorder sur un critérium
qui nous permette de dire quelle nation est en avance

sur une autre, ou à quelle époque une nation marchait en avant, à quelle époque elle reculait.

L'archevêque Manning adopterait une règle de progrès et de décadence ; le professeur Huxley, sur les points les plus importants, en prendrait une tout opposée : ce que l'un considérerait comme un progrès serait considéré par l'autre comme un recul. Chacun d'eux a un but distinct auquel il tend, un malheur déterminé qu'il redoute ; mais ce que l'un désire n'est guère éloigné de ce que craint l'autre ; des livres entiers ne suffiraient pas à épuiser la controverse qui les sépare. Et d'un autre côté, dans l'art, qui déterminera ce qu'il faut entendre par progrès, par décadence ? M. Ruskin serait-il d'accord à ce sujet avec qui que ce fût ? Serait-il d'accord avec lui-même ? Y a-t-il beaucoup de personnes qui puissent se hasarder à lui donner tort ou raison ?

J'ai bien peur d'être obligé, pour employer une expression familière à Sir Wm Hamilton, « de tronquer un problème que je ne puis résoudre. ».

Il m'est impossible de porter un jugement sur les points disputés de l'art, de la morale ou de la religion. Mais, en les mettant de côté, je pense qu'il y a quelque chose comme « un progrès vérifiable, » si je puis ainsi m'exprimer ; c'est-à-dire un progrès qui sera admis comme tel par les quatre-vingt dix-neuf centièmes au moins du genre humain, contre lequel ne protestera aucune croyance établie ou organisée, dont les adversaires étant en contradiction complète les uns avec les autres, et croyant l'un une chose et l'autre le contraire, peuvent être rejetés complétement et avec sécurité.

Voyons en quoi un village de colons anglais est supérieur à une tribu d'indigènes australiens qui errent autour d'eux. Sur un point, et ce point est essentiel, ils
ont une supériorité incontestable. Ils peuvent battre les
Australiens à la guerre quand il leur plaît ; ils peuvent
leur enlever tout ce qui leur plaît, et tuer qui que ce soit
d'entre eux s'ils le veulent. En règle générale, dans toutes les régions lointaines et non disputées du monde,
l'habitant indigène est à la merci de l'usurpateur euro-
péen. Ce n'est pas tout. Il y a incontestablement dans
le village anglais plus de moyens de bonheur, une accumulation de ce qui nous procure des jouissances plus
grandes que dans la tribu australienne. Les Anglais ont
toutes sortes de livres, d'ustensiles, de machines, dont
les autres ne connaissent ni l'utilité, ni la valeur, ni l'emploi. De plus, outre les inventions particulières, il y a
une force générale que l'on peut employer à vaincre mille
obstacles ; il y a une source de bonheur permanente,
parce que ceux qui la possèdent sentent toujours qu'ils
pourraient s'en servir.

Si donc nous laissons de côté les points plus élevés de
la morale et de la religion, nous trouverons, je crois, que
les avantages les plus clairs et les mieux reconnus des
Anglais sont ceux-ci : premièrement ils ont en somme
un plus grand empire sur les forces de la nature. Quoiqu'ils puissent le céder individuellement aux Australiens
pour certains traits d'une adresse toute particulière ;
quoiqu'ils ne sachent pas aussi bien lancer le boumerang,
allumer aussi bien du feu avec de petits morceaux de
bois, néanmoins vingt Anglais, avec leur savoir-faire et

leurs outils, peuvent produire dans le monde matériel
un changement incomparablement plus grand que vingt
Australiens avec leurs instruments. Secondement ce pouvoir n'est pas seulement extérieur, il est aussi intérieur.
Les Anglais ne possèdent pas seulement de meilleures
machines pour agir sur la nature ; ils sont eux-mêmes de
meilleures machines. M. Babbage nous a enseigné, il y a
des années, qu'un grand avantage de la mécanique était,
non pas d'augmenter la force de l'homme, mais d'emma-
gasiner et de régler la force de l'homme : et c'est ce que
l'homme civilisé peut faire et est prêt à faire de mille manières différentes, d'une façon plus avantageuse et plus
précise que le barbare. Troisièmement l'homme civilisé
n'exerce pas seulement sur la nature un pouvoir plus
étendu, mais il sait aussi s'en servir mieux ; quand je dis
mieux, j'entends qu'il en tire un meilleur parti pour la
santé et le bien-être de son corps et en même temps de
son esprit. Il peut économiser pour sa vieillesse, ce qui
est impossible à un sauvage dépourvu de moyens durables de subsister ; il est disposé à économiser, parce qu'il
peut prévoir distinctement l'avenir, ce qui est impossible à la pensée flottante du sauvage ; il aime surtout
les plaisirs modérés, continus, tandis que l'homme non
civilisé aime les transports sauvages et ne cherche qu'à
s'assouvir jusqu'à l'abrutissement. Ces trois avantages
sont résumés pour la plus grande partie, sinon en entier,
dans cette phrase de M. Spencer, que le progrès est un
accroissement dans l'adaptation de l'homme à son milieu,
c'est-à-dire dans l'adaptation de ses forces et de ses désirs intérieurs à sa destinée et à sa vie extérieures. Nous

trouvons quelque chose d'analogue dans l'ancien adage
païen : « Mens sana in corpore sano. » Or je pense que
l'on peut évaluer cette sorte de progrès indépendamment
de tout autre ; car il porte sur un genre d'avantages que
reconnaissent et sur lequel s'accordent tous ceux dont
l'opinion a quelque valeur. Sans doute il restera des
gens comme ce sauvage qui, dans sa vieillesse, revint à
la tribu où il était né, disant « qu'il avait essayé de la
civilisation pendant quarante ans et qu'elle ne valait
pas la peine qu'elle donnait! » Mais nous ne devons pas
tenir compte des opinions erronées des individus incapables de juger et des races vaincues. En somme les formes les plus communes de la civilisation, l'éducation morale la plus simple, l'éducation la plus élémentaire sont
des bienfaits évidents. Et bien qu'il puisse y avoir des
doutes sur les limites où l'on peut s'arrêter dans cette
idée, il n'y en a pas moins une large voie de progrès
« vérifiable » qui ne sera pas seulement cher à ses pro-
moteurs et à ses admirateurs, mais dont se servent et
qu'apprécient tous ceux qui l'atteignent.

Si l'on ne se résigne pas à limiter le problème comme je
l'ai fait, cette grande question : « quelles sont les causes
du progrès ? » restera, j'en suis convaincu, longtemps
sans réponse. Si nous ne prenons pas le parti de résoudre
d'abord les problèmes simples, l'histoire entière de la
philosophie nous apprend que nous ne résoudrons jamais les problèmes difficiles. Une maxime d'humilité
scientifique, sur laquelle ont insisté bien souvent les investigateurs les plus puissants, nous dit que, dans l'étude
de la vérité comme dans la vie, « ceux qui s'élèvent se-

ront abaissés, et ceux qui s'abaissent seront élevés ».
Ainsi, quoique nous paraissions ne nous occuper que
des lois du simple bien-être et du bonheur présent, nous
devons cependant en finir avec ce cas simple, avant d'af-
fronter en outre les difficultés incomparablement plus
embarrassantes de l'art, de la morale, de la religion.

Le problème, même restreint dans ces limites, est extrêmement difficile à résoudre. Les faits les plus palpables sont exactement contraires à notre attente. Lord Macaulay nous dit : « Dans toute science expérimentale il y
a une tendance à la perfection. Dans tout être humain il
y a une tendance à améliorer sa condition. » Or ces deux
principes agissant partout et toujours, on pouvait s'attendre à ce qu'ils pousseraient rapidement le genre humain en avant. Et en effet, en prenant le progrès vérifiable dans le sens qui vient de lui être donné, nous
pouvons dire que la nature récompense chaque pas fait
dans cette voie. Quiconque trouve une invention qui
profite à lui-même ou à ses voisins, devra probablement
en tirer un plus grand bien-être et obtenir plus de respect
de ceux qui l'entourent. Produire de nouvelles choses
qui « rendent service à la vie humaine et améliorent la
condition de l'homme, » c'est un bienfait qui doit, à ce
qu'il semble, procurer à son auteur une augmentation
de bonheur. Maintenant du moins il obtient souvent une
récompense énorme : une plume d'acier d'une forme
nouvelle et avantageuse, une légère amélioration dans la
confection ou dans le prix d'un certain genre de vête-
ment ont suffi à rapporter aux inventeurs des fortunes
considérables. Et les perfectionnements dans l'industrie

ont obtenu, dans les temps primitifs, le même genre de récompenses que dans les plus récents, quoique les profits qu'on pouvait réaliser ainsi dans la société primitive fussent bien faibles en comparaison de ceux qu'on obtient dans une société avancée. La nature ressemble à un maître d'école, en ce sens du moins qu'elle réserve les plus beaux prix à ses classes les plus élevées et les plus instruites. Cependant, même dans les premiers âges de la société, la nature aide ceux qui s'aident eux-mêmes, et cette aide est très-efficace.

Toutes ces raisons devraient avoir fait du progrès, du moins du progrès pris dans ce sens limité, une chose très-commune ; mais, dans la réalité, le progrès est toujours extrêmement rare. En règle générale, ainsi que nous l'avons déjà fait remarquer plus d'une fois, l'état stationnaire est de beaucoup la condition la plus ordinaire de l'homme, autant que nous pouvons la connaître par l'histoire ; l'état progressif n'est qu'une exception rare, un accident.

Avant que l'histoire commence, il faut qu'il y ait eu beaucoup de progrès dans la nation qui l'écrit ; autrement il n'y aurait pas d'histoire. C'est avoir fait un grand pas dans la civilisation que d'être capable de décrire les faits ordinaires de la vie ; et peut-être, à regarder la chose de près, c'est avoir déjà fait un pas au moins égal à celui-là que d'avoir le désir de les décrire. Mais un très-petit nombre de races ont fait ce progrès ; il y en a très-peu qui aient été capables même du genre d'histoire le plus humble ; et quant à écrire une histoire comme celle de Thucydide, cela aurait été, pour la

plupart des nations, aussi difficile que de créer une
planète. A l'époque où l'histoire commence à conserver
le souvenir des choses, elle trouve la plupart des races
incapables d'histoire, stationnaires, hors d'état d'avancer,
et à peu près telles qu'elles sont à présent.

Pourquoi donc, alors, les causes évidentes et naturelles du progrès (car nous pouvons les appeler ainsi)
n'ont-elles pas produit ces effets évidents et naturels ?
Pourquoi la destinée du genre humain a-t-elle été si dif-
férénte de ce qu'on devait attendre ? Tel est le problème
que j'ai examiné sous plusieurs formes dans ces études,
et voici en gros la solution que j'ai essayé d'en donner.

Le progrès de l'*homme* a besoin pour se développer,
de la coopération *des hommes*. Ce qu'un homme ou une
famille isolée peuvent inventer pour eux-mêmes est, on
le sent bien, extrêmement limité. Quand même cela ne
serait pas exact, il serait impossible de retrouver les
traces des progrès isolés. La plus grossière ébauche de
société, la tribu la plus basse, le gouvernement le plus
faible, ont une telle supériorité de force sur l'homme isolé
que celui-ci (si toutefois il a jamais existé sous une forme
à laquelle on pût donner le nom d'homme) a pu bien
facilement cesser d'exister. Le premier principe, en cette
matière, c'est que l'homme ne peut faire de progrès que
dans des « groupes coopératifs. » Je pourrais employer
les termes de tribus et de nations ; mais j'emploie à
dessein une expression moins commune, parce que peu
de personnes reconnaîtraient d'abord que les tribus et
les nations sont des groupes coopératifs et que de là justement vient leur valeur. De plus, si vous ne formez

une solide alliance coopérative, votre société sera vaincue et détruite par quelque autre société pourvue du lien qui vous manque. Le second principe, c'est que les membres d'un tel groupe doivent être assez semblables l'un à l'autre pour coopérer ensemble promptement et facilement. La coopération, en pareil cas, dépend d'une *union sentie* de cœur et d'esprit; or cette union n'est sentie que lorsqu'il y a dans les esprits et dans les sentiments une grande ressemblance réelle, de quelque façon qu'on soit arrivé à cette ressemblance.

Cette coopération nécessaire et cette ressemblance indispensable ont été produites, selon moi, par un des jougs les plus pesants — nous le trouverions tel s'il nous était imposé de nouveau maintenant, — par une des plus terribles tyrannies que les hommes aient jamais connues, par l'autorité de la coutume. Dans sa première phase ce n'est certes pas une puissance aimable, une autorité à l'eau de rose, comme l'aurait appelée Carlyle, mais une règle rigoureuse, incessante, implacable. Cette règle a souvent l'origine la plus puérile, elle commence par une superstition fortuite, un accident local. « Ce peuple, » dit le capitaine Palmer, des insulaires de Fidji, « est très-conservateur. Un chef suivait un jour un sentier de montagne, escorté par une longue file d'hommes de sa peuplade, quand il lui arriva par hasard de faire un faux pas et de tomber ; tous les autres en firent immédiatement autant, à l'exception d'un seul homme sur lequel tous les autres se jetèrent pour savoir s'il croyait valoir mieux que le chef. » Peut-il rien y avoir de pire qu'une vie réglée par cette sorte d'obéissance et cette

sorte d'imitation ? Cet exemple assurément n'est pas des
meilleurs. Mais la loi de la coutume, partout où nous la
trouvons dans ses premières phases, n'est autre chose
qu'un usage grossier, né du hasard, et qui cependant
s'étend à tout, qui commence on ne sait comment, qui
ordonne on ne sait pourquoi, mais qui gouverne tous les
hommes, dans presque toutes leurs actions, avec une
puissance irrésistible.

La nécessité de former ainsi des groupes coopératifs
par des coutumes fixes nous explique la nécessité de l'i-
solement pour les sociétés primitives. C'est un fait établi
que toutes les grandes nations se sont préparées à l'é-
cart et en secret. Elles se sont composées loin de tout ce
qui pouvait les détourner de leur voie. La Grèce, Rome,
la Judée, se sont formées chacune à part soi, et l'anti-
pathie de chacune d'elles pour les hommes de race différente et de langue différente est une de leurs particularités
les plus marquées ; c'est le trait le plus accusé qui leur soit
commun. Or l'instinct des premiers âges est pour leurs
besoins un guide sûr. A cette époque les rapports avec
les étrangers brisaient dans les états les règles fixes qui
travaillaient à former leurs caractères, de manière à affaiblir la trempe de l'esprit, à ôter toute suite et toute per-
sévérance à l'action. Le spectacle vivant d'une incrédu-
lité tolérée détruit la puissance coercitive de la coutume
religieuse et brise le lien social.

Ainsi nous voyons à quoi sert, dans les sociétés, une
sorte d'âge « préliminaire » où le commerce est mauvais parce qu'il empêche l'isolement des nations, parce
qu'il introduit dans les communautés occupées de leur

œuvre des idées qui les en peuvent distraire, parce qu'il apporte « un esprit étranger sur des rives étrangères ». De même que le commerce, qui est à présent à nos yeux un bien incalculable, est dans cet âge reculé un mal redoutable et une calamité ruineuse ; de même la guerre et la conquête, que nous avons, et avec raison, l'habitude de regarder comme des maux, sont souvent dans ce même âge des bienfaits singuliers et de grands avantages. C'est seulement par la lutte des coutumes que les mauvaises peuvent être éliminées et les bonnes multipliées. La conquête est le prix donné par la nature à ces caractères nationaux que leurs coutumes nationales ont rendus les plus propres à vaincre à la guerre ; et sur beaucoup de points les plus essentiels, ces caractères victorieux sont réellement les caractères les meilleurs. Les caractères qui triomphent à la guerre sont ceux que nous souhaiterions de voir triompher.

De même les bonnes institutions ont naturellement sur les mauvaises un avantage militaire. La première grande victoire de la civilisation fut la conquête des nations où la famille était mal définie, où la filiation légale s'établissait par la mère seulement, par des nations où des familles bien définies établissaient la descendance par le père aussi bien que par la mère, ou par le père seulement. Ces familles compactes sont pour la discipline militaire une base bien plus solide que ces familles mal unies qui semblent à peine être des familles, dans lesquelles la paternité n'est point reconnue, du moins au point de vue de la tribu, et où le fait physique de la maternité est seul considéré comme assez certain pour servir de fondement à une loi ou à une coutume. Les nations qui possédaient un système de famille complétement uni ont possédé la terre; c'est-à-dire qu'elles ont pris les plus belles parties des régions les plus disputées; et les nations aux systèmes relâchés ont été reléguées dans les massifs montagneux et les îles solitaires. Le système de la famille sous sa forme la plus élevée est devenu si exclusivement le système de la civilisation, que la littérature n'en reconnaît guère d'autre; sans le témoignage vivant d'une foule de communautés disséminées dans le monde, qui sont encore jetées dans le moule ancien, à peine pourrions-nous admettre la possibilité d'une chose si contraire à toutes celles au milieu desquelles nous avons vécu et qui sont devenues si familières à notre pensée. Après un tel exemple, qui nous prouve la nature fragmentaire des faits existants, il devient relativement facile de croire que des centaines d'institutions étranges peuvent avoir disparu sans laisser derrière elles aucun souvenir, sans même laisser une trace, un vestige qui aide l'imagination à se représenter ce qu'elles étaient.

Je ne puis m'étendre sur ce sujet; mais les bonnes religions ont eu de la même manière un grand avantage *physique*, si je puis m'exprimer ainsi, sur les mauvaises. Elles ont inspiré à l'homme ce que je puis appeler *de la confiance dans l'univers*. Le sauvage, soumis à une basse superstition, tremble rien qu'à parcourir le monde : il ne peut faire telle chose parce qu'elle est de mauvais augure; il doit faire telle autre chose parce qu'elle partebonheur; ou bien il est dans l'impossibilité de faire quoi que ce soit

tant que les dieux n'ont pas parlé et ne lui ont pas donné
la permission d'agir. Mais les religions plus élevées n'in-
posent ni une semblable servitude ni une terreur semblable. La croyance du Grec,

εἷς οἰωνὸς ἄριστος ἀμύνεσθαι περὶ πάτρης,

(Hom. Il, XII, 243)

la croyance du Romain convaincu qu'il devait se fier aux
Dieux de Rome parce que ces Dieux étaient plus forts que
tous les autres ; la croyance des soldats de Cromwell qui
ne songeaient « qu'à se fier à Dieu et à tenir leur poudre
sèche », sont de grands pas dans la route du progrès, à
prendre même ce mot de progrès dans son sens le plus
étroit. Elles mettaient ceux qui les avaient adoptées en
état « de prendre le monde comme il vient, » de ne se
laisser guider que par de solides raisons, de n'être arrêtés par aucun scrupule superstitieux, et chaque fois qu'ils
avaient quelque chose à faire, d'y employer toute leur
puissance. D'une façon plus directe, les religions que j'appelle *fortifiantes*, c'est-à-dire celles qui donnent l'appui
le plus évident aux parties les plus mâles de la morale, à
la valeur, à la franchise, à l'activité, ont eu l'effet le plus
sensible et le plus évident pour fortifier les races qui y
croyaient et pour en faire les races victorieuses.

Assurément parmi les progrès primitifs il en est qui
nuisent pour faire la guerre : ainsi un sentiment délicat
de la beauté, l'amour de la méditation, une tendance à
cultiver la force de l'esprit au détriment de la force cor-
porelle, contribuent de différentes manières à rendre les
hommes moins belliqueux. Mais ce sont là les vertus qui

conviennent à d'autres époques. La première œuvre des premiers âges est de lier les hommes ensemble par le lien solide d'une coutume rude, brutale, rigide; et rien ne vaut, pour accomplir cette œuvre, la lutte incessante des nations. Chaque nation est « *un groupe coopératif héréditaire* » resserré par une coutume fixe; et ceux d'entre ces groupes qui l'emportent, sont ceux qui ont les coutumes les plus propres à produire l'unité, les plus fortifiantes; et ce sont là, en règle générale, les coutumes les meilleures. Les groupes vainqueurs et conquérants valent généralement mieux que la plupart de ceux qui échouent et sont vaincus; c'est ainsi que le monde primitif devint meilleur et se perfectionna.

Ce monde primitif gouverné par la coutume dura sans doute bien des siècles. L'histoire nous peint, à ses débuts, de grandes monarchies composées chacune de cent groupes dont chacun a sa coutume, qui tous croient remonter à une antiquité prodigieuse, et qui tous doivent en effet avoir existé pendant bien des générations. Le monde, tel qu'il se présente d'abord à nous dans l'histoire, ne paraît pas du tout nouveau, mais très-ancien, et d'après nos principes il fallait en effet que son existence datât de loin. Si la nature humaine avait besoin de se perfectionner graduellement, chaque génération a dû naître moins sauvage, plus calme, plus capable de civilisation, en un mot plus *légale* que celle qui l'avait précédée, et ces perfectionnements héréditaires sont toujours lents et incertains. Quoique un petit nombre d'hommes bien doués puissent faire des progrès considérables, la masse de chaque génération n'en peut faire que de bien faibles sur la génération précédente ; et le léger perfectionnement ainsi obtenu est même sujet à être détruit par quelque atavisme mystérieux, quelque retour étrange à l'état primitif. De longs âges d'une monotonie lugubre remplissent les premiers chapitres de l'histoire des sociétés humaines ; mais ces âges ne furent pas perdus pour le genre humain ; car c'est pendant cette période que se forma cette chose relativement douce et docile que nous appelons maintenant la nature humaine.

La plus grande difficulté n'est certes pas de conserver un monde semblable, mais d'en sortir. Nous avons soumis le monde, pour l'améliorer, au joug de la coutume, et la coutume s'attache opiniâtrement au monde. Dans mille cas, disons dans la grande majorité des cas, les progrès du genre humain se sont arrêtés à cette première forme ; il est resté parfaitement embaumé, et ne présente plus que la momie de ce qu'il était primitivement. J'ai essayé de montrer de quelle manière, avec quelle lenteur, et dans quel nombre restreint de cas était secoué ce joug de la coutume. Ce fut « *le gouvernement de discussion* » qui brisa le lien séculaire et rendit à la liberté l'originalité du genre humain. Alors, et alors seulement, les mobiles sur lesquels comptait lord Macaulay pour assurer le progrès du genre humain commencèrent à agir réellement : c'est alors que « cette tendance de tout homme à améliorer sa condition » commence à avoir de l'importance ; parce qu'alors seulement l'homme peut modifier sa condition, tandis que jusque-là il est cloué sur place par l'usage antique. Alors la tendance qui porte vers la perfection tous les arts mécaniques commence à

prendre quelque force ; parce qu'enfin l'artisan peut
chercher la perfection, après avoir été forcé pendant des
siècles à se traîner dans l'ornière inévitable d'un passé
tyrannique.

Aussitôt que ce grand pas en avant est fait, tous, ou
presque tous les dons plus élevés, les grâces de l'humanité,
ont un effet rapide et marqué sur « *le progrès vérifiable,* »
sur le progrès dans le sens le plus étroit, mais aussi le
plus généralement reconnu de ce mot. Alors, ainsi que
nous l'avons vu, le succès dans la vie dépend par-dessus
tout de « la modération animée, » d'une certaine combinaison d'énergie et de prudence difficile à obtenir, plus
difficile encore à garder. Cette supériorité délicate trouve
une aide dans toutes les grâces les plus délicates de
l'humanité. On a souvent remarqué que le bon goût et le
bon sens, quoique souvent séparés, vont la plupart du
temps de compagnie, et surtout qu'un homme chez qui
le manque de goût est choquant, bien qu'il puisse quelque temps tenir une conduite raisonnable et correcte,
est cependant exposé à tomber tôt ou tard dans des
erreurs pratiques considérables. En métaphysique il est
probable que ces deux qualités, le bon goût et le bon
sens, impliquent toutes deux ce qu'on appelle « la gravité de l'esprit, » c'est-à-dire le pouvoir de rester vraiment passif, la faculté d'attendre que la foule passagère
des impressions ait produit son effet entier sur l'esprit,
y ait laissé tout l'ensemble de ses résultats. L'homme
dépourvu de jugement et celui qui est dépourvu de bon
goût sont tous deux trop impatients ; tous deux se déplacent
trop promptement et brouillent l'image. Voilà pourquoi la

réunion d'un sens délicat de la beauté et du tact, de la prudence dans la conduite, est chose naturelle ; parce que ces
deux qualités consistent dans la possession d'une faculté
précieuse, bien que, dans la réalité, cet accord soit souvent
troublé. Une mer tumultueuse de forces et de passions
trouble la vie et les actions des hommes, par des orages
qui se font à peine sentir dans les régions plus calmes de
l'art. Par conséquent la culture du bon goût tend à favo-
riser l'exercice du bon sens, notre principal appui dans
le monde complexe de la vie civilisée. C'est ainsi encore
que les parties les plus délicates de la religion travaillent
chaque jour à produire en nous cette « modération »
qui, en somme, et en règle générale, est la condition
essentielle d'un succès durable, même à prendre ce mot
de succès dans son sens le plus étroit et le plus mon-
dain. Nous pourrions signaler cette influence dans
cent circonstances diverses si notre sujet le comportait.
La plupart des goûts intellectuels d'une nature élevée
ont les mêmes effets restrictifs ; ils nous empêchent, ou
tendent à nous empêcher de nous jeter avec une avidité
vorace sur les biens de la vie : or cette avidité, qui rend
les hommes et les nations trop impatients d'obtenir la
richesse et la gloire, est souvent cause que l'on fait trop
de choses et qu'on les fait mal, et qu'on finit ainsi par
demeurer sans fortune et sans considération.

Mais il est inutile de s'étendre davantage là-dessus.
On n'en saurait douter : bien que ces qualités élevées,
ces grâces délicates de l'humanité, soient pour elle une
gêne et un obstacle dans les luttes qui remplissent la
première période de son existence, elles n'en sont pas

moins pour elle, dans une période plus avancée, de puissants avantages et des bienfaits inestimables. Or cette période commence dès que les gouvernements de discussion sont devenus assez forts pour jouir en sécurité d'une existence stable, dès qu'ils ont brisé la règle immuable de la coutume antique, dès qu'ils ont éveillé l'esprit d'invention qui sommeillait chez les hommes. Alors, pour la première fois, presque toutes les facultés humaines commencent à prendre leur essor; et chacune contribue pour sa part au progrès pris même dans son sens le plus étroit, au progrès vérifiable. Voilà la cause véritable de tous ces panégyriques de la liberté qui souvent sont si mesurés dans leur expression, mais si sincères et si bien d'accord au fond avec la vie et la nature. La liberté est la puissance qui fortifie et développe, c'est la lumière et la chaleur du monde politique. Et si quelque Césarisme, ainsi qu'il arrive parfois, fait preuve de quelque originalité d'esprit, cela tient uniquement à ce qu'il s'est approprié les résultats obtenus par la liberté, soit dans les temps passés, soit dans les pays voisins. Dans ce cas même cette originalité est fragile et dure peu : après un temps bien court, lorsqu'elle a été mise à l'épreuve par une ou deux générations, au moment où elle serait le plus nécessaire, elle disparaît.

Si l'on voulait étudier à fond toutes les conditions du progrès vérifiable, il y aurait encore bien des choses à signaler : la science, par exemple, a des secrets qui lui sont propres. La nature ne nous offre pas d'elle-même ses leçons les plus utiles ; elle ne cède ses secrets les plus féconds, ceux qui portent le plus de fruits et qui sont les plus propres à enrichir l'humanité, qu'aux hommes qui se sont résignés à passer au préalable par une longue suite d'études abstraites. Comprendre réellement les lois du mouvement n'est pas chose facile, et la solution de problèmes même assez simples de la mécanique pure est pour la plupart des hommes extrêmement pénible. Cependant c'est de ces recherches détournées, pour ainsi dire, et indirectes, que dépendent l'art de la navigation, l'astronomie physique tout entière, et toute la théorie des mouvements physiques. Mais aucune nation n'aurait pensé d'avance que de si grands secrets dussent être découverts d'une manière si curieuse. Par conséquent beaucoup de nations, qui sont engagées dans une mauvaise voie, peuvent être distancées, en supposant qu'il n'y ait pas de communications, par quelque nation qui ne leur est nullement supérieure, mais qui a eu la chance de tomber sur la bonne route. S'il n'y avait pas d'indicateurs Bradshaw, et si personne ne connaissait l'heure du départ des trains, un homme qui aurait pris l'express ne serait pour cela ni plus sage ni plus actif que celui qui l'aurait manqué, et pourtant il serait plusieurs heures avant l'autre à la capitale où tous deux veulent arriver. Or, si je ne me trompe, le même cas dut se présenter souvent au début de la science. Quoi qu'il en soit, il faudrait s'en assurer et savoir s'il en est ainsi ou s'il en est autrement, si l'on veut qu'une théorie complète du progrès vérifiable soit possible : il faudrait aussi, avant d'entreprendre cette théorie, déterminer avec précision les conditions du développement de la science physique.

Il est clair que vous ne pouvez expliquer le développement du bien-être dans l'humanité sans savoir comment les hommes apprennent et découvrent les choses qui y contribuent. D'un autre côté, pour discuter complétement la question du progrès ou de la décadence, il est indispensable d'analyser complétement les effets des agents naturels sur l'homme et les modifications de ces agents. Mais ce sont des points auxquels je ne puis toucher ; il n'y a qu'une manière de résoudre ces grands problèmes, c'est de les prendre séparément. Je prétends uniquement expliquer quelles sont, à mes yeux, les conditions politiques préalables du progrès, et surtout des premiers progrès. Je le fais d'autant plus volontiers que le sujet n'a pas été suffisamment examiné ; et par conséquent même s'il arrive qu'on trouve mes idées erronées, la discussion qu'elles provoqueront en pourra produire d'autres plus justes et plus vraies.

FIN.

TABLE DES MATIÈRES

LIBRAIRIE GERMER BAILLIÈRE

17, rue de l'École-de-Médecine, Paris.

BIBLIOTHÈQUE

SCIENTIFIQUE INTERNATIONALE

Le premier besoin de la science contemporaine — on pourrait même dire d'une manière plus générale des sociétés modernes — c'est l'échange rapide des idées entre les savants, les penseurs, les classes éclairées de tous les pays. Mais ce besoin n'obtient encore aujourd'hui qu'une satisfaction fort imparfaite. Chaque peuple a sa langue particulière, ses livres, ses revues, ses manières spéciales de raisonner et d'écrire, ses sujets de prédilection. Il lit fort peu ce qui se publie au delà de ses frontières, et la grande masse des classes éclairées — surtout en France — manque de la première condition nécessaire pour cela, la connaissance des langues étrangères. On traduit bien un certain nombre de livres anglais ou allemands; mais il faut presque toujours que l'auteur ait à l'étranger des amis soucieux de répandre ses travaux, ou que l'ouvrage présente un caractère pratique qui en fait une bonne entreprise de librairie. Les plus remarquables sont loin d'être toujours dans ce cas, et il en résulte que les idées neuves restent longtemps confinées, au grand détriment des progrès de l'esprit humain, dans le pays qui les a vues naître. Le libre échange industriel règne aujourd'hui presque partout; le libre échange intellectuel n'a pas encore la même fortune, et cependant il ne peut rencontrer aucun adversaire ni inquiéter aucun préjugé.

Ces considérations avaient frappé depuis longtemps un certain nombre de savants anglais. Au congrès de l'association britannique à Édimbourg, ils tracèrent le plan d'une BIBLIOTHÈQUE SCIENTIFIQUE INTERNATIO-NALE, paraissant à la fois en anglais, en français, en allemand, en russe et en italien, publiée en Angleterre, en France, aux États Unis, en Allemagne, en Russie, en Italie, et réunissant des ouvrages écrits par les savants les plus distingués de tous les pays. En venant en France pour chercher les moyens de réaliser cette idée, ils devraient naturellement s'adresser à la revue scientifique, qui marchait dans la même voie, et qui projetait au même moment, après les désastres de la guerre, une entreprise semblable destinée à étendre en quelque sorte son cadre et à en faire connaître plus rapidement en France les livres et les idées des peuples voisins.

Les deux projets se sont réunis, et il s'est formé alors dans chaque pays un comité de savants qui choisira les ouvrages admis dans la Bibliothèque et assurera ainsi leur haute valeur scientifique. Le comité français comprend plusieurs membres de l'Institut et le directeur de la *Revue scientifique.*

La BIBLIOTHÈQUE SCIENTIFIQUE INTERNATIONALE n'est donc pas une entreprise de librairie ordinaire. C'est une œuvre dirigée par les auteurs mêmes, en vue des intérêts de la science, pour la populariser sous toutes ses formes, et faire connaître immédiatement dans le monde entier les idées originales, les directions nouvelles, les découvertes importantes, qui se font jour dans tous les pays. Chaque savant exposera les idées qu'il a introduites dans la science et condensera pour ainsi dire ses doctrines les plus originales.

On pourra ainsi, sans quitter la France, assister et participer au mouvement des esprits en Angleterre, en Allemagne, en Amérique, en Italie, tout aussi bien que les savants mêmes de chacun de ces pays.

La BIBLIOTHÈQUE SCIENTIFIQUE INTERNATIONALE ne comprendra point seulement des ouvrages consacrés aux sciences physiques et naturelles; elle abordera aussi les sciences morales comme la philosophie, l'histoire, la politique et l'économie sociale, la haute législation, etc.; mais les livres traitant des sujets de ce genre se rattacheront encore aux sciences naturelles, en leur empruntant les méthodes d'observation et d'expérience qui les ont rendues si fécondes depuis deux siècles.

A. Giard. L'embryogénie générale.
Debray. Les métaux précieux.
P. Bert. Les êtres vivants et les milieux cosmiques.
Lorain. Les épidémies modernes.

Auteurs anglais.

Huxley. Mouvement et conscience.
W. B. Carpenter. Géographie physique des mers.
Ramsay. Sculpture de la terre.
Sir J. Lubbock. Premiers âges de l'humanité.
Charlton Bastian. Le cerveau comme organe de la pensée.
Normann Lockyer. L'analyse spectrale.
W. Odling. La chimie nouvelle.
Lauder Lindsay. L'intelligence chez les animaux inférieurs.
Stanley Jevons. La monnaie et le mécanisme de l'échange.
Michael Foster. Protoplasma et physiologie cellulaire.
Ed. Smith. Aliments et alimentation.
Amos. La science des lois.
Thiselton Dyer. Les inflorescences.
K. Clifford. Les fondements des sciences exactes.

Auteurs allemands.

Virchow. Physiologie des maladies.
Hermann. La respiration.
Leuckart. L'organisation des animaux.
O. Liebreich. La toxicologie.
Rees. Les plantes parasites.
Rosenthal. Physiologie des nerfs et des muscles.
Lommel. L'optique.
Steinthal. La science du langage.
Wundt. L'acoustique.
F. Cohn. Les Thallophytes.
Peters. Le bassin du Danube au point de vue géologique.
Fuchs. Les volcans.

Auteurs américains.

J. Dana. L'échelle et les progrès de la vie.
S. W. Johnson. La nutrition des plantes.
J. Cooke. La chimie nouvelle.
Austin Flint. Les fonctions du système nerveux.
W. D. Whitney. La linguistique moderne.

Auteurs russes.

Kostomarof. Les chansons populaires et leur rôle dans l'histoire de Russie.
Maïnof. Les hérésies socialistes en Russie.
Podcowine. Histoire de la morale.
Loutschitzky. Le développement de la philosophie de l'histoire.
Jacoby. L'hygiène publique.
Kapoustine. Les relations internationales.

PUBLICATION SCIENTIFIQUE INTERNATIONALE

REVUE SCIENTIFIQUE

DE LA FRANCE ET DE L'ÉTRANGER

REVUE DES COURS SCIENTIFIQUES (DEUXIÈME SÉRIE)

PARAIT TOUS LES SAMEDIS

Philosophie des sciences. — Histoire scientifique. —
Physique. — Chimie. — Astronomie. — Géologie. — Botanique. — Zoologie. — Physiologie. — Médecine et hygiène. — Anthropologie. — Géographie et voyages. —
Sciences industrielles. — Sciences militaires. — Sciences
sociales et politiques. — Congrès Scientifiques.

**Voici les noms des principaux Collaborateurs
dans les divers pays.**

France. — MM. Claude Bernard. — H. Sainte-Claire-De-
ville. — De Quatrefages. — Dumas. — Wurtz. — Berthelot.
— Broca. — Brongniart. — Chauveau. — Colonel Laussedat.
— Colonel Usquin. — Baillon. — Bouley. — Pasteur. —
Lorain. — Boussingault. — Faye. — Th. Ribot. — G. Ville.
— P. Bert. — L. Dumont. — Bouchardat. — Marey. — Mas-
cart. — Janssen. — Ed. Perrier. — Hébert. — E. Blanchard.
— A. Milne-Edwards. — Balbiani. — A. Gaudry. — Aimé
Girard. — Schutzenberger. — Alfred Giard. — E. Faivre.
— Fouqué. — Alglave, etc., etc.

Angleterre. — MM. Huxley. — Tyndall. — Herbert Spencer.
— Sir J. Lubbock. — Sir W. Thomson. — W. B. Carpenter.
— Ch. Darwin. — Abel. — E. J. Reed. — Liebreich. — Capi-
taine Noble. — W. Odling. — Stanley Jevons. — Normann
Lockyer. — E. Burnet Tylor. — H. Fawcet. — Hooker. —
Williamson. — Clerk. — Maxwel. — W. Siemens, etc., etc.

Allemagne et Autriche-Hongrie. — MM. Virchow. — Helmholtz. — Hartmann. — Brücke. — Haeckel. — Littrow. —
E. du Bois-Reymond. — Ludwig. — A. Ecker. — Rosenthal. — Schaafhausen. — O. Schmidt, etc., etc.

Belgique. Hollande. — MM. Van Beneden. — Plateau. — Bel-
lynck. — Harting. — Baumhauer. — Gunning. — Dewalque.
— Gluge, etc., etc.

Scandinavie. — MM. Nordenskiöld, Thomsen, etc., etc.

Italie. Suisse — MM. Moleschott. — De Saussure. — Soret.
— Le P. Secchi. — R. Wolf. — De Saint-Robert, etc., etc.

Amérique. — MM. Al. Agassiz. — Sterry-Hunt. — Salis-
bury. — Lymann, etc.

PRIX DE L'ABONNEMENT :

Paris........... Six mois. 12 fr.   Un an. 20 fr.
Départements...   —   15   —   25
Étranger........   —   18   —   30

Un numéro : 50 centimes.

LIBRAIRIE
GERMER BAILLIÈRE

CATALOGUE

DES

LIVRES DE FONDS

(Nº 2)

OUVRAGES HISTORIQUES
ET PHILOSOPHIQUES

MAI 1875

PARIS

17, RUE DE L'ÉCOLE-DE-MÉDECINE, 17

COLLECTION HISTORIQUE DES GRANDS PHILOSOPHES

PHILOSOPHIE ANCIENNE

SOCRATE. **La philosophie de Socrate,** par M. Alf. FOUILLÉE. 2 vol. in-8. 16 fr.

PLATON. **La philosophie de Platon,** par M. Alf. FOUILLÉE. 2 vol. in-8. 16 fr.

— **Études sur la Dialectique dans Platon et dans Hegel,** par M. Paul JANET. 1 vol. in-8.......... 6 fr.

ARISTOTE (Œuvres d'). traduction de M. BARTHÉLEMY SAINT-HILAIRE.

— **Psychologie** (Opuscules). 1 v.. 10 fr.

— **Rhétorique.** 2 vol......... 16 fr.

— **Politique.** 1 vol........... 10 fr.

— **Physique.** 2 vol........... 20 fr.

— **Traité du ciel.** 1 vol....... 10 fr.

— **Météorologie.** 1 vol........ 10 fr.

— **Morale.** 3 vol............. 24 fr.

— **Poétique.** 1 vol........... 5 fr.

— **De la production des choses.** 1 vol..................... 10 fr.

— **De la logique d'Aristote,** par M. BARTHÉLEMY SAINT-HILAIRE. 2 vol. in-8...................... 10 fr.

ÉCOLE D'ALEXANDRIE. **Histoire critique de l'École d'Alexandrie,** par M. VACHEROT. 3 vol. in-8..... 24 fr.

— **L'École d'Alexandrie,** par M. BARTHÉLEMY SAINT-HILAIRE. 1 vol. in-8. 6 fr.

PHILOSOPHIE MODERNE

LEIBNIZ. **Œuvres philosophiques,** avec introduction et notes par M. Paul JANET. 2 vol. in-8.......... 16 fr.

MALEBRANCHE. **La philosophie de Malebranche,** par M. OLLÉ LAPRUNE. 2 vol. in-8.................. 16 fr.

VOLTAIRE. **La philosophie de Voltaire,** par M. Ern. BERSOT. 1 vol. in-12. 2 fr. 50

— **Les sciences au XVIII⁰ siècle.** Voltaire physicien, par M. Em. SAIGEY. 1 vol. in-8................ 5 fr.

RITTER. **Histoire de la Philosophie moderne,** traduit par P. Challemel-Lacour. 3 vol........... 20 fr.

PHILOSOPHIE ÉCOSSAISE

DUGALD STEVART. **Éléments de la philosophie de l'esprit humain,** traduits de l'anglais par L. PEISSE. 3 vol. in-12. 9 fr.

W. HAMILTON. **Fragments de philosophie,** traduits de l'anglais par L. PEISSE. 1 vol. in-8.............. 7 fr. 50

— **La philosophie de Hamilton,** par J. STUART MILL. 1 vol. in-8.... 10 fr.

PHILOSOPHIE ALLEMANDE

KANT. **Critique de la raison pure,** traduite par M. TISSOT, 2 vol. in-8. 16 fr.

— Même ouvrage, traduction par M. Jules BARNI. 2 vol. in-8............. 16 fr.

— **Éclaircissements sur la critique de la raison pure,** traduits par J. TISSOT. 1 vol. in-8.................. 6 fr.

— **Critique du jugement,** suivie des *Observations sur les sentiments du beau et du sublime,* traduite par J. BARNI. 2 vol. in-8................ 12 fr.

KANT. **Critique de la raison pratique,** précédée des *fondements de la métaphysique des mœurs,* traduite par J. BARNI. 1 vol. in-8.................. 6 fr.

— **Examen de la critique de la raison pratique,** traduit par M. J. BARNI. 1 vol. in-8.................. 6 fr.

— **Principes métaphysiques du droit,** suivis du *projet de paix perpétuelle,* traduction par M. TISSOT. 1 vol. in-8. 8 fr.

— Même ouvrage, traduction par M. Jules BARNI. 1 vol. in-8............ 8 fr.

— **Principes métaphysiques de la morale,** augmentés des *fondements de la métaphysique des mœurs,* traduction par M. TISSOT. 1 vol. in-8..... 8 fr.

— Même ouvrage, traduction par M. Jules BARNI. 1 vol. in-8............ 8 fr.

— **La logique,** traduction par M. TISSOT. 1 vol. in-8................: 4 fr.

— **Mélanges de logique,** traduction par M. TISSOT. 1 vol. in-8......... 6 fr.

— **Prolégomènes à toute métaphysique future** qui se présentera comme science, traduction de M. TISSOT. 1 vol. in-8...................... 6 fr.

— **Anthropologie,** suivie de divers fragments relatifs aux rapports du physique et du moral de l'homme et du commerce des esprits d'un monde à l'autre, traduction par M. TISSOT. 1 vol. in-8.. 6 fr.

FICHTE. **Méthode pour arriver à la vie bienheureuse,** traduite par Francisque BOUILLIER. 1 vol. in-8.. 8 fr.

— **Destination du savant et de l'homme de lettres,** traduite par M. NICOLAS. 1 vol. in-8........... 3 fr.

— **Doctrines de la science.** Principes fondamentaux de la science de la connaissance, traduits par GRIMBLOT. 1 vol. in-8...................... 9 fr.

SCHELLING. **Bruno** ou du principe divin, trad. par Cl. HUSSON. 1 vol. in-8. 3 fr. 50

— **Idéalisme transcendental.** 1 vol. in-8...................: 7 fr. 50

— **Écrits philosophiques** et morceaux propres à donner une idée de son système, trad. par Ch. BENARD. 1 vol. in-8.. 9 fr.

HÉGEL. **Logique,** traduction par A. VÉRA. 2ᵉ édition. 2 vol. in-8........ 14 fr.

— **Philosophie de la nature,** traduction par A. VÉRA. 3 vol. in-8....... 25 fr.

— **Philosophie de l'esprit,** traduction par A. VÉRA. 2 vol. in-8...... 18 fr.

— **Esthétique.** 2 vol. in-8 traduite par M. BÉNARD.................. 16 fr.

— **Introduction à la philosophie de Hégel,** par A. VÉRA. 1 v. in-8. 6 fr. 50

— **La dialectique dans Hégel et dans Platon,** par Paul JANET. In-8... 6 fr.

Bost.
Le Protestantisme libéral. 1 v.

Francisque Bouillier.
Du Plaisir et de la Douleur. 1 v.
De la Conscience. 1 vol.

Ed. Auber.
Philosophie de la médecine. 1 vol.

Leblais.
Matérialisme et Spiritualisme, précédé d'une Préface par M. E. Littré. 1 vol.

Ad. Garnier.
De la Morale dans l'antiquité, précédé d'une Introduction par M. Prévost-Paradol. 1 vol.

Schœbel.
Philosophie de la raison pure. 1 vol.

Tissandier.
Des sciences occultes et du Spiritisme. 1 vol.

J. Moleschott.
La Circulation de la vie. Lettres sur la physiologie, en réponse aux Lettres sur la chimie de Liebig, trad. de l'allem. 2 vol.

Ath. Coquerel fils.
Origines et Transformations du Christianisme. 1 vol.
La Conscience et la Foi. 1 vol.
Histoire du Credo. 1 vol.

Jules Levallois.
Déisme et Christianisme. 1 vol.

Camille Selden.
La Musique en Allemagne. Étude sur Mendelssohn. 1 vol.

Fontanès.
Le Christianisme moderne. Étude sur Lessing. 1 vol.

Saigey.
La Physique moderne. 1 vol.

Mariano.
La Philosophie contemporaine en Italie. 1 vol.

Letourneau.
Physiologie des passions. 1 vol.

Faivre.
De la Variabilité des espèces. 1 vol.

Stuart Mill.
Auguste Comte et la Philosophie positive, trad. de l'angl. 1 vol.

Ernest Bersot.
Libre philosophie. 1 vol.

A. Réville.
Histoire du dogme de la divinité de Jésus-Christ. 1 vol.

W. de Fonvielle.
L'Astronomie moderne. 1 vol.

C. Coignet.
La Morale indépendante. 1 vol.

E. Boutmy.
Philosophie de l'architecture en Grèce. 1 vol.

Et. Vacherot.
La Science et la Conscience. 1 vol.

Ém. de Laveleye.
Des formes de gouvernement. 1 vol.

Herbert Spencer.
Classification des Sciences. 1 v.

Gauckler.
Le Beau et son histoire.

Max Müller.
La Science de la Religion. 1 v.

Léon Dumont.
Haeckel et la théorie de l'évolution en Allemagne. 1 vol.

Bertauld.
L'ordre social et l'ordre moral. 1 vol.

Th. Ribot.
Philosophie de Schopenhauer. 1 vol.

Al. Herzen.
Physiologie de la volonté. 1 vol.

Bentham et Grote.
La Religion naturelle 1 vol.

BIBLIOTHÈQUE DE PHILOSOPHIE CONTEMPORAINE

FORMAT IN-8.

Volumes à 5 fr., 7 fr. 50 c. et 10 fr.

JULES BARNI. **La Morale dans la démocratie.** 1 vol.   5 fr.

AGASSIZ. **De l'Espèce et des Classifications,** traduit de l'anglais par M. Vogeli. 1 vol. in-8.   5 fr.

STUART MILL. **La Philosophie de Hamilton.** 1 fort vol. in-8, traduit de l'anglais par M. Cazelles.   10 fr.

STUART MILL. **Mes Mémoires.** Histoire de ma vie et de mes idées, traduit de l'anglais par M. E. CAZELLES, 1 vol. in-8   5 fr.

STUART MILL. **Système de logique** déductive et inductive. Exposé des principes de la preuve et des méthodes de recherche scientifique, traduit de l'anglais par M. Louis Peisse, 2 vol. 20 fr.

STUART MILL. **Essais sur la Religion,** traduits de l'anglais, par M. E. Cazelles. 1 vol. in-8.   5 fr.

DE QUATREFAGES. **Ch. Darwin et ses précurseurs français.** 1 vol. in-8.   5 fr.

HERBERT SPENCER. **Les premiers Principes.** 1 fort vol. in-8, traduits de l'anglais par M. Cazelles.   10 fr.

HERBERT SPENCER. **Principes de psychologie,** traduits de l'anglais par MM. Th. Ribot et Espinas. 2 vol. in-8.   20 fr.

AUGUSTE LAUGEL. **Les Problèmes** (Problèmes de la nature, problèmes de la vie, problèmes de l'âme). 1 fort vol. in-8. 7 fr. 50

ÉMILE SAIGEY. **Les Sciences au XVIII° siècle,** la physique de Voltaire. 1 vol. in-8.   5 fr.

PAUL JANET. **Histoire de la science politique** dans ses rapports avec la morale, 2° édition, 2 vol. in-8.   20 fr.

TH. RIBOT. **De l'Hérédité.** 1 vol. in-8.   10 fr.

HENRI RITTER. **Histoire de la philosophie moderne,** trad. franç. préc. d'une intr. par M. P. Challemel-Lacour, 3 v. in-8. 20 fr.

ALF. FOUILLÉE. **La liberté et le déterminisme.** 1 v. in-8. 7 f. 50

DE LAVELEYE. **De la propriété et de ses formes primitives,** 1 vol. in-8.   7 fr. 50

BAIN. **Des Sens et de l'Intelligence.** 1 vol. in-8, trad. de l'anglais par M. Cazelles.   10 fr.

BAIN. **La Logique inductive et déductive,** traduite de l'anglais par M. Compayré. 2 vol. in-8.   20 fr.

HARTMANN. **Philosophie de l'Inconscient,** traduite de l'allemand par M. Nolen, ancien élève de l'École normale. 1 vol.

ÉDITIONS ÉTRANGÈRES

Éditions anglaises.

AUGUSTE LAUGEL. The United-States during the war. 1 beau volume in-8 relié.   7 shill. 6 p.

ALBERT RÉVILLE. History of the doctrine of the deity of Jesus-Christ. 1 vol.   3 sh. 6 p.

H. TAINE. Italy (Naples et Rome). 1 beau vol. in-8 relié.   7 sh. 6 p.

H. TAINE. The Philosophy of art. 1 vol. in-18, rel.   3 shil.

PAUL JANET. The Materialism of present day, translated by prof. Gustave Masson. 1 vol. in-18, rel.   shill.

Éditions allemandes.

JULES BARNI. Napoléon I** und sein Geschichtschreiber Thiers. 1 volume in-18.   1 thal.

PAUL JANET. Der Materialismus unserer Zeit, übersetzt von Prof. Reichlin-Meldegg mit einem Vorwort von prof. von Fichte. 1 vol. in-18.   1 thal.

H. TAINE. Philosophie der Kunst, 1 vol. in-18.   1 thal.

<table>
<tr><td>REVUE
Politique et Littéraire
(Revue des cours littéraires,
2e série.)</td><td>REVUE
Scientifique
(Revue des cours scientifiques,
2e série.)</td></tr>
</table>

Directeurs : MM. Eug. YUNG et Ém. ALGLAVE

La septième année de la **Revue des Cours littéraires** et de la **Revue des Cours scientifiques**, terminée à la fin de juin 1871, clôt la première série de cette publication.

La deuxième série a commencé le 1er juillet 1871, et depuis cette époque chacune des années de la collection commence à cette date. Des modifications importantes ont été introduites dans ces deux publications.

REVUE POLITIQUE ET LITTÉRAIRE

La *Revue politique* continue à donner une place aussi large à la littérature, à l'histoire, à la philosophie, etc., mais elle a agrandi son cadre, afin de pouvoir aborder en même temps la politique et les questions sociales. En conséquence, elle a augmenté de moitié le nombre des colonnes de chaque numéro (48 colonnes au lieu de 32).

Chacun des numéros, paraissant le samedi, contient régulièrement :

Une *Semaine politique* et une *Causerie politique* où sont appréciés, à un point de vue plus général que ne peuvent le faire les journaux quotidiens, les faits qui se produisent dans la politique intérieure de la France, discussions de l'Assemblée, etc.

Une *Causerie littéraire* où sont annoncés, analysés et jugés les ouvrages récemment parus : livres, brochures, pièces de théâtre importantes, etc.

Tous les mois la *Revue politique* publie un *Bulletin géographique* qui expose les découvertes les plus récentes et apprécie les ouvrages géographiques nouveaux de la France et de l'étranger. Nous n'avons pas besoin d'insister sur l'importance extrême qu'a prise la géographie depuis que les Allemands en ont fait un instrument de conquête et de domination.

De temps en temps une *Revue diplomatique* explique au point de vue français les événements importants survenus dans les autres pays.

On accusait avec raison les Français de ne pas observer avec assez d'attention ce qui se passe à l'étranger. La *Revue* remédie à ce défaut. Elle analyse et traduit les livres, articles, discours ou conférences qui ont pour auteurs les hommes les plus éminents des divers pays.

Comme au temps où ce recueil s'appelait la *Revue des cours littéraires* (1864-1870), il continue à publier les principales leçons du Collège de France, de la Sorbonne et des Facultés des départements.

Les ouvrages importants sont analysés, avec citations et extraits, dès le lendemain de leur apparition. En outre, la *Revue politique* publie des articles spéciaux sur toute question que recommandent à l'attention des lecteurs, soit un intérêt public, soit des recherches nouvelles.

Parmi les collaborateurs, nous citerons :

Articles politiques. — MM. de Pressensé, Ernest Duvergier de Hauranne, H. Aron, Em. Beaussire, Anat. Dunoyer, Clamageran.

Diplomatie et pays étrangers. — MM. Albert Sorel, Reynald, Léo Quesnel, Louis Leger.

Philosophie. — MM. Janet, Caro, Ch. Lévêque, Véra, Léon Dumont, Fernand Papillon, Th. Ribot, Huxley.

Morale. — MM. Ad. Franck, Laboulaye, Jules Barni, Legouvé, Ath. Coquerel, Bluntschli.

Philologie et archéologie. — MM. Max Müller, Eugène Benoist, L. Havet, E. Ritter, Maspéro, George Smith.

Littérature ancienne. — MM. Egger, Havet, George Perrot, Gaston Boissier, Geffroy, Martha.

Littérature française. — MM. Ch. Nisard, Lenient, L. de Loménie, Édouard Fournier, Bersier, Gidel, Jules Claretie, Paul Albert.

Littérature étrangère. — MM. Mézières, Büchner.

Histoire. — MM. Alf. Maury, Littré, Alf. Rambaud, H. de Sybel.

Géographie, Economie politique. — MM. Levasseur, Himly, Gaidoz, Alglave.

Instruction publique. — Madame C. Coignet, M. Buisson.

Beaux-arts. — MM. Gebhart, C. Selden, Justi, Schnaase, Vischer.

Critique littéraire. — MM. Eugène Despois, Maxime Gaucher.

Ainsi la *Revue politique* embrasse tous les sujets. Elle consacre à chacun une place proportionnée à son importance. Elle est, pour ainsi dire, une image vivante, animée et fidèle de tout le mouvement contemporain.

REVUE SCIENTIFIQUE

Mettre la science à la portée de tous les gens éclairés sans l'abaisser ni la fausser, et, pour cela, exposer les grandes découvertes et les grandes théories scientifiques par leurs auteurs mêmes ;

Suivre le mouvement des idées philosophiques dans le monde savant de tous les pays :

Tel est le double but que la *Revue scientifique* poursuit depuis dix ans avec un succès qui l'a placée au premier rang des publications scientifiques d'Europe et d'Amérique.

Pour réaliser ce programme, elle devait s'adresser d'abord aux Facultés françaises et aux Universités étrangères qui comptent dans leur sein presque tous les hommes de science éminents. Mais, depuis deux années déjà, elle a élargi son cadre afin d'y faire entrer de nouvelles matières.

En laissant toujours la première place à l'enseignement supérieur proprement dit, la *Revue scientifique* ne se restreint plus désormais aux leçons et aux conférences. Elle poursuit tous les développements de la science sur le terrain économique, industriel, militaire et politique.

Elle publie les principales leçons faites au Collége de France, au Muséum d'histoire naturelle de Paris, à la Sorbonne, à l'Institution royale de Londres, dans les Facultés de France, les universités d'Allemagne, d'Angleterre, d'Italie, de Suisse, d'Amérique, et les institutions libres de tous les pays.

Elle analyse les travaux des Sociétés savantes d'Europe et d'Amérique, des Académies des sciences de Paris, Vienne, Berlin, Munich, etc., des Sociétés royales de Londres et d'Édimbourg, des Sociétés d'anthropologie, de géographie, de chimie, de botanique, de géologie, d'astronomie, de médecine, etc.

Elle expose les travaux des grands congrès scientifiques, les Associations *française, britannique* et *américaine*, le congrès des naturalistes allemands, la Société helvétique des sciences naturelles, les congrès internationaux d'anthropologie préhistorique, etc.

Enfin, elle publie des articles sur les grandes questions de philosophie naturelle, les rapports de la science ovec la politique, l'industrie et l'économie sociale, l'organisation scientifique des divers pays, les sciences économiques et militaires, etc.

Parmi les collaborateurs nous citerons :

Astronomie, météorologie. — MM. Leverrier, Faye, Balfour-Stewart, Jaussen, Normann Lockyer, Vogel, Wolf, Miller, Laussedat, Thomson, Rayet, Secchi, Briot, Herschell, etc.

Physique. — MM. Helmoltz, Tyndall, Jamin, Dessains, Carpenter, Gladstone, Grad, Boutan, Becquerel, Cazin, Fernet, Oninus, Berlin.

Chimie. — MM. Wurtz, Berthelot, H. Sainte-Claire Deville, Bouchardat, Grimaux, Jungfleisch, Mascart, Odling, Dumas, Troost, Peligot, Cahours, Graham, Friedel, Pasteur.

Géologie. — MM. Hébert, Bleicher, Fouqué, Gaudry, Ramsay, Sterry-Hunt, Contejean, Zittel, Wallace, Lory, Lyell, Daubrée.

Zoologie. — MM. Agassiz, Darwin, Haeckel, Milne Edwards, Perrier, P. Bert, Van Beneden, Lacaze-Duthiers, Pasteur, Pouchet Joly, De Quatrefages, Faivre, A. Moreau, E. Blanchard, Marey.

Anthropologie. — MM. Broca, De Quatrefages, Darwin, De Mortillet, Virchow, Lubbock, K. Vogt.

Botanique. — MM. Baillon, Brongniart, Cornu, Faivre, Spring, Chatin, Van Tieghem, Duchartre.

Physiologie, anatomie. — MM. Claude Bernard, Chauveau, Fraser, Gréhant, Lereboullet, Moleschott, Onimus, Ritter, Rosenthal, Wundt, Pouchet, Ch. Robin, Vulpian, Virchow, P. Bert, du Bois-Reymond, Helmholtz, Frankland, Brücke.

Médecine. — MM. Chauffard, Chauveau, Cornil, Gubler, Le Fort, Verneuil, Broca, Liebreich, Lorain, Axenfeld, Lasègue, G. Sée, Bouley, Giraud-Teulon, Bouchardat.

Sciences militaires. — MM. Laussedat, Le Fort, Abel, Jervois, Morin, Noble, Reed, Usquin.

Philosophie scientifique. — MM. Alglave, Bagehot, Carpenter, Léon Dumont, Hartmann, Herbert Spencer, Laycock, Lubbock, Tyndall, Gavarret, Ludwig.

Prix d'abonnement :

Une seule revue séparément			Les deux revues ensemble		
	Six mois.	Un an.		Six mois.	Un an.
Paris	12ᶠ	20ᶠ	Paris	20ᶠ	36ᶠ
Départements.	15	25	Départements.	25	42
Étranger	18	30	Étranger	30	50

L'abonnement part du 1ᵉʳ juillet, du 1ᵉʳ octobre, du 1ᵉʳ janvier et du 1ᵉʳ avril de chaque année.

Chaque volume de la première série se vend : broché...... 15 fr.

relié........ 20 fr.

Chaque année de la 2ᵉ série, formant 2 vol., se vend : broché.. 20 fr.

relié.... 25 fr.

Prix de la collection de la première série :

Prix de la collection complète de la *Revue des cours littéraires* (1864-1870), 7 vol. in-4.............................. 105 fr.

Prix de la collection complète des deux *Revues* prises en même temps, 14 vol. in-4................................... 182 fr.

Prix de la collection complète des deux séries :

Revue des cours littéraires et *Revue politique et littéraire* (décembre 1863 — juillet 1875), 15 vol. in-4................ 185 fr.

— Avec la *Revue des cours scientifiques* et la *Revue scientifique*, 30 vol. in-4 .... 326 fr.

BIBLIOTHÈQUE SCIENTIFIQUE
INTERNATIONALE

Le premier besoin de la science contemporaine, — on pourrait même dire d'une manière plus générale des sociétés modernes, — c'est l'échange rapide des idées entre les savants, les penseurs, les classes éclairées de tous les pays. Mais ce besoin n'obtient encore aujourd'hui qu'une satisfaction fort imparfaite. Chaque peuple a sa langue particulière, ses livres, ses revues, ses manières spéciales de raisonner et d'écrire, ses sujets de prédilection. Il lit fort peu ce qui se publie au delà de ses frontières, et la grande masse des classes éclairées, surtout en France, manque de la première condition nécessaire pour cela, la connaissance des langues étrangères. On traduit bien un certain nombre de livres anglais ou allemands ; mais il faut presque toujours que l'auteur ait à l'étranger des amis soucieux de répandre ses travaux, ou que l'ouvrage présente un caractère pratique qui en fait une bonne entreprise de librairie. Les plus remarquables sont loin d'être toujours dans ce cas, et il en résulte que les idées neuves restent longtemps confinées, au grand détriment des progrès de l'esprit humain, dans le pays qui les a vues naître. Le libre échange industriel règne aujourd'hui presque partout ; le libre échange intellectuel n'a pas encore la même fortune, et cependant il ne peut rencontrer aucun adversaire ni inquiéter aucun préjugé.

Ces considérations avaient frappé depuis longtemps un certain nombre de savants anglais. Au congrès de l'Association britannique à Édimbourg, ils tracèrent le plan d'une *Bibliothèque scientifique internationale*, paraissant à la fois en anglais, en français et en allemand, publiée en Angleterre, en France, aux États-Unis, en Allemagne, et réunissant des ouvrages écrits par les savants les plus distingués de tous les pays. En venant en France pour chercher à réaliser cette idée, ils devaient naturellement s'adresser à la *Revue scientifique*, qui marchait dans la même voie, et qui projetait au même moment, après les désastres de la guerre, une entreprise semblable destinée à étendre en quelque sorte son cadre et à faire connaître plus rapidement en France les livres et les idées des peuples voisins.

La *Bibliothèque scientifique internationale* n'est donc pas une entreprise de librairie ordinaire. C'est une œuvre dirigée par les auteurs mêmes, en vue des intérêts de la science, pour la populariser sous toutes ses formes, et faire connaître immédiatement dans le monde entier les idées originales, les directions nouvelles, les découvertes importantes qui se font chaque jour dans tous les pays. Chaque savant exposera les idées qu'il a introduites dans la science et condensera pour ainsi dire ses doctrines les plus originales.

On pourra ainsi, sans quitter la France, assister et participer au mouvement des esprits en Angleterre, en Allemagne, en Amérique, en Italie, tout aussi bien que les savants mêmes de chacun de ces pays.

La *Bibliothèque scientifique internationale* ne comprend pas seulement des ouvrages consacrés aux sciences physiques et naturelles, elle aborde aussi les sciences morales comme la philosophie, l'histoire, la politique et l'économie sociale, la haute législation, etc.; mais les livres traitant des sujets de ce genre se rattacheront encore aux sciences naturelles, en leur empruntant les méthodes d'observation et d'expérience qui les ont rendues si fécondes depuis deux siècles.

Cette collection paraît à la fois en français, en anglais, en allemand, en russe et en italien : à Paris, chez Germer Baillière ; à Londres, chez Henry S. King et Cᵉ ; à New-York, chez Appleton ; à Leipzig, chez Brockaus ; et à Saint-Pétersbourg, chez Koropchevski et Goldsmith ; à Milan, chez Dumolard.

EN VENTE :
VOLUMES IN-18, CARTONNÉS A L'ANGLAISE

J. TYNDALL. **Les glaciers et les transformations de l'eau**, avec figures. 1 vol. in-8.   6 fr.

MAREY. **La machine animale**, locomotion terrestre et aérienne, avec de nombreuses figures. 1 vol. in-8.   6 fr.

BAGEHOT. **Lois scientifiques du développement des nations** dans leurs rapports avec les principes de la sélection naturelle et de l'hérédité. 1 vol. in-8.   6 fr.

BAIN. **L'esprit et le corps**. 1 vol. in-8.   6 fr.

PETTIGREW. **La locomotion chez les animaux**, marche, natation, vol. 1 vol. in-8 avec figures.   6 fr.

HERBERT SPENCER. **La science sociale**. 1 vol.   , 6 fr.

VAN BENEDEN. **Les commensaux et les parasites dans le règne animal**, 1 vol. in-8, avec figures.   6 fr.

O. SCHMIDT. **La descendance de l'homme et le darwinisme**. 1 vol. in-8 avec figures.   6 fr.

MAUDSLEY. **Le Crime et la Folie**. 1 vol. in-8   6 fr.

BALFOUR STEWART. **La conservation de l'énergie**. 1 vol. in-8, avec figures.   6 fr.

DRAPER. **Les conflits de la science et de la religion**. 1 v. in-8. 6 fr.

SCHUTZENBERGER. **Les fermentations**. 1 vol. in-8, avec fig. 6 fr.

L. DUMONT. **Théorie scientifique de la sensibilité**. 1 v. in-8. 6 fr.

COOKE ET BERKELEY. **Les champignons**. 1 v. in-8, avec fig. 6 fr.

VOGEL. **La photographie et la chimie de la lumière**, avec 100 fig.

LUYS. **Le cerveau et ses fonctions**, avec figures.   6 fr.

CLAUDE BERNARD. **Histoire des théories de la vie**.   6 fr.

É. ALGLAVE. **Les principes des constitutions politiques**. 6 fr.

FREDEL. **Les fonctions en chimie organique**.   6 fr.

DE QUATREFAGES. **L'espèce humaine**.   6 fr.

BERNSTEIN. **Les organes des sens**.   6 fr.

BERTHELOT. **La synthèse chimique**.   6 fr.

Liste des principaux ouvrages qui sont en préparation :

AUTEURS FRANÇAIS

CLAUDE BERNARD. Phénomènes physiques et Phénomènes métaphysiques de la vie.
HENRI SAINTE-CLAIRE DEVILLE. Introduction à la chimie générale.
A. WURTZ. Atomes et atomicité.
C. VOGT. Physiologie du parasitisme. — Les animaux fossiles.
H. DE LACAZE-DUTHIERS. La zoologie depuis Cuvier.

TAINE. Les émotions et la volonté.
Général FAIDHERBE. Le Sénégal.
ALFRED GRANDIDIER. Madagascar.
A. GIARD. L'embryogénie générale.
DEBRAY. Les métaux précieux.
P. BERT. Les êtres vivants et les milieux cosmiques.
LORAIN. Les épidémies modernes.

AUTEURS ANGLAIS

Huxley. Mouvement et conscience.
W. B. Carpenter. Géographie physique des mers.
Ramsay. Structure de la terre.
Sir J. Lubbock. Premiers âges de l'humanité.
Charlton Bastian. Le cerveau comme organe de la pensée.
Norman Lockyer. L'analyse spectrale.
W. Odling. La chimie nouvelle.

Lawder Lindsay. L'intelligence chez les animaux inférieurs.
Stanley Jevons. La monnaie et le mécanisme de l'échange.
Michael Foster. Protoplasma et physiologie cellulaire.
Ed. Smith. Aliments et alimentation.
Amos. La science des lois.
Thiselton Dyer. Les inflorescences.
K. Clifford. Les fondements des sciences exactes.

AUTEURS ALLEMANDS

Virchow. Physiologie des maladies.
Hermann. La respiration.
Leuckart. L'organisation des animaux.
O. Liebreich. La toxicologie.
Rees. Les plantes parasites.
Rosenthal. Physiologie des nerfs et des muscles.

Lommel. L'optique.
Steinthal. La science du langage.
Wundt. L'acoustique.
F. Cohn. Les Thallophytes.
Peters. Le bassin du Danube au point de vue géologique.
Fuchs. Les volcans.

AUTEURS AMÉRICAINS

J. Dana. L'échelle et les progrès de la vie.
S. W. Johnson. La nutrition des plantes.
J. Cooke. La chimie nouvelle.

A. Flint. Les fonctions du système nerveux.
W. D. Whitney. La linguistique moderne.

AUTEURS RUSSES

Kostomarof. Les chansons populaires et leur rôle dans l'histoire de Russie.
Mainof. Les hérésies socialistes en Russie.
Podcowine. Histoire de la morale.

Loutschitzki. Le développement de la philosophie de l'histoire.
Jacoby. L'hygiène publique.
Kapoustine. Les relations internationales.

OUVRAGES

De M. le professeur VÉRA

Professeur à l'université de Naples.

Introduction à la philosophie de Hégel. 1 vol. in-8, 1864, 2e édition. 6 fr. 50

Logique de Hégel, traduite pour la première fois, et accompagnée d'une introduction et d'un commentaire perpétuel. 2 vol. in-8, 1874, 2e édition. 14 fr.

Philosophie de la nature, de Hégel, traduite pour la première fois, et accompagnée d'une introduction et d'un commentaire perpétuel. 3 vol. in-8. 1864-1866. 25 fr.
  Prix du tome II. 8 fr. 50
  Prix du tome III. 8 fr. 50

Philosophie de l'esprit, de Hégel, traduite pour la première fois, et accompagnée d'une introduction et d'un commentaire perpétuel. tome 1er, 1 vol. in-8, 1867. 9 fr.
  tome 2e, 1 vol. in-8, 1870. 9 fr.

Philosophie de la Religion de Hégel. 2 vol. in-8. (*Sous presse.*)

L'Hégélianisme et la philosophie. 1 vol. in-18. 1861. 3 fr. 50
Mélanges philosophiques. 1 vol. in-8. 1862. 5 fr.
Essais de philosophie hégélienne (de la *Bibliothèque de philosophie contemporaine*). 1 vol. 2 fr. 50
Platonis, Aristotelis et Hegelii de medio termino doctrina. 1 vol. in-8. 1845. 1 fr. 50
Strauss. L'ancienne et la nouvelle foi. 1873, in-8. 6 fr.
Cavour et l'église libre dans l'État libre. 1 vol. in-8, 1874. 3 fr. 50

RÉCENTES PUBLICATIONS

HISTORIQUES ET PHILOSOPHIQUES

Qui ne se trouvent pas dans les deux Bibliothèques.

ACOLLAS (Émile). **L'enfant né hors mariage.** 3° édition. 1872, 1 vol. in-18 de x-165 pages.　　2 fr.

ACOLLAS (Émile). **Manuel de droit civil,** commentaire philosophique et critique du code Napoléon, contenant l'exposé complet des systèmes juridiques. 3 vol. in-8 ; chaque volume séparément.　　12 fr.

ACOLLAS (Émile). **Trois leçons sur le mariage.** In-8. 1 fr. 50

ACOLLAS (Émile). **L'idée du droit.** In-8.　　1 fr. 50

ACOLLAS (Émile). **Nécessité de refondre l'ensemble de nos codes,** et notamment le code Napoléon, au point de vue de l'idée démocratique. 1866, 1 vol. in-8.　　3 fr.

Administration départementale et communale. Lois — Décrets — Jurisprudence, conseil d'État, cour de Cassation, décisions et circulaires ministérielles, in-4.　　8 fr.

ALAUX. **La religion progressive.** 1869, 1 vol. in-18. 3 fr. 50

ARISTOTE. **Rhétorique** traduite en français et accompagnée de notes par J. Barthélemy Saint-Hilaire. 1870, 2 vol. in-8. 16 fr.

ARISTOTE. **Psychologie** (opuscules) traduite en français et accompagnée de notes par J. Barthélemy Saint-Hilaire. 1 vol. in-8. 10 fr.

ARISTOTE. **Politique,** trad. par Barthélemy Saint-Hilaire, 1868. 1 fort vol. in-8.　　10 fr.

ARISTOTE. **Physique,** ou leçons sur les principes généraux de la nature, traduit par M. Barthélemy Saint-Hilaire. 2 forts vol. gr. in-8. 1872.　　20 fr.

ARISTOTE. **Traité du Ciel.** 1866, traduit en français pour la première fois par M. Barthélemy Saint-Hilaire. 1 fort vol. gr. in-8.　　10 fr.

ARISTOTE. **Météorologie,** avec le petit traité apocryphe : *Du Monde,* traduit par M. Barthélemy Saint-Hilaire, 1863. 1 fort vol. gr. in-8.　　10 fr.

ARISTOTE. **Morale,** traduit par M. Barthélemy Saint-Hilaire. 1856, 3 vol gr. in-8.　　24 fr.

ARISTOTE. **Poétique,** traduite par M. Barthélemy Saint-Hilaire, 1858. 1 vol. in-8.　　5 fr.

ARISTOTE. **Traité de la production et de la destruction des choses,** traduit en français et accompagné de notes perpétuelles, par M. Barthélemy Saint-Hilaire, 1866. 1 vol. gr. in-8.　　10 fr

AUDIFFRET-PASQUIER. **Discours devant les commissions de la réorganisation de l'armée et des marchés.** In-4.　　2 fr. 50

L'art et la vie. 1867, 2 vol. in-8.   7 fr.
L'art et la vie de Stendhal. 1869, 1 fort vol. in-8.   6 fr.
BAGEHOT. **Lois scientifiques du développement des nations** dans leurs rapports avec les principes de l'hérédité et de la sélection naturelle. 1873, 1 vol. in-8 de la *Bibliothèque scientifique internationale*, cartonné à l'anglaise.   6 fr.
BARNI (Jules). **Napoléon Ier**, édition populaire. 1 vol. in-18. 1 fr.
BARNI (Jules). **Manuel républicain.** 1872, 1 vol. in-18. 1 fr. 50
BARNI (Jules). **Les martyrs de la libre pensée**, cours professé à Genève. 1862, 1 vol. in-18.   3 fr. 50
BARNI (Jules). Voy. KANT.
BARTHÉLEMY SAINT-HILAIRE. Voyez Aristote.
BARTHÉLEMY SAINT-HILAIRE. **La Logique d'Aristote.** 2 vol. gr. in-8.   10 fr.
BARTHÉLEMY SAINT-HILAIRE. **L'École d'Alexandrie.** 1 vol. in-8.   6 fr.
BAUTAIN. **La philosophie morale.** 2 vol. in-8.   12 fr.
CH. BÉNARD. **L'Esthétique de Hégel**, traduit de l'allemand. 2 vol. in-8.   16 fr.
CH. BÉNARD. **De la Philosophie dans l'éducation classique**, 1862. 1 fort vol. in-8.   6 fr.
CH. BÉNARD. **La Poétique**, par W.-F. Hégel, précédée d'une préface et suivie d'un examen critique. Extraits de Schiller, Goëthe, Jean Paul, etc., et sur divers sujets relatifs à la poésie. 2 vol. in-8.   12 fr.
BLANCHARD. **Les métamorphoses, les mœurs et les instincts des insectes**, par M. Émile BLANCHARD, de l'Institut, professeur au Muséum d'histoire naturelle. 1868, 1 magnifique volume in-8 jésus, avec 160 figures intercalées dans le texte et 40 grandes planches hors texte. Prix, broché.   30 fr.
    Relié en demi-maroquin.   35 fr.
BLANQUI. **L'éternité par les astres**, hypothèse astronomique. 1872, in-8.   2 fr.
BORELY (J.). **Nouveau système électoral, représentation proportionnelle de la majorité et des minorités.** 1870, 1 vol. in-18 de XVIII-194 pages.   2 fr. 50
BORELY. **De la justice et des juges**, projet de réforme judiciaire. 1871, 2 vol. in-8.   12 fr.
BOUCHARDAT. **Le travail**, son influence sur la santé (conférences faites aux ouvriers). 1863, 1 vol. in-18.   2 fr. 50
BOUCHARDAT et H. JUNOD. **L'eau-de-vie et ses dangers**, conférences populaires. 1 vol. in-18.   1 fr.
BERSOT. **La philosophie de Voltaire.** 1 vol in-12.   3 fr. 50
ÉD. BOURLOTON et E. ROBERT. **La Commune** et ses idées à travers l'histoire. 1872, 1 vol. in-18.   3 fr. 50
BOUCHUT. **Histoire de la médecine et des doctrines médicales.** 1873, 2 forts vol. in-8.   16 fr.
BOUCHUT et DESPRÉS. **Dictionnaire de médecine et de thérapeutique médicale et chirurgicale**, comprenant le résumé de la médecine et de la chirurgie, les indications thérapeu-

tiques de chaque maladie, la médecine opératoire, les accouchements, l'oculistique, l'odontechnie, l'électrisation, la matière médicale, les eaux minérales, et *un formulaire spécial pour chaque maladie*. 1873. 2ᵉ édit. très-augmentée 1 magnifique vol. in-4, avec 750 fig. dans le texte. **25 fr.**

BOUILLET (ADOLPHE). **L'armée d'Henri V. — Les bourgeois gentilshommes de 1871.** 1 vol. in-12. 3 fr. 50

BOUILLET (ADOLPHE). **L'armée d'Henri V. — Les bourgeois gentilshommes.** Types nouveaux et inédits. 1 vol. in-18. 2 fr. 50

BOUTROUX. **De la contingence des lois de la nature,** in-8, 1874. 3 fr. 50

BOUTROUX. **De veritatibus æternis apud cartesium,** hæc apud facultatem litterarum parisiensem disputabat, in-3. 2 fr.

BRIERRE DE BOISMONT. **Des maladies mentales,** 1867, brochure in-8 extraite de la *Pathologie médicale* du professeur Requin. 2 fr.

BRIERRE DE BOISMONT. **Des hallucinations, ou Histoire raisonnée des apparitions,** des visions, des songes, de l'extase, du magnétisme et du somnambulisme. 1862, 3ᵒ édition très-augmentée. 7 fr.

BRIERRE DE BOISMONT. **Du suicide et de la folie suicide.** 1865, 2ᵉ édition, 1 vol. in-8. 7 fr.

CHASLES (PHILARÈTE). **Questions du temps et problèmes d'autrefois.** Pensées sur l'histoire, la vie sociale, la littérature. 1 vol. in-18, édition de luxe. 3 fr.

CHASSERIAU. **Du principe autoritaire et du principe rationnel.** 1873, 1 vol. in-18. 3 fr. 50

CLAMAGERAN. **L'Algérie.** Impressions de voyage, 1874. 1 vol. in-18 avec carte. 3 fr. 50

CLAVEL. **La morale positive.** 1873, 1 vol. in-18. 3 fr.

Conférences historiques de la Faculté de médecine faites pendant l'année 1865. (*Les Chirurgiens érudits*, par M. Verneuil. — *Gui de Chauliac*, par M. Follin. — *Celse*, par M. Broca. — *Wurtzius*, par M. Trélat. — *Riolan*, par M. Le Fort. — *Levret*, par M. Tarnier. — *Harvey*, par M. Béclard. — *Stahl*, par M. Lasègue. — *Jenner*, par M. Lorain. — *Jean de Vier et les sorciers*, par M. Axenfeld. — *Laennec*, par M. Chauffard. — *Sylvius*, par M. Gubler. — *Stoll*, par M. Parrot.) 1 vol. in-8. 6 fr.

COQUEREL (Charles). **Lettres d'un marin à sa famille.** 1870, 1 vol. in-18. 3 fr. 50

COQUEREL (Athanase). Voyez *Bibliothèque de philosophie contemporaine.*

COQUEREL fils (Athanase). **Libres études** (religion, critique, histoire, beaux-arts). 1867, 1 vol. in-8. 5 fr.

COQUEREL fils (Athanase). **Pourquoi la France n'est-elle pas protestante?** Discours prononcé à Neuilly le 1ᵉʳ novembre 1866. 2ᵉ édition, in-8. 1 fr.

COQUEREL fils (Athanase). **La charité sans peur**, sermon en faveur des victimes des inondations, prêché à Paris le 18 novembre 1866. In-8.   75 c.

COQUEREL fils (Athanase). **Évangile et liberté,** discours d'ouverture des prédications protestantes libérales, prononcé le 8 avril 1868. In-8.   50 c.

COQUEREL fils (Athanase). **De l'éducation des filles**, réponse à Mgr l'évêque d'Orléans, discours prononcé le 3 mai 1868. In-8.
                                                                                                    1 fr.

CORLIEU. **La mort des rois de France** depuis François Ier jusqu'à la Révolution française, 1 vol. in-18 en caractères elzéviriens, 1874.   3 fr. 50

CORTAMBERT (Louis). **La religion du progrès.** 1874, 1 vol. in-18.   3 fr. 50

Conférences de la Porte-Saint-Martin pendant le siége de Paris. Discours de MM. *Desmarets* et *de Pressensé.* — Discours de M. *Coquerel,* sur les moyens de faire durer la République. — Discours de M. *Le Berquier*, sur la Commune. — Discours de M. *E. Bersier*, sur la Commune. — Discours de M. *H. Cernuschi*, sur la Légion d'honneur. In-8.   1 fr. 25

CORNIL. **Leçons élémentaires d'hygiène**, rédigées pour l'enseignement des lycées d'après le programme de l'Académie de médecine. 1873, 1 vol. in-18 avec figures intercalées dans le texte.   2 fr. 50

Sir G. CORNEWALL LEWIS. **Histoire gouvernementale de l'Angleterre de 1770 jusqu'à 1830,** trad. de l'anglais et précédée de la vie de l'auteur, par M. Mervoyer. 1867, 1 vol. in-8 de la *Bibliothèque d'histoire contemporaine.*   7 fr.

Sir G. CORNEWALL LEWIS. **Quelle est la meilleure forme de gouvernement?** Ouvrage traduit de l'anglais; précédé d'une Étude sur la vie et les travaux de l'auteur, par M. Mervoyer, docteur ès lettres. 1867, 1 vol. in-8.   3 fr. 50

DAMIRON. **Mémoires pour servir à l'histoire de la philosophie au XVIIIe siècle.** 3 vol. in-8.   12 fr.

DELAVILLE. **Cours pratique d'arboriculture fruitière** pour la région du nord de la France, avec 269 fig. In-8.   6 fr.

DELEUZE. **Instruction pratique sur le magnétisme animal,** précédée d'une Notice sur la vie de l'auteur. 1853. 1 vol. in-12.   3 fr. 50

DELORD (Taxile). **Histoire du second empire. 1848-1870.**
    1869. Tome Ier, 1 fort vol. in-8.   7 fr.
    1870. Tome II, 1 fort vol. in-8.   7 fr.
    1873. Tome III, 1 fort vol. in-8.   7 fr.
    1874. Tome IV, 1 fort vol. in-8.   7 fr.
    1874. Tome V, 1 fort vol. in-8.   7 fr.
    1875. Tome VI et dernier. 1 fort vol. in-8.   7 fr.

DENFERT (colonel). **Des droits politiques des militaires.** 1874, in-8.   75 c.

DIARD (H.). **Études sur le système pénitentiaire.** 1875, 1 vol. in-8.   1 fr. 50

DOLLFUS (Charles). **De la nature humaine.** 1868, 1 vol. in-8.   5 fr.

DOLLFUS (Charles). **Lettres philosophiques.** 3ᵉ édition. 1869, 1 vol. in-18.   3 fr. 50

DOLLFUS (Charles). **Considérations sur l'histoire.** Le monde antique. 1872, 1 vol. in-8.   7 fr. 50

DUGALD-STEVART. **Éléments de la philosophie de l'esprit humain**, traduit de l'anglais par Louis Peisse, 3 vol. in-12.   9 fr.

DU POTET. **Manuel de l'étudiant magnétiseur.** Nouvelle édition. 1868, 1 vol. in-18.   3 fr. 50

DU POTET. **Traité complet de magnétisme**, cours en douze leçons. 1856, 3ᵉ édition, 1 vol. de 634 pages.   7 fr.

DUPUY (Paul). **Études politiques**, 1874. 1 v. in-8 de 236 pages.   3 fr. 50

DUVAL-JOUVE. **Traité de Logique**, ou essai sur la théorie de la science, 1855. 1 vol. in-8.   6 fr.

Éléments de science sociale. Religion physique, sexuelle et naturelle, ouvrage traduit sur la 7ᵉ édition anglaise. 1 fort vol. in-18, cartonné.   4 fr.

ÉLIPHAS LÉVI. **Dogme et rituel de la haute magie.** 1861, 2ᵉ édit., 2 vol. in-8, avec 24 fig.   18 fr.

ÉLIPHAS LÉVI. **Histoire de la magie**, avec une exposition claire et précise de ses procédés, de ses rites et de ses mystères. 1860, 1 vol. in-8, avec 90 fig.   12 fr.

ÉLIPHAS LÉVI. **La science des esprits**, révélation du dogme secret des Kabbalistes, esprit occulte de l'Évangile, appréciation des doctrines et des phénomènes spirites. 1865, 1 v. in-8.   7 fr.

FAU. **Anatomie des formes du corps humain**, à l'usage des peintres et des sculpteurs. 1866, 1 vol. in-8 et atlas de 25 planches. 2ᵉ édition. Prix, fig. noires.   20 fr.
  Prix. figures coloriées.   35 fr.

FERRON (de). **Théorie du progrès** (Histoire de l'idée du progrès. — Vico — Herder. — Turgot. — Condorcet. — Saint-Simon. — Réfutation du césarisme). 1867, 2 vol. in-18. 7 fr.

FERRON (de). **La question des deux Chambres.** 1872, in-8 de 45 pages.   1 fr.

EM. FERRIÈRE. **Le darwinisme.** 1872, 1 vol. in-18.   4 fr. 50

FICHTE. **Méthode pour arriver à la vie bienheureuse**, traduit par Francisque Bouiller. 1 vol. in-8.   8 fr.

FICHTE. **Destination du savant et de l'homme de lettres**, traduit par M. Nicolas. 1 vol. in-8.   3 fr.

FICHTE. **Doctrines de la science.** Principes fondamentaux de la science de la connaissance, trad. par Grimblot. 1 vol. in-8.   9 fr.

FLEURY (Amédée). **Saint Paul et Sénèque**, recherches sur les rapports du philosophe avec l apôtre et sur l'infiltration du christianisme naissant à travers le paganisme. 2 vol. in-8.   15 fr.

FOUCHER DE CAREIL. **Leibniz, Descartes, Spinoza.** In-8.   4 fr.

FOUCHER DE CAREIL. **Lettres et opuscules de Leibniz.**
1 vol. in-8. 3 fr. 50

FOUCHER DE CAREIL. **Leibniz et Pierre le Grand.** 1 vol.
in-8. 1874. 2 fr.

FOUILLÉE (Alfred). **La philosophie de Socrate.** 2 vol. in-8.
16 fr.

FOUILLÉE (Alfred). **La philosophie de Platon.** 2 vol. in-8.
16 fr.

FOUILLÉE (Alfred). **La liberté et le déterminisme.** 1 fort vol.
in-8. 7 fr. 50

FOUILLÉE (Alfred). **Platonis hippias minor sive Socratica,**
1 vol. in-8. 2 fr.

FRIBOURG. **Du paupérisme parisien,** de ses progrès depuis
vingt-cinq ans. 1 fr. 25

HAMILTON (William). **Fragments de Philosophie,** traduits de
l'anglais par Louis Peisse. 7 fr. 50

HÉGEL. Voy. p. 13.

HERZEN. **Œuvres complètes.** Tome Ier. *Récits et nouvelles.*
1874, 1 vol. in-18. 3 fr. 50

HERZEN. **De l'autre Rive.** 4° édition, traduit du russe par
M. Herzen fils. 1 vol. in-18. 3 fr. 50

HERZEN. **Lettres de France et d'Italie.** 1871, in-18. 3 fr. 50

HUMBOLDT (G. de). **Essai sur les limites de l'action de
l'État,** traduit de l'allemand, et précédé d'une Étude sur la vie
et les travaux de l'auteur, par M. Chrétien, docteur en droit.
1867, in-18. 3 fr. 50

ISSAURAT. **Moments perdus de Pierre-Jean,** observations,
pensées, rêveries antipolitiques, antimorales, antiphilosophiques,
antimétaphysiques, anti tout ce qu'on voudra. 1868, 1 v. in-18. 3 fr.

ISSAURAT. **Les alarmes d'un père de famille,** suscitées,
expliquées, justifiées et confirmées par lesdits faits et gestes de
Mgr. Dupanloup et autres. 1868, in-8. 1 fr.

JANET (Paul). **Histoire de la science politique** dans ses rapports avec la morale. 2 vol. in-8. 20 fr.

JANET (Paul). **Études sur la dialectique** dans Platon et dans
Hegel. 1 vol. in-8. 6 fr.

JANET (Paul). **Œuvres philosophiques de Leibniz.** 2 vol.
in-8. 16 fr.

JANET (Paul). **Essai sur le médiateur plastique de Cud-
worth.** 1 vol. in-8. 6 fr.

KANT. **Critique de la raison pure,** précédé d'une préface par
M. Jules Barni. 1870, 2 vol. in-8. 16 fr.

KANT. **Critique de la raison pure,** traduit par M. Tissot.
2 vol. in-8. 16 fr.

KANT. **Éléments métaphysiques de la doctrine du droit,**
suivis d'un Essai philosophique sur la paix perpétuelle, traduits
de l'allemand par M. Jules Barni. 1854, 1 vol. in-8. 8 fr.

KANT. **Principes métaphysiques du droit** suivi du *projet de paix perpétuelle*, traduction par M. Tissot. 1 vol. in-8.   8 fr.

KANT. **Éléments métaphysiques de la doctrine de la vertu**, suivi d'un Traité de pédagogie, etc. ; traduit de l'allemand par M. Jules Barni, avec une introduction analytique. 1855, 1 vol. in-8.   8 fr.

KANT. **Principes métaphysiques de la morale**, augmenté des *fondements de la métaphysique des mœurs*, traduction par M. Tissot. 1 vol. in-8.   8 fr.

KANT. **La logique**, traduction de M. Tissot. 1 vol. in-4.   4 fr.

KANT. **Mélanges de logique**, traduction par M. Tissot, 1 vol. in-8.   6 fr.

KANT. **Prolégomènes à toute métaphysique future** qui se présentera comme science, traduction de M. Tissot, 1 vol. in-8   6 fr.

KANT. **Anthropologie**, suivie de divers fragmen.s relatifs aux rapports du physique et du moral de l'homme et du commerce des esprits d'un monde à l'autre, traduction par M. Tissot. 1 vol. in-8.   6 fr.

KANT. **Examen de la critique de la raison pratique**, traduit par J. Barni. 1 vol. in-8.   6 fr.

KANT. **Éclaircissements sur la critique de la raison pure**, traduit par J. Tissot. 1 vol. in-8.   6 fr.

KANT. **Critique du jugement**, suivie des *observations sur les sentiments du beau et du sublime*, traduit par J. Barni. 2 vol. in-8.   12 fr.

KANT. **Critique de la raison pratique**, précédée des *fondements de la métaphysique des mœurs*, traduit par J. Barni. 1 vol. in-8.   6 fr.

LABORDE. **Les hommes et les actes de l'insurrection de Paris** devant la psychologie morbide. Lettres à M. le docteur Moreau (de Tours). 1 vol. in-18.   2 fr. 50

LACHELIER. **Le fondement de l'induction.**   3 fr. 50

LACHELIER. **De natura syllogismi** apud facultatem litterarum Parisiensem, hæc disputabat.   1 fr. 50

LACOMBE. **Mes droits.** 1869, 1 vol. in-12.   2 fr. 50

LAMBERT. **Hygiène de l'Égypte.** 1873. 1 vol. in-18.   2 fr. 50

LANGLOIS. **L'homme et la Révolution.** Huit études dédiées à P.-J. Proudhon. 1867, 2 vol. in-18.   7 fr.

LAUSSEDAT. **La Suisse.** Études médicales et sociales. 2e édit., 1875. 1 vol. in-18.   3 fr. 50

LE BERQUIER. **Le barreau moderne.** 1871, 2e édition, 1 vol. in-18.   3 fr. 50

LE FORT. **La chirurgie militaire** et les Sociétés de secours en France et à l'étranger. 1873, 1 vol. gr. in-8. avec fig.   10 fr.

LE FORT. **Étude sur l'organisation de la Médecine** en France et à l'étranger. 1874, gr. in-8.   3 fr.

LEIBNIZ. **Œuvres philosophiques**, avec une Introduction et des notes par M. Paul Janet, 2 vol. in-8.   16 fr.

LITTRÉ. **Auguste Comte et Stuart Mill**, suivi de *Stuart Mill et la philosophie positive*, par M. G. Wyrouboff. 1867, in 8 de 86 pages.   2 fr.

LITTRÉ. **Application de la philosophie positive** au gouvernement des Sociétés. In-8.   3 fr. 50

LORAIN (P.). **Jenner et la vaccine.** Conférence historique. 1870, broch. in-8 de 48 pages.   1 fr. 50

LORAIN (P.). **L'assistance publique.** 1871, in-4 de 56 p. 1 fr.

LUBBOCK. **L'homme avant l'histoire,** étudié d'après les monuments et les costumes retrouvés dans les différents pays de l'Europe, suivi d'une Description comparée des mœurs des sauvages modernes, traduit de l'anglais par M. Ed. BARBIER, avec 156 figures intercalées dans le texte. 1867, 1 beau vol. in-8, prix broché.   15 fr.

   Relié en demi-maroquin avec nerfs.   18 fr.

LUBBOCK. **Les origines de la civilisation.** État primitif de l'homme et mœurs des sauvages modernes. 1873, 1 vol. grand in-8 avec figures et planches hors texte. Traduit de l'anglais par M. Ed. BARBIER.   15 fr.

   Relié en demi-maroquin avec nerfs.   18 fr.

MAGY. **De la science et de la nature,** essai de philosophie première. 1 vol. in-8.   6 fr.

MARAIS (Aug.). **Garibaldi et l'armée des Vosges.** 1872, 1 vol. in-18.   1 fr. 50

MAURY (Alfred). **Histoire des religions de la Grèce antique.** 3 vol. in-8.   24 fr.

MAX MULLER. **Amour allemand.** Traduit de l'allemand. 1 vol. in-18 imprimé en caractères elzéviriens.   3 fr. 50

MAZZINI. **Lettres à Daniel Stern** (1864-1872), avec une lettre autographiée. 1 v. in-18 imprimé en caractères elzéviriens. 3 fr. 50

MENIÈRE. **Cicéron médecin,** étude médico-littéraire. 1862, 1 vol. in-18.   4 fr. 50

MENIÈRE. **Les consultations de madame de Sévigné,** étude médico-littéraire. 1864, 1 vol. in-8.   3 fr.

MERVOYER. **Étude sur l'association des idées.** 1864, 1 vol. in-8.   6 fr.

MEUNIER (Victor). **La science et les savants.**
   1re année, 1864. 1 vol. in-18.   3 fr. 50
   2e année, 1865. 1er semestre, 1 vol. in-18.   3 fr. 50
   2e année, 1865. 2e semestre, 1 vol. in-18.   3 fr. 50
   3e année, 1866. 1 vol. in-18.   3 fr. 50
   4e année, 1867. 1 vol. in-18.   3 fr. 50

MILSAND. **Les études classiques** et l'enseignement public. 1873, 1 vol. in-18.   3 fr. 50

MILSAND. **Le code et la liberté.** Liberté du mariage, liberté des testaments. 1865, in-8.   2 fr.

MIRON. **De la séparation du temporel et du spirituel.** 1866, in-8.   3 fr. 50

MORER. **Projet d'organisation de colléges cantonaux,** in-8 de 64 pages.   1 fr. 50

MORIN. **Du magnétisme et des sciences occultes.** 1860, 1 vol. in-8.   6 fr.

MUNARET. **Le médecin des villes et des campagnes.** 4° édition, 1862, 1 vol. grand in-18.   4 fr. 50

MUNARET. **Causeries et miscellanées.** Science, littérature, philosophie, etc. 1875, 1 vol. in-8.   10 fr.

NAQUET (A.). **La république radicale.** 1873, 1 vol. in-18.   3 fr. 50

NOURRISSON. **Essai sur la philosophie de Bossuet.** 1 vol. in-8.   4 fr.

OGER. **Les Bonaparte** et les frontières de la France. In-18.   50 c.

OGER. **La République.** 1871, brochure in-8.   50 c.

OLLÉ-LAPRUNE. **La philosophie de Malebranche.** 2 vol. in-8.   16 fr.

PARIS (comte de). **Les associations ouvrières en Angleterre** (trades-unions). 1869, 1 vol. gr. in-8.   2 fr. 50
    Édition sur papier de Chine : broché.   12 fr.
    —   reliure de luxe.   20 fr.

PETROZ (P.). **L'art et la critique en France** depuis 1822. 1 vol. in-18.   3 fr. 50

PUISSANT (Adolphe). **Erreurs et préjugés populaires.** 1873, 1 vol. in-18.   3 fr. 50

REYMOND (William). **Histoire de l'art.** 1874, 1 vol. in-8.   5 fr.

RIBOT (Paul). **Matérialisme et spiritualisme.** 1873, in-8.   6 fr.

RIBOT (Th.) **La psychologie anglaise contemporaine** (James Mill, Stuart Mill, Herbert Spencer, A. Bain, G. Lewes, S. Bailey, J.-D. Morell, J. Murphy). 1870, 1 vol. in-18.   3 fr 50

RIBOT (Th.). **De l'hérédité.** 1873, 1 vol. in-8.   10 fr.

RITTER (Henri). **Histoire de la philosophie moderne,** traduction française précédée d'une introduction par P. Challemel-Lacour. 3 vol. in-8   20 fr.

RITTER (Henri). **Histoire de la philosophie ancienne**, trad.
par Tissot. 4 vol. 30 fr.

SAINT-MARC GIRARDIN. **La chute du second Empire.**
In-4. 4 fr. 50

SALETTA. **Principe de logique positive**, ou traité de scepticisme positif. Première partie (de la connaissance en général).
1 vol. gr. in-8. 3 fr. 50

SARCHI. **Examen de la doctrine de Kant.** 1872, gr. in-8. 4 fr.

SCHELLING. **Écrits philosophiques** et morceaux propres à
donner une idée de son système, traduit par Ch. Bénard. In-8.
9 fr.

SCHELLING. **Bruno** ou du principe divin, trad. par Husson. 1 vol.
in-8. 3 fr. 50

SCHELLING. **Idéalisme trancendantal**, traduit par Grimblot.
1 vol. in-8. 7 fr. 50

SIÈREBOIS. **Autopsie de l'âme.** Identité du matérialisme et du
vrai spiritualisme. 2º édit. 1873, 1 vol. in-18. 2 fr. 50

SIÈREBOIS. **La morale** fouillée dans ses fondements. Essai d'an-
thropodicée. 1867, 1 vol. in-8. 6 fr.

SOREL (ALBERT). **Le traité de Paris du 20 novembre 1815.**
Leçons professées à l'École libre des sciences politiques par
M. Albert SOREL, professeur d'histoire diplomatique. 1873, 1 vol.
in-8. 4 fr. 50

SPENCER (HERBERT). Voyez p. 3.

STUART MILL. Voyez page 3.

THULIÉ. **La folie et la loi.** 1867, 2º édit., 1 vol. in-8. 3 fr. 50

THULIÉ. **La manie raisonnante du docteur Campagne.**
1870, broch. in-8 de 132 pages. 2 fr.

TIBERGHIEN. **Les commandements de l'humanité.** 1872,
1 vol. in-18. 3 fr.

TIBERGHIEN. **Enseignement et philosophie.** 1873, 1 vol.
in-18. 4 fr.

TISSANDIER. **Études de Théodicée.** 1869, in-8 de 270 p. 4 fr.

TISSOT. Voyez KANT.

TISSOT. **Principes de morale**, leur caractère rationnel et
universel, leur application. Ouvrage couronné par l'Institut.
1 vol. in-8. 6 fr.

VACHEROT. **Histoire de l'école d'Alexandrie.** 3 vol. in-8.
24 fr.

VALETTE. **Cours de Code civil** professé à la Faculté de droit
de Paris. Tome I, première année (Titre préliminaire — Livre
premier). 1873, 1 fort vol. in-18. 8 fr.

VALMONT. **L'espion prussien.** 1872, roman traduit de l'anglais. 1 vol. in-18. 3 fr. 50

VÉRA. **Strauss. L'ancienne et la nouvelle foi.** 1873, in-8.
6 fr.

VÉRA. **Cavour et l'Église libre dans l'État libre,** 1874,
in-8. 3 fr. 50

VÉRA. **Traduction de Hégel.** Voy. le catalogue complet.

VILLIAUMÉ. **La politique moderne,** traité complet de politique.
1873, 1 beau vol. in-8. 6 fr.

WEBER. **Histoire de la philosophie européenne.** 1871,
1 vol. in-8. 10 fr.

L'Europe orientale. Son état présent, sa réorganisation, avec
deux tableaux ethnographiques, 1873. 1 vol. in-18. 3 fr. 50

Le Pays Jougo-Slave (Croatie-Serbie). Son état physique et politique, 1874. in-18. 3 fr. 50

**L'armée d'Henri V. — Les bourgeois gentilshommes
de 1871.** 1 vol. in-18. 3 fr. 50

L'armée d'Henri V. -- Les bourgeois gentilshommes,
types nouveaux et inédits. 1 vol. in-18. 2 fr. 50

L'armée d'Henri V. — L'arrière-ban de l'ordre moral.
1874, 1 vol. in-18. 3 fr. 50

Annales de l'Assemblée nationale. Compte rendu *in extenso*
des séances, annexes, rapports, projets de loi, propositions, etc.
Prix de chaque volume. 15 fr.
Trente volumes sont en vente.

Loi de recrutement des armées de terre et de mer, pro-
mulguée le 16 août 1872. Compte rendu *in extenso* des trois
délibérations. — Lois des 10 mars 1818, 21 mars 1832,
21 avril 1855, 1er février 1868. 1 vol. gr. in-4 à 3 colonnes.
12 fr.

Administration départementale et communale. Lois, décrets, jurisprudence (conseil d'État, cour de cassation, décisions
et circulaires ministérielles). in-4. 8 fr.

RAPPORTS SE VENDANT SÉPARÉMENT

DE RESSÉGUIER. Les événements de Toulouse sous le Gouvernement de la
Défense nationale. In-4.   2 fr. 50
SAINT-MARC GIRARDIN. — La chute du second Empire. In-4.   4 fr. 50
DE SUGNY. — Les événements de Marseille sous le Gouvernement de la Défense
nationale. In-4.   10 fr.
DE SUGNY. — Les événements de Lyon sous le Gouvernement de la Défense
nationale. In-4.   7 fr.
DARU. — La politique du Gouvernement de la Défense nationale à Paris. In-4.
    15 fr.
CHAPER. — Examen au point de vue militaire des actes du Gouvernement de
la Défense à Paris. In-4.   15 fr.
CHAPER. — Les procès-verbaux des séances du Gouvernement de la Défense na-
tionale. In-4.   5 fr.
BOREAU-LAJANADIE. — L'emprunt Morgan. In-4.   4 fr. 50
DE LA BORDERIE. — Le camp de Conlie et l'armée de Bretagne. in-4.   10 fr.
DE LA SICOTIÈRE. — L'affaire de Dreux. In-4.   2 fr. 50

ENQUÊTE PARLEMENTAIRE

SUR

L'INSURRECTION DU 18 MARS

édition contenant *in-extenso* les trois volumes distribués à l'Assemblée nationale.

1° RAPPORTS. Rapport général de M. Martial Delpit. Rapports de MM. *de Meaux*, sur les mouvements insurrectionnels en province ; *de Massy*, sur le mouvement insurrectionnel à Marseille ; *Meplain*, sur le mouvement insurrectionnel à Toulouse ; *de Chamaillard*, sur les mouvements insurrectionnels à Bordeaux et à Tours ; *Delille*, sur le mouvement insurrectionnel à Limoges ; *Vacherot*, sur le rôle des municipalités ; *Ducarre*, sur le rôle de l'Internationale ; *Boreau-Lajanadie*, sur le rôle de la presse révolutionnaire à Paris ; *de Cumont*, sur le rôle de la presse révolutionnaire en province ; *de Saint-Pierre*, sur la garde nationale de Paris pendant l'insurrection ; *de Larochetheulon*, sur l'armée et la garde nationale de Paris avant le 18 mars. — Rapports de MM. *les premiers présidents de Cour d'appel* d'Agen, d'Aix, d'Amiens, de Bordeaux, de Bourges, de Chambéry, de Douai, de Nancy, de Pau, de Rennes, de Riom, de Rouen, de Toulouse. — Rapports de MM. *les préfets* de l'Ardèche, des Ardennes, de l'Aude, du Gers, de l'Isère, de la Haute-Loire, du Loiret, de la Nièvre, du Nord, des Pyrénées-Orientales, de la Sarthe, de Seine-et-Marne, de Seine-et-Oise, de la Seine-Inférieure, de Vaucluse. — Rapports de MM. les chefs de légion de gendarmerie.

2° DÉPOSITIONS de MM. Thiers, maréchal Mac-Mahon, général Trochu, J. Favre, Ernest Picard, J. Ferry, général Le Flô, général Vinoy, Choppin, Cresson, Leblond, Edmond Adam, Metteval, Hervé, Belhomont, Ansart, Marseille, Claude, Lagrange, Macé, Nusse, Mouton, Garnin, colonel Lambert, colonel Gaillard, général Appert, Gerspach, Barral de Montaud, comte de Mun, Floquet, général Cremer, amiral Saisset, Schœlcher, Tirard, Dubail, Donormandie, Vautrain, François Favre, Bellaigue, Vacherot, Degonve-Denuncque, Desmarest, colonel Montaigu, colonel Ibos, général d'Aurelle de Paladines, Roger du Nord, Baudouin de Mortemart, Lavigne, Ossude, Ducros, Turquet, de Ploeuc, amiral Pothuau, colonel Langlois, Luening, Danet, colonel Le Mains, colonel Vabre, Héligon, Tolain, Fribourg, Dumoyer, Testu, Corbon, Ducarre.

3° PIÈCES JUSTIFICATIVES. Déposition de M. le général Ducrot. Procès-verbaux du Comité central, du Comité de salut public, de l'Internationale, de la délégation des vingt arrondissements, de l'Alliance républicaine, de la Commune. — Lettre du prince Czartoryski sur les Polonais. — Réclamations et errata.

**Édition populaire contenant *in extenso* les trois volumes distribués
aux membres de l'Assemblée nationale.**

Prix : **16** francs.

COLLECTION ELZÉVIRIENNE

Lettres de Joseph Mazzini à Daniel Stern (1864-1872), avec une lettre autographiée. 3 fr. 50

Amour allemand, par MAX MULLER, traduit de l'allemand. 1 vol. in-18. 3 fr. 50

La mort des rois de France depuis François Ier jusqu'à la Révolution française, études médicales et historiques, par M. le docteur CORLIEU, 1 vol. in-18. 3 fr. 50

Libre examen, par LOUIS VIARDOT. 1 vol. in-18. 3 fr. 50

L'Algérie, impressions de voyage, par M. CLAMAGERAN. 1 vol. in-18. 3 fr. 50

La République de 1848, par J. STUART MILL, traduit de l'anglais par M. SADI CARNOT, 1 vol. in-18. 3 fr. 50

BIBLIOTHÈQUE POPULAIRE

Napoléon Ier, par M. Jules BARNI, membre de l'Assemblée nationale. 1 vol. in-18. 1 fr.

Manuel républicain, par M. Jules BARNI, membre de l'Assemblée nationale. 1 vol. in-18. 1 fr.

Garibaldi et l'armée des Vosges, par M. Aug. MARAIS. 1 vol. in-18. 1 fr. 50

Le paupérisme parisien, ses progrès depuis vingt-cinq ans, par E. FRIBOURG. 1 fr. 25

ÉTUDES CONTEMPORAINES

Les bourgeois gentilshommes. — L'armée d'Henri V, par Adolphe BOUILLET. 1 vol. in-18. 3 fr. 50

Les bourgeois gentilshommes. — L'armée d'Henri V. Types nouveaux et inédits, par A. BOUILLET. 1 v. in-18. 2 fr. 50

Les Bourgeois gentilshommes. — L'armée d'Henri V. L'arrière-ban de l'ordre moral, par A. Bouillet. 1 vol. in-18. 3 fr. 50

L'espion prussien, roman anglais par V. VALMONT, traduit par M. J. DUBRISAY. 1 vol. in-18. 3 fr. 50

La Commune et ses idées à travers l'histoire, par Edgar BOURLOTON et Edmond ROBERT. 1 vol. in-18. 3 fr. 50

Du principe autoritaire et du principe rationnel, par M. Jean Chasseriau. 1873. 1 vol. in-18. 3 fr. 50

La République radicale, par A. NAQUET, membre de l'Assemblée nationale. 1 vol. in-18. 3 fr. 50

PUBLICATIONS

DE L'ÉCOLE LIBRE DES SCIENCES POLITIQUES

ALBERT SOREL. **Le traité de Paris du 20 novembre 1815.**
— I. Les cent-jours. — II. Les projets de démembrement. —
III. La sainte-alliance. Les traités du 20 novembre, par M. Albert
SOREL, professeur d'histoire diplomatique à l'École libre des
sciences politiques. 1 vol. in-8 de 153 pages.   4 fr. 50

RÉCENTES PUBLICATIONS SCIENTIFIQUES

AGASSIZ. **De l'espèce et des classifications en zoologie.**
1 vol. in-8.   5 fr.

ARCHIAC (D'). **Leçons sur la faune quaternaire,** professées
au Muséum d'histoire naturelle. 1865, 1 vol. in-8.   3 fr. 50

BAIN. **Les sens et l'intelligence,** trad. de l'anglais, 1874
1 vol. in-8.   10 fr.

BAGEHOT. **Lois scientifiques du développement des nations.** 1873, 1 vol. in-4, cartonné.   6 fr.

BÉRAUD (B.-J.). **Atlas complet d'anatomie chirurgicale
topographique,** pouvant servir de complément à tous les ouvrages d'anatomie chirurgicale, composé de 109 planches représentant plus de 200 gravures dessinées d'après nature par
M. Bion, et avec texte explicatif. 1865, 1 fort vol. in-4.

     Prix : fig. noires, relié.   60 fr.
     — fig. coloriées, relié.   120 fr.

Ce bel ouvrage, auquel on a travaillé pendant sept ans, est le
plus complet qui ait été publié sur ce sujet. Toutes les pièces dis-
séquées dans l'amphithéâtre des hôpitaux ont été reproduites
d'après nature par M. Bion, et ensuite gravées sur acier par les
meilleurs artistes. Après l'explication de chaque planche, l'auteur
a ajouté les applications à la pathologie chirurgicale, à la médecine
opératoire, se rapportant à la région représentée.

BERNARD (Claude). **Leçons sur les propriétés des tissus vivants** faites à la Sorbonne, rédigées par Emile ALGLAVE, avec 94 fig. dans le texte. 1866, 1 vol. in-8. 8 fr.

BLANCHARD. **Les Métamorphoses, les Mœurs et les Instincts des insectes,** par M. Emile Blanchard, de l'Institut, professeur au Muséum d'histoire naturelle. 1868, 1 magnifique volume in-8 jésus, avec 160 figures intercalées dans le texte et 40 grandes planches hors texte. Prix, broché. 30 fr.
Relié en demi-maroquin. 35 fr.

BLANQUI. **L'éternité par les astres,** hypothèse astronomique, 1872, in-8. 2 fr.

BOCQUILLON. **Manuel d'histoire naturelle médicale.** 1871, 1 vol. in-18, avec 415 fig. dans le texte. 14 fr.

BOUCHARDAT. **Manuel de matière médicale,** de thérapeutique comparée et de pharmacie. 1873, 5ᵉ édition, 2 vol. gr. in-18. 16 fr.

BOUCHUT. **Histoire de la médecine et des doctrines médicales.** 1873, 2 vol. in-8. 16 fr.

BUCHNER (Louis). **Science et Nature,** traduit de l'allemand par A. Delondre. 1866, 2 vol. in-18 de la *Bibliothèque de philosophie contemporaine.* 5 fr.

CLÉMENCEAU. **De la génération des éléments anatomiques,** précédé d'une Introduction par M. le professeur Robin. 1867, in-8. 5 fr.

Conférences historiques de la Faculté de médecine faites pendant l'année 1865 (*les Chirurgiens érudits,* par M. Verneuil.—*Guy de Chauliac,* par M. Follin.—*Celse,* par M. Broca. — *Wurtzius,* par M. Trélat. — *Rioland,* par M. Le Fort.— *Leuret,* par M. Tarnier. — *Harvey,* par M. Béclard. — *Stahl,* par M. Lasègue. — *Jenner,* par M. Lorain.— *Jean de Vier,* par M. Axenfeld. — *Laennec,* par M. Chauffard. — *Sylvius,* par M. Gubler. — *Stoll,* par M. Parot). 1 vol. in-8. 6 fr.

DELVAILLE. **Lettres médicales sur l'Angleterre.** 1874, in-8. 1 fr. 50

DUMONT (L.-A.). **Hæckel et la théorie de l'évolution en Allemagne.** 1873, 1 vol. in-18. 2 fr. 50

DURAND (de Gros). **Essais de physiologie philosophique.** 1866, 1 vol. in-8. 8 fr.

DURAND (de Gros). **Ontologie** et psychologie physiologique. Études critiques. 1871, 1 vol. in-18. 3 fr. 50

DURAND (de Gros). **Origines animales de l'homme**, éclairées par la physiologie et l'anatomie comparative. Grand in-8, 1871, avec fig. 5 fr.

DURAND-FARDEL. **Traité thérapeutique des eaux minérales** de la France, de l'étranger et de leur emploi dans les maladies chroniques. 2ᵉ édition, 1 vol. in-8 de 780 p. avec cartes coloriées. 9 fr.

FAIVRE. **De la variabilité de l'espèce.** 1868, 1 vol. in-18 de la *Bibliothèque de philosophie contemporaine.* 2 fr. 50

FAU. **Anatomie des formes du corps humain,** à l'usage des peintres et des sculpteurs. 1866, 1 vol. in-8 avec atlas in-folio de 25 planches.

    Prix : fig. noires. 20 fr.
    — fig. coloriées. 35 fr.

W. DE FONVIELLE. **L'Astronomie moderne.** 1869, 1 vol, de la *Bibliothèque de philosophie contemporaine.* 2 fr. 50

GARNIER. **Dictionnaire annuel des progrès des sciences et institutions médicales,** suite et complément de tous les dictionnaires. 1 vol. in-12 de 600 pages. 7 fr.

GRÉHANT. **Manuel de physique médicale.** 1869, 1 volume in-18, avec 469 figures dans le texte. 7 fr.

GRÉHANT. **Tableaux d'analyse chimique** conduisant à la détermination de la base et de l'acide d'un sel inorganique isolé, avec les couleurs caractéristiques des précipités. 1862, in-4, cart. 3 fr. 50

GRIMAUX. **Chimie organique élémentaire,** leçons professées à la Faculté de médecine. 1872, 1 vol. in-18 avec figures. 4 fr. 50

GRIMAUX. **Chimie inorganique élémentaire.** Leçons professées à la Faculté de médecine, 1874, 1 vol. in-8 avec fig. 5 fr.

GROVE. **Corrélation des forces physiques**, traduit par M. l'abbé Moigno, avec des notes par M. Séguin aîné. 1 vol. in-8. 7 fr. 50

HERZEN. **Physiologie de la Volonté**, 1874. 1 vol., de la *Bibliothèque de Philosophie contemporaine.* 2 fr. 50

JAMAIN. **Nouveau Traité élémentaire d'anatomie descriptive et de préparations anatomiques.** 3ᵉ édition, 1867, 1 vol. grand in-18 de 900 pages, avec 223 fig. intercalées dans le texte. 12 fr.

JANET (Paul). **Le Cerveau et la Pensée.** 1867, 1 vol. in-18 de la *Bibliothèque de philosophie contemporaine.* 2 fr. 50

LAUGEL. **Les Problèmes** (problèmes de la nature, problèmes de la vie, problèmes de l'âme), 1873, 2ᵉ édition, 1 fort vol. in-8. 7 fr. 50

LAUGEL. **La Voix, l'Oreille et la Musique.** 1 vol. in-18 de la *Bibliothèque de philosophie contemporaine.* 2 fr. 50

LAUGEL. **L'Optique et les Arts.** 1 vol. in-18 de la *Bibliothèque de philosophie contemporaine.* 2 fr. 50

LE FORT. **La chirurgie militaire** et les sociétés de secours en France et à l'étranger. 1873, 1 vol. gr. in-8 avec figures dans le texte. 10 fr.

LEMOINE (Albert). **Le Vitalisme et l'Animisme de Stahl.** 1864, 1 vol. in-18 de la *Bibliothèque de philosophie contemporaine.* 2 fr. 50

LEMOINE (Albert). **De la physionomie et de la parole.** 1865. 1 vol. in-18 de la *Bibliothèque de philosophie contemporaine.* 2 fr. 50

LEYDIG. **Traité d'histologie comparée de l'homme et des animaux,** traduit de l'allemand par M. le docteur LAHILLONNE. 1 fort vol. in-8 avec 200 figures dans le texte. 1866. 15 fr.

LONGET. **Traité de physiologie.** 3ᵉ édition, 1873, 3 vol. gr. in-8. 36 fr.

LONGET. **Tableaux de Physiologie.** Mouvement circulaire de la matière dans les trois règnes, avec figures. 2ᵉ édition, 1874. 7 fr.

LUBBOCK. **L'Homme avant l'histoire,** étudié d'après les monuments et les costumes retrouvés dans les différents pays de l'Europe, suivi d'une description comparée des mœurs des sauvages modernes, traduit de l'anglais par M. Ed. BARBIER, avec 156 figures intercalées dans le texte. 1867. 1 beau vol. in-8, broché. 15 fr.
    Relié en demi-maroquin avec nerfs. 18 fr.

LUBBOCK. **Les origines de la civilisation,** état primitif de l'homme et mœurs des sauvages modernes, traduit de l'anglais sur la seconde édition. 1873, 1 vol. in-8 avec figures et planches hors texte. 15 fr.
    Relié en demi-maroquin. 18 fr.

MAREY. **Du mouvement dans les fonctions de la vie.** 1868, 1 vol. in-8, avec 200 figures dans le texte. 10 fr.

MAREY. **La machine animale,** 1873, 1 vol. in-8 avec 200 fig. cartonné à l'anglaise. 6 fr.

MOLESCHOTT (J.). **La Circulation de la vie,** Lettres sur la physiologie en réponse aux Lettres sur la chimie de Liebig, traduit de l'allemand par M. le docteur CAZELLES. 2 vol. in-18 de la *Bibliothèque de philosophie contemporaine.* 5 fr.

MUNARET. **Le médecin des villes et des campagnes,** 4ᵉ édition, 1862. 1 vol. gr. in-18. 4 fr. 50

ONIMUS. **De la théorie dynamique de la chaleur dans les sciences biologiques.** 1866.. 3 fr.

QUATREFAGES (de). **Charles Darwin et ses précurseurs français.** Étude sur le transformisme. 1870, 1 vol. in-8. 5 fr.

RICHE. **Manuel de chimie médicale.** 1874, 2ᵉ édition, 1 vol. in-18 avec 200 fig. dans le texte. 8 fr.

ROBIN (Ch.). **Journal de l'anatomie et de la physiologie** normales et pathologiques de l'homme et des animaux, dirigé par M. le professeur Ch. Robin (de l'Institut), paraissant tous les deux mois par livraison de 7 feuilles gr. in-8 avec planches. Prix de l'abonnement, pour la France. 20 fr.

    — pour l'étranger. 24 fr.

ROISEL. **Les Atlantes.** 1874, 1 vol. in-8. 7 fr.

SAIGEY (Émile). **Les sciences au XVIIIᵉ siècle.** La physique de Voltaire. 1873, 1 vol. in-8. 5 fr.

SAIGEY (Émile). **La Physique moderne.** Essai sur l'unité des phénomènes naturels. 1868, 1 vol. in-18 de la *Bibliothèque de philosophie contemporaine.* 2 fr. 50

SCHIFF. **Leçons sur la physiologie de la digestion,** faites au Muséum d'histoire naturelle de Florence. 2 vol. gr. in-8. 20 fr.

SPENCER (Herbert). **Classification des sciences.** 1872, 1 vol. in-18. 2 fr. 50

SPENCER (Herbert). **Principes de psychologie,** trad. de l'anglais. Tome Iᵉʳ. 1 vol. in-8. 10 fr.

TAULE. **Notions sur la nature et les propriétés de la matière organisée.** 1866. 3 fr. 50

TYNDALL. **Les glaciers et les transformations de l'eau.** 1873, 1 vol. in-18 avec figures cartonné. 6 fr.

VULPIAN. **Leçons de physiologie générale et comparée du système nerveux,** faites au Muséum d'histoire naturelle, recueillies et rédigées par M. Ernest BRÉMOND. 1866, 1 fort vol. in-8. 10 fr.

VULPIAN. **Leçons sur l'appareil vaso-moteur** (physiologie et pathologie). 2 vol. in-8. 1875. 18 fr.

ZABOROWSKI. **De l'ancienneté de l'homme,** résumé populaire de la préhistoire. 1ʳᵉ partie. 1 vol. in-8. 3 fr. 50

— Deuxième partie. 1 vol. in-8. 5 fr. 50

PARIS. — IMPRIMERIE DE E. MARTINET, RUE MIGNON, 2